Donna Cunningham

Erkennen und Heilen von Pluto-Problemen

URANIA BLAUE REIHE 19

Titel der amerikanischen Originalausgabe:
„Healing Pluto Problems“

Das im Kapitel „Pluto und der Trick mit der Schwangerschaft“ präsentierte Material erschien zuvor im *Astrology Guide*. Nachdruck mit freundlicher Genehmigung der *Sterling Publication, New York*.

Erstveröffentlichung 1986 by Samuel Weiser Inc.
Box 612, York Beach, Maine 03910
Aus dem Amerikanischen übersetzt von Christa Ranzinger

1. Auflage 1987
1. bis 5. Tausend

ISBN 3–921960-19-3

Gesamtherstellung: Schneelöwe, 8968 Durach

Printed in Germany

Inhaltsverzeichnis

Verzeichnis der Diagramme

Verzeichnis der Übungen

Verzeichnis der Affirmationen

Dieses Buch ist Arnold Panitch gewidmet, dessen Freundschaft seit Jahren mein Leben bereichert und dessen Hilfe mir den Zugang zur Kunst des sprachlichen Ausdrucks ermöglichte.

Einleitung

Warum wir Plutoprobleme konfrontieren sollten

Es ist nicht leicht, sich mit den Themen, die wir in diesem Buch besprechen werden – Schuldgefühle, Abneigung, Kindesmißhandlung und Tod –, auseinanderzusetzen. Wenn diese Themen bei Seminaren zur Sprache kommen, fühlen sich manche Menschen ganz offensichtlich immer unbehaglicher, und schließlich müssen sie die Gruppe verlassen. Es kam vor, daß Schreibkräfte, die mit diesem Material arbeiteten, weinend zusammenbrachen. Wenn Plutothemen also so schmerzlich sind, lohnt es sich dann überhaupt, sie ans Licht zu bringen? Ja, denn Menschen, die von Schuldgefühlen gequält werden, lernen dadurch wieder, sich selbst zu lieben. Ja, denn Menschen, die von schrecklichen Geheimnissen verfolgt wurden, können ihre Isolierung durchbrechen und ihr Selbstwertgefühl wiedergewinnen, indem sie lernen, diese Geheimnisse mit den richtigen Menschen zu teilen. Ja, denn dieses Buch will nicht nur Einblick in plutonische Schwierigkeiten vermitteln, sondern auch Methoden für deren Lösung aufzeigen.

Wenn Sie professioneller Astrologe sind, sollten Sie dieses Material studieren, um Ihren von Plutoproblemen gequälten Klienten helfen zu können. Während Pluto durch den Skorpion läuft, wird das Bedürfnis nach Heilung dieser schwierigen Konflikte immer stärker werden. Ihre Kunden werden Ihnen Ihre qualvollen Geheimnisse anvertrauen, und Sie werden fähig sein müssen, mit mehr als nur Entsetzen darauf zu reagieren. Die in diesem Buch vermittelten Informationen und Heilungsmethoden werden Ihnen helfen, sich auf eine solche Situation vorzubereiten. Jedem größeren, hier behandelten Themenbereich folgt eine Bibliographie, die Ihnen Wege zu noch eingehenderer Vorbereitung weist.

Und wenn Sie selbst eine plutonische Persönlichkeit sind, einen herzlichen Gruß an Sie: Unter einer Plutopersönlichkeit versteht man einen Menschen, dessen Pluto im Horoskop eine wichtige Stellung einnimmt – zum Beispiel in Verbindung mit Sonne, Mond, Aszendent oder Medium Coeli –, oder der eine Anzahl von Planeten im Skorpion hat. Es ist tatsächlich möglich, sich von den hier besprochenen, inneren Blockaden zu befreien. Ich behaupte nicht, daß es leicht sein wird. Die Umstände, die Sie zu einem Plutonier werden ließen, waren ja auch nicht leicht. Mit Hilfe der Bewußtmachung und der hier angegebenen Heilungsmethoden können Sie jedoch beginnen, Pluto-Barrieren abzubauen. Wenn irgend jemand auf der Welt über die Ausdauer – ja vielleicht sogar die Besessenheit – verfügt, eine so katastrophale Vergangenheit wie die Ihre aufzuarbeiten, dann sind Sie es. Der Druck, dem Sie widerstehen mußten, um zu überleben, hat Sie stahlhart gemacht, Sie zu einem ungeschliffenen Diamanten werden lassen. Möge dieses Buch einen Beitrag zu Ihrem Leben leisten.

Wenn ich einmal Phönix erreicht habe ...

Nein, ich meine nicht den Ort Phönix in Arizona. Der dem Pluto bzw. Skorpion innewohnende Aspekt des Phönix ist es, den ich anstrebe: Mich aus meiner eigenen Asche zu erheben, wiedergeboren. Sie wundern sich vielleicht, warum ich ein Buch über Pluto geschrieben habe. Mit Pluto nur einen Grad vom Aszendenten entfernt, ist es mir nie gelungen, mich zu befreien, sondern ich sehe mich ständig mit der Notwendigkeit konfrontiert, an mir selbst und meiner Einstellung zur Welt zu arbeiten. Es erscheint mir ehrlicher, Ihnen das zu sagen, als aus der Position eines unfehlbaren, über alles stehenden Experten zu Ihnen als „den Leuten draußen“ zu sprechen.

Pluto symbolisiert auch unsere Beziehungen zum Kollektiv, ich habe also durch die Arbeit an meinen eigenen Plutoproblemen vieles gelernt, mit dem ich anderen Plutomenschen, die sich zu mir hingezogen fühlten, helfen konnte. Dieses Wissen ist in konzentrierter Form in diesem Buch enthalten, ebenso wie Heilungsmethoden, die Sie auf Plutoprobleme anwenden können. Die Astrologie selbst übt eine heilende Wirkung aus und sollte für Sie und – wenn Sie andere beraten – für Ihre Klienten eine große Hilfe darstellen. Seit meinen frühesten Studien ist mir bewußt, was dieser Pluto neben meinem Aszendenten bedeutet, und es war mir immer äußerst unangenehm. Manchmal kann Stolz eine Tugend sein, denn er hinderte mich daran, diese wenig netten Plutodinge zu tun. Hoffentlich werden die Informationen über Ihre eigenen Plutoaspekte und die Stellung Ihres Pluto in den Häusern bei Ihnen die gleiche Reaktion hervorrufen, Ihnen Ihre eigenen Spiele bewußt machen. Es ist jedoch nicht leicht, diese Beschreibungen zu lesen. Als ich meine eigenen Aspekte interpretierte, war ich mehr als einmal versucht zu protestieren: „Wie kannst Du es wagen, so etwas über dich zu schreiben!“ Die Bewußtmachung selbst übt jedoch schon eine heilende Funktion aus.

Wenn Sie meine anderen Schriften kennen, werden Sie sich bei der Lektüre der Abschnitte über Heilungsmethoden möglicherweise wundern, wie eine nette, angesehene Astrologin mit solidem psychotherapeutischem Ruf auf all dieses abwegige Zeug kommen konnte … Licht und Chakras und Gesänge und Gott weiß was alles. Natürlich war all dies mit Pluto am Aszendenten immer schon vorhanden, aber ich mied es wie die Pest. Ein eigener Weg, das war in Ordnung, aber abwegig – niemals! Dann, nach dreizehn Jahren, war meine astrologische Karriere an einem toten Punkt angelangt – 13 ist eine plutonische Zahl. Erstens war niemand, den ich kannte, imstande, mit der Astrologie seinen Lebensunterhalt zu verdienen. Dazu kam noch, daß ich das Gefühl hatte, daß der Astrologie, wie ich sie kannte, irgend etwas Wesentliches fehlte. Das Horoskop zeigte zwar die Probleme des Klienten auf, ja, aber wo war die Lösung? Ich beschloß aufzugeben und mich ernsthaft nach einer neuen Karriere umzusehen.

Während dieser Zeit hatte ich mich einmal in der Woche mit einem sehr guten Medium namens Andrew Ramer getroffen. Wir starteten ein Projekt über die spirituellen Dimensionen des Alkoholismus, aus dem schließlich ein Buch über Sucht entstand – brisantes und wertvolles Material. Dann erhielt Andrew Material über die *Heilung* von Suchtkrankheiten und ihren Nachwirkungen, und ich begann, diese Informationen bei genesenden Alkoholikern anzuwenden. Sowohl meine Therapiegruppe als auch meine Einzelklienten sprachen nach kurzer Zeit ausgezeichnet darauf an. Schließlich setzte ich auch meine eigenen, medialen Fähigkeiten ein, da ich manchmal zu ungeduldig war, um auf die nächste Sitzung zu warten. (Ich hatte das Gefühl, blindlings, Schritt für Schritt, geführt werden zu müssen, denn ich verspürte ausgeprägte Angst vor dieser Entwicklung.)

Als nächstes fiel mir die Ankündigung eines Kurses über Heilkräuter in die Hände, und ich hob sie auf: Das wäre etwas für Andrew. Er hatte jedoch keine Zeit und plötzlich – fast gegen meinen Willen – fand ich mich in der U-Bahn auf dem Weg zu diesem Kurs. In der dritten Woche stellte der Lehrer die Bach-Blütentherapie gegen emotionale Proleme vor, und ich begann, mich damit zu beschäftigen. Seit mehr als vier Jahren ist sie nun untrennbarer Bestandteil meines Lebens. Später wurde mir klar, daß ich damit bereits meinen neuen Beruf gefunden hatte. Diese Therapie stellte, zusammen mit anderen Methoden, die ich später erlernte, eine wichtige, zusätzliche Dimension dar, denn die Probleme, die durch das Horoskop nur allzu deutlich aufgezeigt wurden, konnten nun auch tatsächlich bewältigt werden. Die Astrologie war nach alldem nicht gestorben, sie hatte nur eine neue Dimension erhalten!

KAPITEL EINS

Die Bedeutung des Pluto in Ihrem Horoskop

Dem Wesen nach ist der Planet Pluto mit dem Zeichen Skorpion und mit dem achten Haus verbunden. Diese drei Kategorien weisen einige gemeinsame Themenbereiche wie Geburt, Sexualität, Tod, Macht und Transformation auf. Macht und der Umgang mit ihr stellen ein wesentliches Plutothema dar, sowohl auf der individuellen wie auch auf der kollektiven Ebene. In diesem und den folgenden Kapiteln soll nun die komplexe Psychologie des Pluto erforscht werden, sowohl im Geburtshoroskop als auch in den Transiten. Wo die Manifestationen vor allem negativer Natur sind, werden wir versuchen, Wege zur Lösung oder Linderung der Schwierigkeiten aufzuzeigen, die Pluto repräsentiert. In diesem Kapitel werden die Positionen des Pluto in den Häusern und seine Aspekte im Geburtshoroskop beschrieben und seine Bedeutung in den einzelnen Zeichen kurz untersucht. (Der Neuling findet im Anhang eine Anleitung zum Auffinden seiner Plutopositionen.) Wenn Ihr Pluto stark aspektiert ist (oder wenn das achte Haus oder das Zeichen Skorpion in Ihrem Horoskop stark betont ist, werden Sie in Kapitel zwei weitere Einzelheiten erfahren. Wie bereits in der Einleitung erklärt, wird unter „Plutopersönlichkeit“ ein Mensch verstanden, dessen Pluto im Horoskop eine starke Position einnimmt.[1]

1 Plutoaspekte zu Sonne, Mond, Aszendent oder Medium Coeli, wichtige Planeten im Skorpion oder ein stark besetztes achtes Haus weisen auf eine „starke Plutoposition“ hin.

Typische Themen im Zusammenhang mit Plutokonstellationen sind Schuldgefühle, Machtstreben, Trotz oder Rache. Niemand sinnt jedoch auf Rache, ohne tief verletzt worden zu sein, und so ist die Pluto-Plazierung im Geburtshoroskop oft mit irgendeiner schrecklichen Geschichte verbunden. Zum Beispiel kann der Tod eines nahestehenden Menschen oder der Schock, von jemandem im Stich gelassen worden zu sein, eine Tendenz zu symbiotischen Beziehungen, abwechselnd mit Perioden völliger Isolierung zur Folge haben. Obwohl einige Menschen intensiver von plutonischen Hemmungen betroffen sind als andere, treten bei jedem von uns in dem von Pluto betroffenen Bereich einige plutonische Wesenszüge in Erscheinung.

Übersicht über die einzelnen Plutopositionen

Die nachfolgend besprochenen Konflikte haben hauptsächlich für Menschen mit einer schwierigen Plutoposition Gültigkeit. Wenn Ihr Pluto gut aspektiert ist (das heißt, mit Trigonen und Sextilen), treffen diese Aussagen für Sie vielleicht nicht in solchem Ausmaß zu. Sie werden jedoch entdecken, daß sogar eine ganz schwache Position (wie etwa Skorpion an der Spitze eines Hauses, in dem sich keine Planeten befinden) einige der geschilderten Schwierigkeiten zur Folge haben kann. Wenn dies der Fall ist, werden Ihnen die jeweiligen Kommentare doch den einen oder anderen Einblick gewähren können, auch wenn die drastischeren Verhaltensweisen dieser Plazierung auf Sie nicht zutreffen. Gleichgültig ob Ihr Pluto nun stark oder schwach betont ist: Bei einigen Deutungen werden Sie sich krümmen und winden. Aber der Wahrheit ins Auge zu blikken, stellt den ersten Schritt zu einer Änderung dar. Es einmal zu tun, genügt jedoch nicht, man muß der Konfrontation mit der Wahrheit standhalten und an ihr festhalten, bis wir in unseren Spielen so oft bloßgestellt worden sind, daß wir uns schließlich schämen und von ihnen ablassen. Anderen gegenüber diese Manöver zuzugeben, kann diesen Prozeß noch weiter beschleunigen.

Oft sind wir von den Themen richtiggehend besessen, die vom Haus oder von Planeten repräsentiert werden, mit denen Pluto im Geburtshoroskop in Verbindung steht. Und doch: Was wir nicht loslassen können, werden wir schließlich endlos wiederholen. Das gleiche negative Muster wird in unserem Leben immer wieder auftreten, und bei jeder Wiederholung werden wir stärker darauf fixiert sein. Wo wir verletzt oder betrogen wurden, erwarten wir Betrug. So wählen wir Menschen aus, die uns betrügen werden und rufen dann durch unsere Erwartungen den Verrat hervor. Auch der anständigste Mensch wird – wenn er sich ständigem Argwohn gegenübersieht – eines Tages vielleicht sagen: „Du vertraust mir nicht? Wenn das alles ist, was Du von mir erwartest, dann werde ich jetzt genau das tun!" So schaffen wir unsere eigenen, sich selbst erfüllenden, Prophezeiungen.

Eine Dynamik, die sich zur Besessenheit steigern kann, ist die Tendenz zu Machtkämpfen in den Bereichen der von Pluto betroffenen Häuser bzw. Aspekte. Ein derartiges, fanatisches Streben nach dem Sieg kann paradoxerweise zu einer bitteren Niederlage führen. Oft beginnt es in der Kindheit als Machtkampf mit einem Elternteil (oder einer anderen wichtigen Autoritätsperson) – einem Menschen, der den Bereichen des Plutohauses größte Bedeutung beimaß und versuchte, das Kind zu einem Erfolg auf diesem Gebiet zu zwingen. Wenn das Kind diesen Erfolg erreichte, bedeutete dies einen Sieg des betreffenden Elternteils. Um ihm die Stirn zu bieten und den Kampf zu gewinnen, mußte das Kind in den Bereichen des Plutohauses VERLIEREN. Das Versagen wird paradoxerweise als moralischer Sieg gewertet. Diese Dynamik ist es, die mich veranlaßte, das Haus des Pluto das „Haus des Versagens aus Trotz" zu nennen.

Andererseits könnte vielleicht auch ein Elternteil dem Kind eingeredet haben, daß es in den Angelegenheiten dieses Hauses niemals Erfolg haben würde, so daß der Betreffende sich rächt, indem er ständig auf eine Art und Weise versagt, die den Elternteil verärgert. Hinter den Klagen dieses Menschen über sein Versagen „Schau, Mama, wie recht Du hattest!" grinst ein Totenkopf hervor. Manche Menschen betäuben diesen wunden Punkt und halten ihre Bedürfnisse und Gefühle so eisern unter Kontrolle, daß nicht einmal Freunde ahnen, wie wichtig er für sie ist, aber sie können sich dennoch nicht davon lösen. Hand in Hand damit könnte auch eine „Saure-Trauben-Haltung" gehen: „Das würde ich ohnehin nicht wollen", und ein Gefühl der moralischen Überlegenheit erfolgreichen Menschen gegenüber.

Eine weitere Fixierung findet statt, wenn der Mensch die Einstellung der Eltern übernimmt, die den vom Plutohaus oder seinen

Aspekten repräsentierten Lebensbereichen überragende Bedeutung beimessen und glauben, daß ein Erfolg auf diesen Gebieten das ganze Leben verwandeln (und beherrschen) würde. Durch die dem Plutobereich des Lebens übertragene Macht und den in der Folge stattfindenden Machtkämpfen, wird dieser Mensch am Ende möglicherweise gerade von jenen Dingen kontrolliert, an deren Beherrschung ihm am meisten lag. Er hat weder die Kraft für den Erfolg, noch die Kraft loszulassen, solange bis es ihm gelingt, sich selbst zu transformieren. Paradoxerweise wird gerade der Plutobereich, sobald er bewältigt ist und seine Macht über Sie verloren hat, zu einem Gebiet, auf dem Sie ein beträchtliches Maß an konstruktiver Macht ausüben können. Dieses Muster erinnert vielleicht ein wenig an den Stachel des Skorpions: Sie gewinnen zwar den Kampf, aber fügen sich selbst damit Schaden zu.

Ein Mensch mit einer schwierigen Plutostellung kann in diesem Lebensbereich wie ein Skorpion wirken und andere Menschen vergiften, meistens auf verborgene und verschlungene Art und Weise. Diesen Symptomkomplex nenne ich das *rachsüchtige Opfer,* denn es handelt sich dabei um einen Menschen, dem seiner Meinung nach ein Unrecht zugefügt wurde, der sich aber gleichzeitig berechtigt fühlt, dieses Unrecht anderen heimzuzahlen. Ein Mann mit dem Mond im Skorpion könnte sich zum Beispiel von seiner Mutter schlecht behandelt fühlen und daraus irgendwie die Berechtigung ableiten, seinen Haß auf alle Frauen zu übertragen, die ihm nahekommen. Natürlich sind nicht alle von uns rachsüchtige Opfer, aber viele von uns spielen sehr gerne von Zeit zu Zeit die Rolle des Opfers. Wenn die Plutobereiche Ihres Lebens problematisch sind, könnten Sie sich überlegen, ob diese Dynamik auch bei Ihnen in der einen oder anderen Form zum Tragen kommt.

Vielleicht gibt es in Ihrem plutonischen Lebensbereich jenes tiefe, finstere Geheimnis, das es Ihnen unmöglich macht, offen mit anderen Menschen zu sein. Wir alle haben Pluto in irgendeinem Lebensbereich, und wir alle haben Geheimnisse. Der Leser wird erleichtert aufatmen, wenn er erfährt, daß wir hier nicht die Absicht haben, auf die sexuellen Implikationen der verschiedenen Plutoplazierungen einzugehen. In so vielen Fällen ist dieses tiefe, finstere Geheimnis ja sexueller Natur. Aber es geht dabei eigentlich nicht um Sexualität. Hinter sexuellen Schwierigkeiten oder sexueller Besessenheit steht oft in Wirklichkeit das Machtproblem. Dieselben kritischen Themen wie verratenes Vertrauen, Verlassenwerden, Schuldgefühle und Abneigung spielen auch bei der Macht der Sexualität eine Rolle.

Wie arbeitet man mit den Signaturen?

In den folgenden Signaturen wird die Wirkung des Pluto in verschiedenen Aspekten, Stellungen in den Häusern und in einigen Zeichen untersucht.[2] Sie sind in der Reihenfolge der Häuser angeführt, wobei ähnliche Plazierungen aufeinanderfolgen. Zum Beispiel wird Pluto im dritten Haus zusammen mit Pluto/Merkur-Aspekten und mit Merkur im Skorpion angeführt, da diese sich in ihren Auswirkungen ähneln. Kein Aspekt ist dem anderen völlig gleich, aber es existieren ähnliche Züge, die dem Astrologen bei der Entdeckung von ähnlichen Themen helfen können. Zum Beispiel werden in allen Kombinationen Merkurangelegenheiten mit Plutothemen kombiniert, wobei sich einige Gemeinsamkeiten ergeben. Wo eine Kombination stark abweicht oder ein eigenes wesentliches Thema verkörpert, wird sie getrennt behandelt. Da ich mich der traditionellen Regentschaft der Venus für den Stier und des Merkur für die Jungfrau nicht anschließe, wird darauf nicht eingegangen.

Die Wirksamkeit der Kombination ist nicht in allen Fällen gleich. Die Reihenfolge lautet etwa wie folgt:

Pluto in einem schwierigen Aspekt zu einem Planeten
Pluto in einem Haus
Ein Planet im Skorpion
Skorpion-Planeten in einem Haus
Skorpion an der Spitze eines Hauses
Pluto in einem Zeichen

Abgesehen von der Stellung des Pluto in den Häusern, die zuerst genannt wird, sind bei den einzelnen Deutungen die Stellungen in der Reihenfolge ihrer ungefähren Wirksamkeit geordnet. Meiner Erfahrung nach kann diese Wirkung von Fall zu Fall variieren. Die betreffenden Aspekte sind meistens disharmonischer Natur (Konjunktion, Halbquadrat, Quadrat, Anderthalbquadrat, Quinkunx oder Opposition). Manchmal kann auch ein Plutotrigon einige der beschriebenen Merkmale zur Folge haben. Die Konjunktion wird sich am stärksten auswirken, der Effekt eines Sextils wahrscheinlich zu vernachlässigen sein. (Ähnliches könnte möglicherweise für die an dieser Stelle nicht angeführten Planeten und Zeichen im achten Haus gelten.)

2 Im Anhang sind weitere Details über Plutoaspekte angeführt, ebenso wie eine Anleitung zur Lokalisierung des Pluto im Geburtshoroskop.

Interpretationen der Plutostellungen

Wie bereits erwähnt, sind die einzelnen Stellungen von unterschiedlicher Wirksamkeit, und es ist daher naheliegend, daß sich etwa Ihr Skorpion an der Spitze eines Hauses ohne einen Planeten darin bei weitem nicht so stark auswirken wird wie etwa Pluto in diesem Haus oder Pluto in einem Aspekt zu dem diesem Haus zugeordneten Planeten. Die Auswirkungen könnten relativ harmlos sein, verglichen mit den Interpretationen, die ja im Hinblick auf die stärker wirksamen Konstellationen zusammengestellt wurden. Wenn Sie sich jedoch selbst genau prüfen, werden sie zweifellos in gewissem Maß vorhanden sein, vielleicht in einer weniger dramatischen und damit weniger bewußten Form. Sehen wir uns nun die Wirkungsweise der einzelnen Kombinationen an.

Pluto im ersten Haus

Alle wichtigen Plutoaspekte zum Aszendenten, Aszendent im Skorpion, Skorpionplaneten im ersten Haus. (Pluto/Mars Aspekte werden separat behandelt)

Diese Stellung ist schwierig, besonders wenn Pluto nahe dem Aszendenten steht oder ihn aspektiert. Solche Menschen würde man wahrscheinlich als Plutonier bezeichnen (siehe Kapitel zwei). Machtkonflikte können in der äußeren Erscheinung zum Ausdruck gebracht werden. Diese Menschen befremden andere durch ihr dramatisch andersartiges Aussehen, etwa durch schwarze Lederjacken, sexuell herausfordernde Kleidung, Übergewicht oder ihren finster brütenden Gesichtsausdruck. Man kann förmlich hören, wie sie zu ihren Eltern sagen „Auf mein Aussehen hast du keinen Einfluß“. Da das erste Haus zu den Gesundheitshäusern gehört, ist es extrem wichtig, an der Bewältigung der Problematik von Schuldgefühlen und Aggressionen zu arbeiten, da sich im Laufe der Jahre diese Energie in ernsthaften physischen Schwierigkeiten bemerkbar machen könnte. (Heilungsmethoden für diese Konflikte werden in Kapitel vier besprochen.)

Die plutonische Persönlichkeit wirkt auf andere oft befremdend, denn diese Menschen liegen ständig auf der Lauer, und häufig umgibt sie eine Atmosphäre der Aggressivität und der Ablehnung. Sie halten jede Gefühlsäußerung eisern unter Kontrolle, vertrauen anderen keine wichtigen Informationen an und prüfen ständig alles und jeden. Wenn sie verärgert oder beleidigt sind, kann es sein, daß sie sich zurückziehen und zu Einzelgängern werden. In ihren Beziehungen tun sie entweder zu viel für den anderen oder binden ihn in symbiotischer Weise an sich. Wenn dies nicht funktioniert, tritt in der Folge Isolierung ein. Dieses mangelnde Vertrauen kann auf einen Vertrauensbruch im frühen Kindesalter zurückzuführen sein, auf einen Schock, verursacht durch Verlassenwerden, einen Verlust durch einen Todesfall oder andere schwierige Familienverhältnisse. (Das erste Haus zeigt die Schutzmechanismen auf, die wir uns infolge der familiären Verhältnisse und anderer, früherer Ereignisse angeeignet haben.)

Wird sie auf konstruktive Weise genutzt, ist diese Position sehr wirkungsvoll, denn solche Menschen können auf ihre Umwelt in extrem starker Weise einwirken. Sobald sie lernen, mit der Macht umzugehen, kann ihr Einfluß auf andere sehr groß sein. Es ist dies eine Konstellation des Heilers oder Psychotherapeuten, denn so ein Mensch vermag die Ursache eines Problems unmittelbar zu erkennen und kann andere befähigen, sich selbst zu heilen. Er kann auch medial begabt sein, ob bewußt oder unbewußt.

Disharmonische Pluto/Mars Aspekte

Susanne ♂ im ♏
♂ □ ☉!

Mars im Skorpion

Menschen mit dieser Konstellation fällt es schwer, Ärger offen zum Ausdruck zu bringen, und sie unterdrücken ihn so lange, bis ihr ganzes Wesen von Aggression und Groll durchdrungen ist. Sie spüren, daß Ärger eine zerstörerische, ja sogar todbringende Kraft sein kann. In ihrem Leben hat möglicherweise irgendein gewaltsames Trauma stattgefunden, oder vielleicht wurde ein solcher Mensch in frühester Kindheit mit grausamen, unterschwelligen Aggressionen und einer unausgesprochenen Androhung von Gewalt konfrontiert. In jedem Fall findet sich die Überzeugung, daß Ärger Beziehungen zerstören oder ein offener Konflikt das Verlassenwerden zur Folge haben könnte. Da sie die Macht des Ärgers überbewerten, wollen ihn diese Menschen um jeden Preis unter Kontrolle halten, tragen ihn aber nichtsdestoweniger ständig mit sich herum. Andere spüren diesen Ärger und das unehrliche Verhalten und nehmen ihrerseits eine ablehnende Haltung ein. So können diese Mars/Pluto Menschen schließlich verlassen werden, genau wie sie es befürchteten. Wenn Mars/Pluto Menschen lernen, mit dem Ärger umzugehen, können sie langgehegte Ressentiments auflösen und die dadurch befreite Energie in machtvoller Weise einsetzen. Die kontrollierte Anwendung dieser Energie verleiht enorme Konzentrationsfähigkeit. Sie kann auch zu Heilungszwecken oder für die Bewältigung anderer, größerer Aufgaben eingesetzt werden.

Pluto im zweiten Haus

Skorpion-Planeten im zweiten Haus, Skorpion im zweiten Haus

Es könnte zu Machtkämpfen im Zusammenhang mit Geld kommen, welches für die Eltern zweifelsohne eine wichtige Rolle spielte. Wenn die Eltern dem Kind Geld gaben, so übten sie darüber ein hohes Maß an Kontrolle aus. Das Geben war so in den Augen des Kindes untrennbar mit Ärgernissen und der hintergründigen Absicht verbunden, in einem Verhältnis der Nähe und Abhängigkeit gehalten zu werden. Für diese Plutonier ist Geld daher gleichbedeutend mit Kontrolle, und sie werden entweder sehr viel davon oder überhaupt keines haben.

Manche dieser Menschen versagen aus Trotz und befinden sich in chronischen finanziellen Schwierigkeiten. Diese Entwicklung könnte etwa eintreten, wenn die Eltern dem Kind prophezeien, daß es in finanzieller Hinsicht niemals Erfolg haben würde. Dazu kann auch eine heftige Ablehnung von wohlhabenden Menschen kommen. (Ein Klient von mir bezeichnete reiche Leute als „Spießbürger".) Manche von ihnen lehnen es ab, jene Dinge zu tun, die nötig sind, um Geld zu verdienen oder verwechseln kooperatives Management mit Kontrolle. Ressentiments gegen Geld und die wichtige Rolle, die es in unserem Leben spielt, können jeden Versuch, zu Geld zu kommen, zum Scheitern verurteilen.

Auch Armut selbst kann zu einem Kontrollmechanismus in zwischenmenschlichen Beziehungen werden. Das bedeutet, daß diese Menschen symbiotische Verbindungen mit anderen eingehen, die ihnen „helfen", wobei sie ein Abhängigkeitsverhältnis schaffen, um Kontrolle ausüben zu können oder nicht verlassen zu werden. Fehlende finanzielle Mittel werden immer als letztes Argument, als Trumpfkarte ausgespielt. („Ich kann nicht tun, was ich möchte, denn mir fehlt das Geld".) Auch Sexualität kann zu einem Faktor in diesem Spiel werden, dies führt jedoch auf beiden Seiten zu einer Verärgerung, auf diese Weise bezahlen zu müssen. Anstelle der Abhängigkeit von einer Person kann auch die Abhängigkeit von Sozialhilfe treten, vielleicht mit der heimlichen Genugtuung, „es dem System heimzuzahlen". Die Abneigung gegen reiche Menschen kann weniger rechtschaffene Individuen mit dieser Planetenstellung auch dazu verleiten, ihren Arbeitgeber, den sie als korrupt und ausbeuterisch ansehen, um Geld oder Güter zu „erleichtern“.

Das Gegenstück dazu stellen Menschen dar, die eine beträchtliche Menge Geld verdienen, aber mit dem Ziel, auf diese Weise Kontrolle über ihre Beziehungen oder ihre Umgebung auszuüben. Diese Plutonier sind die „Retter in der Not“ und gehen Beziehungen mit Menschen ein, die ohne ihre finanzielle Hilfe nicht auskommen würden. Das verleiht den Personen mit Pluto im zweiten Haus die Illusion, ihre Beziehungen in der Hand zu haben (denn wer bezahlt, der bestimmt auch, was gespielt wird), und das Gefühl, nicht verlassen werden zu können, weil sie doch so sehr gebraucht werden. Schließlich entwickeln sie jedoch Aggressionen gegen den Zwang, zu diesem Zweck Geld verdienen zu müssen und letzten Endes ist weder die Beziehung noch die Arbeit wirklich erfolgreich. Aggressionen vergiften all ihre Bemühungen, sie verdienen nicht soviel wie sie eigentlich könnten, und andererseits haben sie auch nicht das Gefühl, um ihrer selbst willen geliebt zu werden.

Wenn sie die Schlüsselwörter für Pluto und für das zweite Haus kombinieren, erhalten sie Finanzen und Macht, und dies kann als konstruktive Interpretation dieser Stellung gelten. Menschen mit Pluto im zweiten Haus, die sich bemühen, von der negativen Plutodynamik – Aggressionen, Trotz, Schuldgefühle, Machtkämpfe und Kontrolle durch Geld – loszukommen, können unglaubliche Erfolge erreichen. Sie können Geld magnetisch anziehen oder zu Magiern werden, wenn es darum geht, Ressourcen in Reichtum zu verwandeln. Um Erfolg zu erringen, müssen diese Menschen das „Versagen aus Trotz“ aufgeben.

Pluto im dritten Haus

Pluto/Merkur, Merkur im Skorpion, Skorpion im dritten Haus

Diese Menschen glauben an die Macht des Wortes, an seine zerstörerische Kraft. Sie sind extrem vorsichtig in allen ihren Äußerungen, um nur ja keine Information zu enthüllen, die andere benützen könnten, um ihnen zu schaden oder sie zu beherrschen. Dieser Zustand tritt ein, wenn mindestens ein Familienmitglied einen schwarzen Gürtel in Kontaktkarate besaß; ein zynisches und ätzendes Individuum, dem sie wehrlos ausgeliefert waren. Dabei kann es sich ohne weiteres um einen wahrscheinlich älteren Bruder, oder um eine Schwester gehandelt haben, der oder die eine so übermächtige Rolle spielte, daß der Plutonier gelernt hat, still zu sein.

Als Erwachsene leben Plutonier des dritten Hauses entweder in der Angst, von anderen verbal mißhandelt zu werden, oder sie selbst sind verbal verletzend und sarkastisch, wobei in ihren Augen ein guter Angriff die beste Verteidigung darstellt. Eine weitere Möglichkeit besteht darin, Machtkämpfe auf der Grundlage von verbalen Äußerungen zu führen – solange der Plutonier seine Definitionen nicht aus der Hand gibt, behält er die Oberhand. In seinen zwischenmenschlichen Beziehungen verweigert er möglicherweise jede Kommunikation. Als Angestellter könnte er Arbeiten oder andere wichtige Informationen einbehalten. Er könnte jener Student sein, der seine Arbeiten nicht abgeben will und um eine Verlängerung nach der anderen ersucht. Worte können auch äußerst wirkungsvoll als Manipulationsinstrument eingesetzt werden.

Gelingt es solchen Menschen, diese Stellung kontruktiv anzuwenden, so sind sie aufnahmefähig und intensiv in ihrer Denk- und Kommunikationsweise. Sie haben ein ausgeprägtes Gespür für die Motivationen anderer Menschen und können tief in ein Problem eindringen. Sie vermögen die Wurzel eines Problems direkt zu erkennen, und ihre Worte können heilend wirken. Sie sind ausgezeichnete, analysierende Schriftsteller und Lehrer. Anstatt mit Worten zu manipulieren, können sie andere Menschen zum Positiven beeinflussen und befähigen.

Pluto im vierten Haus

Pluto/Mond, Skorpion Mond, Skorpion-Planeten im vierten Haus, Skorpion im vierten Haus

Hier kann man von einer stark plutonischen Persönlichkeit sprechen, besonders wenn Pluto nahe der Spitze des vierten Hauses steht. Ein Elternteil, höchstwahrscheinlich die Mutter, war dominant, bedrängend und beherrschend. War jedoch ein Elternteil nach außen hin dominant, so manipulierte der andere vielleicht auf einer subtileren Ebene: „Wir beide müssen gegen dieses Scheusal zusammenhalten“. Oft waren zu Hause starke unterschwellige Aggressionen spürbar, besonders gegenüber den Bedürfnissen des Kindes oder der Verpflichtung, für das Kind sorgen zu müssen. Manchmal spielte auch eine Großmutter eine sehr einflußreiche, matriarchalische Rolle. Das Kind könnte entweder tatsächlich im Stich gelassen worden sein, wie etwa durch den Tod einer Elternfigur, oder es wurde ständig vom Verlassenwerden bedroht, wenn es sich nicht dem Willen der Eltern fügte. Vielleicht trauerte man kurz vor oder nach dem Zeitpunkt der Geburt um einen Verstorbenen, so daß die Mutter in melancholischer Gemütsverfassung war und dem Kind nicht viel zu geben vermochte.

Bei einem Skorpionmond oder Mond/Pluto Aspekten könnte es zu Aggressionen gegen Frauen kommen, zu Schwierigkeiten, ihnen zu vertrauen und zu einer Tendenz, sie zu manipulieren, um eine symbiotische Abhängigkeit zu schaffen und von ihnen nicht verlassen werden zu können. Menschen mit dieser Position lehnen es möglicherweise innerlich ab, für Kinder sorgen zu müssen, weichen jedoch in Überkompensation aus und binden Kinder in symbiotischer Weise an sich, indem sie zuviel für die Kinder tun. Manchmal klammert sich auch ein Elternteil auf Leben und Tod an die Kinder, in dem Gefühl, wenigstens in dieser einen Beziehung niemals verlassen werden zu können. Möglicherweise wurden auch durch den Mangel an liebender Fürsorge in der Kindheit so tiefe Wunden geschlagen, daß ein solcher Mensch den Entschluß faßt, niemals Kinder haben zu wollen.

Menschen mit Pluto oder Skorpion im vierten Haus können das Heim, in dem sie als Erwachsene leben, in eine Arena der Machtkämpfe verwandeln oder – um eine Wiederholung früherer familiärer Strukturen zu vermeiden – beschließen, allein zu bleiben. Es bereitet diesen Menschen große Schwierigkeiten, mit einem anderen zusammenzuleben, wenn sie die Situation nicht uneingeschränkt kontrollieren können. „Mein Haus ist meine private Zuflucht, mein verborgenes Heiligtum, und eigentlich will ich es mit keinem anderen teilen." Für Menschen mit dieser Stellung ist es wesentlich, ihr Bedürfnis nach Privatsphäre und Einsamkeit anzuerkennen und sich bewußt zu sein, daß sie – selbst wenn sie mit anderen zusammenleben – Zeit für sich allein brauchen. Wenn sie Kindheitstraumata und Ressentiments bewältigt haben, wird es für sie einfacher, mit anderen zusammenzuleben. Das Familienleben wird dann zu einer Quelle der Regeneration, die ihnen heilende Energie verleiht, die sie nach außen abgeben können. Sie verfügen über die Fähigkeit, sich selbst von frühen Traumata zu heilen, und wenn ihnen dies gelungen ist, können sie das Gelernte mit anderen teilen, die auf ähnliche Art und Weise verletzt wurden.

Pluto im fünften Haus

Skorpion-Planeten im fünften Haus, starke Stellung des Pluto im Löwen und Skorpion im fünften Haus. (Pluto/Sonne Aspekte werden separat behandelt.)

Pluto oder andere Planeten im Skorpion im fünften Haus weisen – besonders bei früheren Generationen – oft auf eine Situation hin, in welcher der Betreffende durch eine Schwangerschaft zu einer Eheschließung gezwungen wurde. Auch innerhalb der Ehe könnte eine Schwangerschaft als Mittel benutzt werden, um Kontrolle über die Beziehung zu erlangen, zum Beispiel um den Ehepartner an einer Trennung zu hindern. Diese Methode ist gewöhnlich nicht sehr erfolgreich, und häufig wird das Kind dann abgelehnt oder – im Bemühen, anfänglichen Widerstand gutzumachen – besonders verwöhnt. Freche Kinder waren sehr oft ungewollt und wurden auf diese Weise erzogen: Ein Elternteil war auf Grund von Schuldgefühlen allzu nachsichtig und wies dem Kind eine übertriebene Machtposition zu. Das Kind lehnt sich innerlich gegen dieses Benutztwerden auf und lernt früh, die Eltern zu manipulieren und zu steuern. Manchmal erfüllen Kinder für einen Elternteil auch die Funktion eines Machtinstruments oder eines Garantiescheins gegen die Einsamkeit, woraus dann eine symbiotische Bindung entstehen kann. (Oft fällt ein Krebsaszendent mit Skorpion im fünften Haus zusammen, so daß diese Stellung die erdrückende Liebe des Krebses erklären kann.)

Häufig kommt es auch vor, daß sich Menschen mit dieser Position weigern, Kinder zu haben. Wenn das „innere Kind“ von einem Elternteil verleugnet wurde, fürchten diese Kinder später die Ansprüche, die ihre eigenen Kinder an sie stellen könnten oder lehnen sich gegen die Erfüllung dieser Ansprüche auf. Sie befürchten, daß Kinder ihr ganzes Leben mit Beschlag belegen und für sie selbst keinen Raum mehr übriglassen würden. Auch das unwillkommene Thema der Macht wird ja durch Kinder wieder aktuell. Kinderlosigkeit kann auch eine Form der Rache am Partner oder an den Eltern darstellen, eine Weigerung, ihnen Unsterblichkeit zu verleihen.

Oft weist ein stark betonter Pluto im Löwen oder im fünften Haus auch auf einen Elternteil hin, der die Kreativität des Kindes in übertriebener Weise bewunderte und in ihr einen Weg sah, Macht und Reichtum zu erlangen. Ähnlich jenen Müttern, die ihre Kinder um jeden Preis auf einer Bühne sehen wollen, sind diese Eltern möglicherweise zu weit gegangen und machten aus dem Talent des Kindes ein Objekt familiärer Machtkämpfe. Dies trifft auf viele Pluto im Löwen-Menschen zu, denn diese Generation war die erste, die über genügend Freizeit und Wohlstand verfügte, um die uns allen innewohnende Kreativität entfalten zu können. Talent wird häufig zum Ausgangspunkt von Machtkämpfen verschiedenster Art, besonders unter Partnern, die Liebe als eine Möglichkeit der Macht ansehen, die verwandeln und das schlafende Genie wecken soll. Menschen mit dieser Konstellation werfen romantische Liebe und Transformation in einen Topf: „Laß mich dich lieben, so daß ich dich nach meinem Bild formen kann". Oder vice versa. Eine genauere Beschreibung der Auswirkung dieser Planetenstellung bei Liebesbeziehungen finden sie in den Abschnitten über Pluto im siebenten und achten Haus, da diese Konstellationen ähnliche Züge aufweisen.

Disharmonische Pluto/Sonne Aspekte

In geringerem Ausmaß Sonne im Skorpion. Bei einem stark gestellten Pluto im Löwen können sich einige der geschilderten Merkmale zeigen.

Hier ist die vergiftende Autoritätsperson normalerweise der plutonische Vater, ein oft schroff dominierender Mann. Sein eigenes Macht- und Geltungsbedürfnis ließen keinerlei Lob für das Kind zu, beinahe so, als würde er durch jeden Erfolg des Kindes in seinem eigenen Wert geschmälert, und als fiele jede Niederlage unmittelbar auf ihn selbst zurück. Mit einem solchen Vater kann man nur verlieren.

In ihrer negativen Ausdrucksform verbindet diese Position den Egoismus und das Geltungsbedürfnis des Löwen mit dem Machtstreben des Skorpions. Die Einstellung zum Ich konzentriert sich darauf, *Jemand zu sein.* Wenn diese Menschen keinerlei Macht und Einfluß auf ihre Umgebung ausüben können, entsteht manchmal Haß auf sich selbst und läßt sie Zuflucht zu skrupellosen und fragwürdigen Methoden nehmen, um Bedeutung zu erlangen. Mit der extremen Einstellung des Skorpion/Pluto sind sie überzeugt davon, ein Nichts zu sein, wenn sie nicht *jemand* sind, und nur wenn sie jemand sind, ist das Leben in ihren Augen lebenswert. Sie hegen Abneigung gegen Menschen, die im Rampenlicht stehen oder lassen sich Hals über Kopf auf Machtkämpfe ein, wenn ihr Ego bedroht ist. Verlieren sie diese Kämpfe, so vervielfacht sich ihr Haß gegen sich selbst.

Wenn dieses Bedürfnis, im Zentrum der Aufmerksamkeit zu stehen, nachläßt, wenn Macht für diese Menschen nicht mehr so wichtig ist, können sie paradoxerweise sehr viel Macht und Einfluß für einen guten Zweck ausüben. Diese Macht kommt aus einer nie versiegenden Quelle aus dem Zentrum ihres Wesens, aus dem Licht der inneren Sonne, die niemals erlöscht. Der Sonne/Pluto Aspekt zeigt das Potential zur Transformation des Selbst. Wenn etwas durchgearbeitet werden muß, geben diese Menschen nicht auf, bis sie es bewältigt haben. Nach der Heilung des Selbst tritt auch die Fähigkeit zutage, andere Menschen mit ähnlich gelagerten Problemen zu heilen.

Pluto im sechsten Haus

Skorpion-Planeten im sechsten Haus, Skorpion im sechsten Haus, vielleicht auch Pluto in der Jungfrau.

Diese Stellung weist oft auf Personen hin, die von der Arbeit besessen, ja beinahe süchtig nach ihr sind. Diese Menschen dienen anderen, lehnen sich aber gegen jede Unterordnung auf, arbeiten wie besessen, aber hassen es gleichzeitig, so hart arbeiten zu müssen. Sie betrachten einen Job als ihren eigenen, persönlichen Weg zur Macht und wollen die Fäden in der Hand halten, indem sie sich unentbehrlich machen. Da dieses Machtstreben sowohl von Vorgesetzten als auch von Kollegen leicht zu durchschauen ist, mißtraut man diesen Personen. Machtkämpfe, Aggressionen und Fehden mit Kollegen sind die Folge, und häufig beenden solche Menschen ein Arbeitsverhältnis nach dem anderen im Streit.

Das sechste Haus gehört zu den Gesundheitshäusern, Pluto in diesem Haus (sei es im Geburtshoroskop oder als Transit) kann daher auf die Möglichkeit einer durch angestaute Aggressionen verursachten Krankheit hinweisen. Krankheit stellt unter Umständen das einzige Mittel dar, den Arbeitszwang zu unterbrechen. Wenn Arbeit als Weg zur Macht versagt hat, versucht der Plutomensch des sechsten Hauses vielleicht, andere durch Krankheit zu beherrschen. Er wird zum Hilflosen, um den sich alles dreht. Die Symbiose ist gesichert – irgend jemand muß für ihn sorgen. Kaum ein Mensch schafft es, einen Invaliden im Stich zu lassen – er würde sich dann schuldig fühlen!

Wird diese Stellung konstruktiv genützt, so können sich diese Menschen durch ihre Arbeit selbst verwirklichen, sie erkennen, daß Arbeit und berufliche Beziehungen einen Mikrokosmos des Lebens darstellen. Jede Situation, die sich am Arbeitsplatz ergibt, kann zur Konfrontation und Bewältigung jener Bereiche des Selbst genutzt werden, die einer Veränderung bedürfen. Arbeit kann wesentlich zur Transformation des Lebens beitragen, und diese Menschen können auch eine wichtige Rolle in der Transformation anderer spielen. Diese Konstellation weist ebenfalls auf die Gabe hin, andere Menschen zu heilen, eine Fähigkeit, die möglicherweise durch eine Krankheit ausgelöst wird.

Pluto im siebenten Haus

Pluto/Venus Aspekte, Venus im Skorpion, Skorpion-Planeten im siebenten Haus, Skorpion im siebenten Haus, vielleicht auch Pluto in der Waage.

Liebe kann zur Besessenheit werden – diese Menschen streben eine Symbiose mit der geliebten Person an. Es könnte zu einer unterschwelligen Kettenreaktion von Besitzergreifen, Aggressionen, Schuldgefühlen und Machtkämpfen kommen. Wenn der geliebte Mensch dadurch in die Flucht geschlagen wird, zieht sich dieser Plutotypus augenblicklich in die Isolierung zurück, fest entschlossen, nie mehr eine Verbindung einzugehen. Manchmal wird er in Gedanken von der letzten Beziehung, in der ihm übel mitgespielt wurde, verfolgt, und er kann sich nicht von ihr lösen. Wieder andere entschließen sich für ein Dasein als Single, denn für diesen Typ ist Liebe gleich Kontrolle, und damit will er nichts zu tun haben.

Für viele dieser Menschen war Liebe in ihrer Kindheit untrennbar mit Macht und Einfluß verbunden. Wenn sie sich der elterlichen Macht nicht fügten, wurden sie ständig mit Liebesentzug und Kritik bedroht. Vielleicht wurden sie auch tatsächlich im Stich gelassen, oder ein Todesfall löste diese Angst vor Liebesentzug aus. So klammern sich diese Menschen an den Partner und versuchen, sich unentbehrlich zu machen. Es könnte eine symbiotische Beziehung zu einem Elternteil existiert haben, ähnlich der im Abschnitt über Pluto im vierten Haus beschriebenen: „Wir beide müssen gegen dieses Scheusal zusammenhalten". (Bis zu einem gewissen Grad kann diese Dynamik auch für Plutopositionen in den anderen Beziehungshäusern, dem fünften und achten, zutreffen.)

Wenn Skorpion im zehnten Haus steht, könnte ein Pluto im siebenten Haus auf einen Elternteil hinweisen, der das Kind allzu eng an sich band oder das Vertrauen des Kindes in schwerwiegender Weise enttäuschte. Manchmal war der gegengeschlechtliche Elternteil so übermächtig, dominierend oder aufreizend, daß Menschen mit dieser Plutostellung vor intimen Beziehungen zurückschrecken. (Hier tritt nach dem Tod dieses Elternteils oft eine Wende zum Besseren ein.)

Eine weitere Dynamik beruht auf der gedanklichen Gleichsetzung von Partnerschaft und Transformation. Diese Plutonier können sich in nur jemanden verlieben, um ihn zu ändern. Der Partner setzt sich in der Folge sowohl gegen die hartnäckige Forderung, sich zu ändern, zur Wehr, als auch gegen die damit angedeutete Ungleichheit der Beziehung. Dies führt zu Machtkämpfen und schließlich zur Trennung. Möglicherweise nimmt der „Patient" aus einer Trotzhaltung heraus sogar noch negative Verhaltensweisen an. Andererseits kann aber auch der Plutonier die Rolle des Patienten übernehmen und sich in einen dominierenden Mentor verlieben.

Bei konstruktivem Einsatz dieser Stellung kann eine Partnerschaft zum auslösenden Faktor der Transformation werden, sowohl für diese Menschen selbst als auch für den geliebten Partner. Um Ganzheit zu erreichen, müssen sich diese Menschen zuerst durch alle Verwundungen und Aggressionen durcharbeiten, die in den verschiedenen in der Vergangenheit gescheiterten Liebesbeziehungen entstanden sind, und müssen loslassen und verzeihen lernen. Wenn es ihnen gelingt, ihre Beziehungsschwierigkeiten zu bewältigen und wenn sie das Loslassen lernen, kann diese Stellung sie zu einer Beratertätigkeit befähigen, besonders als Eheberater, wobei sie als heilende Energie die Beziehung zwischen Berater und Klient und ihre Fähigkeit zu lieben einsetzen können.

Pluto im achten Haus

Skorpion-Planeten im achten Haus, Skorpion im achten Haus, vielleicht auch Pluto im Skorpion.

Für Menschen mit dieser Planetenstellung ist Sex ein heikles Thema. Durch ihre Umwelt wurden sie veranlaßt, diesem Punkt in ihren Gedanken eine übermächtige Rolle zuzuweisen und so wurde Sex für sie zu einem Schreckgespenst. (In unserer Gesellschaft neigen wir alle zu einer Überbewertung der Sexualität, beim Plutonier des achten Hauses steigert sich diese Überzeugung aber ins Extreme.)

Diese Menschen glauben, daß sie sich mit dem Eingehen einer

sexuellen Beziehung der Kontrolle des Partners ausliefern. Folglich sind sie äußerst vorsichtig und zögern, sich überhaupt mit jemandem einzulassen. Andererseits sind sie aber leidenschaftliche Menschen, und es ist schwierig, etwas zu meiden, was solche Anziehungskraft ausübt. In sexuellen Beziehungen versuchen sie möglicherweise, um jeden Preis die Oberhand zu haben. Sexualität zu geben und zu verweigern wird zum Machtinstrument und das Bett zu einer Arena der Machtkämpfe, in der alle möglichen innerhalb der Beziehung (oder der Außenwelt) auftretenden Machtkonflikte ausgetragen werden. Wenn sich Aggressionen oder Mißtrauen innerhalb der Beziehung angestaut haben, wird die Sexualität möglicherweise überhaupt eingefroren. Selbst nach der Beendigung einer schwierigen Beziehung verbleibt dieser Menschentyp oft in dieser Starre und weigert sich, andere an sich heranzulassen. Bei dieser Konstellation ist oft das tiefe, finstere Geheimnis sehr präsent.

Das achte Haus gehört zu den Häusern des Geldes, so kann es auch hier zu einer ähnlichen Dynamik wie bei Pluto im zweiten Haus kommen. Gemeinsame Finanzen sind für diese Menschen ein schwieriges Kapitel, denn dies ist ja ein Bereich, in dem sich eine ganze Menge Mißtrauen und ein starker Zwang zur Kontrolle aufbauen kann. Erbschaftsangelegenheiten und andere dynamische Abläufe im Zusammenhang mit einem Trauerprozeß können zu erbitterten Kämpfen führen. (Siehe Kapitel sechs.)

Auch für diesen Typus stellt der Tod ein wesentliches Thema dar und löst Furcht und Faszination aus. Manchmal haben sich in der Kindheit eine Reihe von Todesfällen ereignet oder es herrschte ständige Furcht vor einem Todesfall, was noch schwieriger zu bewältigen ist. Vielleicht hatte der Vater ein schwaches Herz, und die Familie mußte ständig Rücksicht nehmen. Dieser Pluto-Typus kann unter schrecklicher Angst vor dem Tod leiden und in der Einstellung leben: „Ich könnte jeden Moment sterben".

Der konstruktive Einsatz dieser Konstellation besteht in einer Tätigkeit als Heiler und vielleicht auch als Medium. Die Fähigkeit, sich selbst und andere zu regenerieren, ist sehr stark ausgeprägt. Wenn die Sexualität von ihren schwierigen, emotionalen Konflikten befreit wird, kann sie zu einem Jungbrunnen werden, zu einem wirkungsvollen Mittel der Regeneration. Sobald das Geld nicht mehr im Mittelpunkt von Machtkämpfen steht, zeigt sich großes Geschick beim Verdienen von Geld und die Fähigkeit, andere zum Erfolg zu führen.

Pluto im neunten Haus

Pluto/Jupiter Aspekte, Jupiter im Skorpion, Skorpion-Planeten im neunten Haus, Skorpion im neunten Haus.

Diese Stellung weist auf einen scharfen, analytischen Verstand hin, aber ein solcher Mensch weigert sich möglicherweise, eine höhere Schulbildung abzuschließen. Er lehnt sich gegen den Zwang auf, einen akademischen Grad erwerben zu müssen, um Erfolg zu haben, denn das würde einen Sieg seiner Eltern bedeuten. Er geht vielleicht durch alle Schuljahre hindurch, aber irgendwie schafft er das letzte Semester, die letzte Klasse oder sogar die letzte Prüfung nicht mehr. Dies ist eine sehr wirkungsvolle Form der Rache und kann Eltern zum Wahnsinn treiben, Eltern, die Bildung so sehr für ihr Kind erstrebten und sie als Zauberschlüssel für den Erfolg im Leben ansahen.

Dieses Verhalten stellt ein „Versagen aus Trotz"-Manöver dar, denn diese Menschen sind ebenfalls der Überzeugung, daß Bildung einen machtvollen und prägenden Faktor im Leben darstellt, und daß sie es ohne Bildung niemals zu etwas bringen werden. Im Bereich des Pluto herrscht immer die Tendenz, Macht abzugeben und sich damit in eine Sackgasse zu manövrieren – „was immer du tust – du kannst nur verlieren." Die Aggressionen werden dann auf die Gesellschaft übertragen. Ein höchst intelligenter Mann mit dieser Konstellation, dem nur eine Prüfung auf einen dringendst benötigten Studienabschluß fehlte, erzählte mir, wie sehr er die Gesellschaft ablehnte. Ich schockierte ihn mit der Antwort: „Wissen Sie was? Der Gesellschaft ist es vollkommen egal, ob Sie Ihr Studium abschließen oder nicht! Die Gesellschaft weiß nicht einmal, daß Sie existieren! Ihr Studienabschluß nützt einzig und allein Ihnen selbst!" Durch diese vorsätzliche Schocktherapie ernüchtert, machte er sich an seinen Abschluß. (Ähnliche Aggressionen und trotzige, selbstzerstörerische Verhaltensmuster können auch gegen „Das Gesetz" oder gegen „Die Kirche" bestehen.)

Wenn diese Menschen die Aggressionen bewältigen, die ihnen ständig im Wege stehen, kann dies eine ausgezeichnete Plutoposition sein. Eigentlich ist ein solcher Typ der geborene Forscher und Gelehrte und würde große Befriedigung in eigenen Studien finden. Er könnte auch ein höchst begabter Lehrer sein, der es versteht, abstrakte Themen klar und präzise aufzubereiten und andere mit der Macht seines Verstandes aus den Fesseln der Unwissenheit zu befreien. Wissen IST Macht, und entsprechend eingesetzt kann es die ganze Welt verändern.

Pluto im zehnten Haus

Pluto in einem disharmonischen Aspekt zum MC, kritische Pluto/Saturn Aspekte, Skorpion nahe dem MC, Skorpion-Planeten im zehnten Haus, manchmal ein stark betonter Saturn im Skorpion.

Diese Konstellationen weisen auf große Schwierigkeiten mit Autoritätspersonen hin und mit großer Wahrscheinlichkeit auf einen Elternteil, der das Kind dominierte, kontrollierte und vielleicht sogar mißhandelte. Die Folge ist eine tiefverwurzelte Auflehnung gegen jede Autorität und Macht (vielleicht gegen die ganze Welt) und die feste Entschlossenheit, sich nie von einem anderen beherrschen zu lassen. Das Problem dabei ist, daß diese Menschen gleichzeitig sehr erfolgsorientiert sind, und es ist schwer, Erfolg zu haben, wenn man ständig gegen die vorhandenen Machtstrukturen zu Felde zieht. Ebenso wie beim Stich des Skorpions sind sie letzten Endes selbst die Verwundeten. Sie lassen sich möglicherweise auf Spiele mit den „Großen Tieren" ein, die geborene Strategen sind, während sie selbst durch ihre Aggressionen zu unüberlegten Handlungen verleitet werden.

Eltern mit dieser Konstellation, die in ihrer Umwelt ohne Macht und Einfluß sind, lassen möglicherweise ihr Machtstreben an den Kindern aus und wiederholen damit eigentlich das, was ihnen selbst angetan wurde. Pluto im zehnten Haus deutet auf einen kritischen, extrem ehrgeizigen Elternteil hin, der ausschließlich den GROSSEN Erfolg akzeptierte und sich mit Erfolgen, die dem kindlichen Maßstab entsprachen, nie zufriedengab. Der elterliche Fluch „Du wirst es nie zu etwas bringen" wurde immer wieder ausgesprochen. Oft versagt dieser Plutotypus auf demütigende Weise in aller Öffentlichkeit, um es den Eltern heimzuzahlen. Dieses „Versagen aus Trotz"-Spiel in derartigem Ausmaß und einer solchen Intensität zu spielen – das ist kein Vergnügen!

Menschen mit dieser Konstellation können unter Umständen gegen jede Art der Heilung hartnäckigen Widerstand leisten, denn Therapie bedeutet immer, von jemand anderem in irgendeiner Form beherrscht zu werden. Vielleicht ist es am besten, wenn sie es für sich allein versuchen. Die in Kapitel vier beschriebenen Übungen gegen Auflehnung und Aggressionen könnten sehr wichtig sein. Ein Beruf auf dem Gebiet des Heilens liegt durchaus im Bereich des Möglichen, wobei diese Menschen im Zuge ihrer Studien gezwungen werden, auch sich selbst zu heilen! Menschen, die von den negativen Manifestationen dieser Position frei werden, die lernen, mit der Macht auf saubere Weise umzugehen, können Großes zustande bringen und Heilung und Reform bewirken.

Pluto im elften Haus

Skorpion-Planeten im elften Haus, Skorpion im elften Haus.

Hier liegt die Wurzel des Übels nicht bei den dominanten Eltern, sondern in der Clique, der diese Leute als Teenager so verzweifelt angehören wollten, es aber nie konnten. Für einige von ihnen wurde Sex zum Preis, den sie für diese Zugehörigkeit bezahlten. Andere wieder sonderten sich lieber ab, als sich der Macht der Gruppe unterzuordnen – Halbwüchsige verlangen schließlich mehr Konformität als es Eltern jemals könnten. Aggressionen gegen die Vorgänge in der Schule wirken oft hemmend auf Gemeinschaft und Zugehörigkeit im Erwachsenenalter. Freundschaften werden häufig durch Machtkämpfe gefährdet, dieser Plutotyp versucht oft, ihnen den für Pluto typischen besitzergreifenden und symbiotischen Charakter aufzuzwingen. Andere bleiben vielleicht sogar als Erwachsene isoliert, da es ihnen so schwer fällt, anderen zu vertrauen. Auch die Mitgliedschaft in einer Gruppe kann zu Konflikten führen, denn diese Menschen neigen dazu, eine „Organisationsstrategie" zu betreiben und damit die Gruppe beherrschen zu wollen.

Gruppentherapie oder Selbsthilfegruppen könnten sich bei Selbstentfremdung positiv auswirken. Im Zuge der Verarbeitung von Aggressionen und Mißtrauen zeigt sich möglicherweise auch eine Fähigkeit, andere zu führen. Diese Menschen fühlen sich oft zu Gruppen hingezogen, die sich mit sozialen Reformen, Umweltschutz oder Heilungstherapien beschäftigen. Freundschaften können zu einer tiefgreifenden Wandlung der Persönlichkeit führen, eine Beziehung mit einem anderen Plutonier, der vor Intensität nicht zurückschreckt, kann für beide Teile von großem Nutzen sein.

Pluto im zwölften Haus

Skorpion-Planeten im zwölften Haus, vielleicht auch Neptun im Skorpion, Skorpion im zwölften Haus.

Unterdrückte Emotionen lösen oft selbstzerstörerische Verhaltensweisen oder physische Krankheit aus, da es sich hier um eines der Gesundheitshäuser handelt. Krankheit kann als Vorwand dienen, um sich vor einer Welt zurückzuziehen, die zu übermächtig scheint, zu gefährlich und feindlich gesinnt. Sie wird zum Mittel, andere Menschen zu beherrschen. Dies gilt auch für die psychischen

Krankheiten des zwölften Hauses. Hatten Sie es schon einmal mit einem Menschen zu tun, der ständig unter schweren Depressionen litt und den Sie daher immer mit Glacehandschuhen anfassen mußten, und fühlten Sie sich von dessen anscheinender Hilflosigkeit tyrannisiert? Auch Suchtkrankheiten, ein Manöver des zwölften Hauses, können als Mittel benutzt werden, um eigene Gefühle in Schach und andere in sicherem Abstand zu halten.

Diese Menschen unterdrückten vielleicht ein Bedürfnis nach Macht und Einfluß und beherrschen doch ihre Umwelt auf eine indirekte, subtile Weise, die ihnen kaum bewußt wird. Die Rolle des scheinbar hilflosen Opfers kann ebenfalls der Verschleierung von Machtstreben dienen: Haben Sie jemals eine arme, hilflose Seele „gerettet", die später Ihr ganzes Leben und all Ihre Energie in Beschlag nahm? Sie haben zweifellos gelernt, wieviel Macht in der Rolle des Opfers steckt! (Bitte verstehen Sie mich richtig: Es gibt legitime Opfer, hier jedoch ist von den illegitimen die Rede, von jenen, die immer wieder in solche Situationen geraten und ihr Leiden als eine Art moralischen Sieg betrachten.) Die unbewußte Faszination, die die Macht auf diese Menschen ausübt, kann auch zu Kontakten mit der Unterwelt führen, zu schwarzer Magie und zu vielen häßlichen Vorkommnissen, in denen Macht auf zwielichtige Weise ausgespielt wird. Die Bewältigung unterdrückter Aggressionen ist eine wichtige Voraussetzung zur Entwicklung dieser Konstellation von negativen zu konstruktiven Erscheinungsformen. Kapitel vier (über Schuld und Aggression) kann daher von großem Nutzen sein. Im Haus der Geheimnisse ist die Existenz des großen, finsteren Geheimnisses sehr wahrscheinlich, über dieses Geheimnis mit der richtigen Person, etwa im Rahmen einer Therapie zu sprechen, kann die Macht bannen, die es auf Sie ausübt. Die konstruktive Seite dieser Stellung besteht in der Fähigkeit, tief ins Unbewußte eindringen und tiefverwurzelte, emotionale Probleme heilen zu können. So ist diese Konstellation häufig bei Menschen anzutreffen, die auf dem Gebiet der geistigen Gesundheit tätig sind. Parallel dazu sind ja auch Menschen, die an einer Sucht gelitten haben und fähig waren, diese aufzugeben, in besonderem Maß dazu befähigt, anderen Süchtigen zu helfen. Es ist dies auch eine Konstellation des Mediums und der außersinnlichen Begabung, eine Stellung, in der die Arbeit mit Träumen sehr wirkungsvoll sein kann. Auch Geistheilung stellt hier einen gangbaren Weg dar.

***

Bei den Deutungen der Konstellationen, die Pluto in Ihrem eigenen Horoskop bildet, wird es zweifellos einige Punkte geben, die auf Sie nicht zutreffen. Manchmal jedoch werden die Deutungen Wesenszüge Ihrer Persönlichkeit beinhalten, die Ihnen unangenehm sind. Sie haben vielleicht Überreste alter Traumata erkannt, Situationen, in denen Sie im Stich gelassen oder verraten wurden und die Ihr Leben noch heute in schmerzlicher oder negativer Weise beeinflussen. Was können Sie zur Bewältigung dieser Schwierigkeiten unternehmen? In Kapitel drei werden Sie Vorschläge, Übungen, Heilmittel und Bücher finden, die Ihnen dabei helfen werden.

Das Zeichen des Pluto und sein Einfluß auf eine Generation

Bis vor kurzem wurde Pluto als „unpersönlicher" Planet betrachtet, und seinem Zeichen wurde wenig Bedeutung beigemessen, da es eine große Anzahl von Menschen betraf. Es stimmt, daß sich Pluto am deutlichsten durch sein Haus und seine Aspekte auswirkt, aber dennoch bin ich – ebenso wie eine Reihe von anderen Astrologen – zu dem Schluß gekommen, daß sein Zeichen unser Wesen grundlegend beeinflußt, wenn auch eher innerlich als äußerlich. Es ist allgemein üblich, von Pluto als einem Generationsplaneten zu sprechen, aber die Generation, der ein Mensch angehört (ebenso wie bedeutungsvolle, in prägenden Jahren stattfindende Ereignisse), kann die persönlichen Wertvorstellungen, Überzeugungen und Verhaltensweisen deutlich beeinflussen.

In jüngster Zeit wurde beispielsweise sehr viel über die „ICH"-Generation geschrieben, über den Narzißmus von Menschen einer bestimmten Altersgruppe. Diese entspricht astrologisch, wie mir scheint, der Pluto-im-Löwen-Generation der Geburtsjahre 1937-1958. Der Löwe ist ein narzißtisches Zeichen und Menschen mit Pluto im Löwen können von sich selbst richtiggehend besessen sein, wenn dieser Planet stark betont ist. Wenn Sie die charakteristischen Züge in der Symbolik des Löwen und des Pluto kombinieren, erhalten Sie ein Bild der möglichen, psychologischen Auswirkungen dieser Konstellation. Diese Generation war beispielsweise die erste, die sich der massenhaften Verbreitung psychologischer Konzepte gegenübersah, und diese Ideen haben in erster Linie das „Selbst" zum Inhalt. Man kann endlose Gespräche über MEINEN Analytiker und MEINEN Ödipuskomplex und MEINE Träume hören. Als diese Generation begann, sich für Okkultismus und Spiritualität zu interessieren, ging es um MEINEN Guru und MEINE medialen Kräfte und MEINE Träume.

Die Pluto-im-Löwen-Generation war auch die erste, die über genügend Freizeit und Wohlstand verfügte, um ihre angeborene Kreativität verwirklichen zu können. Mit dem Ergebnis, daß es Millionen frustrierter Schauspieler und Sänger gibt, die darauf warten, entdeckt zu werden, Millionen von Malern, die überzeugt davon sind, daß sie es bis zum Louvre bringen würden, wenn man sie nur einmal ihre Werke ausstellen ließe, und Millionen von potentiellen Autoren, deren Ideen für die Bestsellerliste sicher wären, fänden sie nur einen Verleger. Und all das mit der trägen Einstellung des Löwen, derartige Anerkennung als ein Geburtsrecht zu betrachten und nicht als etwas, das man sich im Schweiße seines Angesichts erarbeiten muß.

Ein wertvolles Heilmittel stellt hier die Erkenntnis dar, daß die Natur extrem verschwenderisch ist, wenn es darum geht, ihren eigenen Fortbestand zu sichern. Auf eine Million Samenfäden kommt einer, der stark genug ist, ein Baby zu zeugen, von tausend Samenkörnern ist eines fähig, sich zu einer Pflanze zu entwickeln, und auf hundert kreative Menschen kommt einer, der die Disziplin hat, etwas aus diesem Talent zu machen.

Wenn wir unser Leben nicht ganz und gar diesem Talent widmen, wird unser Name nicht in die Geschichte eingehen. Talent HAT jedoch transformative Macht, und es kann zu einem wirksamen Instrument der Selbsterkenntnis und des Selbst-Ausdrucks werden – zu einem Ausgangspunkt der Heilung für uns selbst und auch für andere.

Der Pluto-im-Löwen-Generation wurde viel Aufmerksamkeit gewidmet, da sie jene Gruppe von Erwachsenen repräsentiert, die heute in der Welt eine dominierende Stellung einnehmen. Falls Sie nun glauben, daß diese Generation für alle Zeiten hoffnungslos egoistisch bleiben wird, so denken Sie daran, daß in den elf Jahren, in denen Pluto im Skorpion steht, dieser Planet kritische Winkel (Quadrate) zu den Pluto-im-Löwen-Positionen bilden wird. Dadurch könnte eine Massentransformation ausgelöst werden, in der diese von sich selbst besessenen Menschen die Früchte der Arbeit, die sie an sich selbst geleistet haben, mit anderen Menschen teilen werden und damit eine ganze Generation von psychologisch bewußten Heilern entstehen lassen.

Die Pluto-im-Krebs-Generation unterscheidet sich grundlegend von der Pluto-im-Löwen-Generation. Ich glaube, daß darin auch eine der Hauptursachen für die Kluft zwischen den Generationen zu suchen ist, von der früher so viel die Rede war. (Kürzlich las ich eine Untersuchung, die besagt, daß heute diese Kluft zwischen den jungen Leuten und ihren Eltern nicht mehr existiert.) Die Pluto-im-

Krebs-Menschen, gezeichnet vom Erleben der Weltwirtschaftskrise und der beiden Weltkriege, waren sehr sicherheitsbewußt und klammerten sich eng an die Familie und traditionelle Werte. Dies stand in krassem Gegensatz zum Hedonismus und Individualismus der Pluto-im-Löwen-Generation, deren Hauptanliegen das Ego und die gerade aktuelle Romanze war. (Planetenkonstellationen in den sechziger Jahren, wie Uranus und Pluto in der Waage, ließen soziale Reformen zu einem brennenden Bedürfnis werden.)

Pluto in einem bestimmten Zeichen weist auf die fixen Ideen dieser Generation hin, auf die Gebiete, in denen sich diese Menschen selbst zu ernst nehmen und möglicherweise um zu hohe Einsätze spielen. Michael Lutin hat festgestellt, daß Pluto in einem Zeichen zwanghafte Verhaltensweisen hervorruft, mit dem Ziel, alles, wofür dieses Zeichen steht, zu bewahren. Gerade diese Verhaltensweisen tragen aber dann schließlich zur endgültigen Zerstörung bei. Er führt als Beispiel den Kühlschrank an, der während des Pluto-im-Krebs-Zeitraumes entwickelt wurde, um Nahrungsmittel zu konservieren. Sobald er diese Funktion jedoch erfüllte, waren die Frauen nicht mehr gezwungen, all ihre Zeit am häuslichen Herd zu verbringen, sie sahen sich nach einer Arbeit um, und die Familie war fortan nie mehr das, was sie einmal gewesen war.

Das Plutozeichen unserer Generation gibt unter anderem auch Aufschluß über unsere Einstellung zur Sexualität. Diese Wertvorstellungen werden im frühen Kindesalter von der Umwelt und den Massenmedien übernommen, prägen sich ein und bilden einen Maßstab, dem wir unbedingt entsprechen wollen. Für den Pluto-im-Löwen-Menschen ist Sexualität Leistung und hat dramatisch und romantisch zu sein. Sie wird zum Ego-Trip: „Ich bin so toll, alle diese Sexpartner kann ich haben, und ich kann dich kommen lassen." Die Pluto in der Jungfrau-Generation wird vielleicht eines Tages ihre Eltern unmoralisch finden und eine viel strengere, monogamere Haltung einnehmen, teilweise auch als Reaktion auf die Verbreitung schrecklicher, durch Sex übertragener Krankheiten. Allerdings steht bei ihnen Neptun im Skorpion, so werden sie vielleicht anfangs süchtig nach Sex sein, wie wir es alle zum Zeitpunkt ihrer Geburt waren: „Make Love not War" und „Freie Liebe" lauteten die Slogans jener Zeit. Beachten Sie, daß Musik eine Domäne des Neptun ist und Menschen mit Neptun im Skorpion sexuell ausdrucksvolle Musik schufen.

Im großen und ganzen ist es jedoch zu früh, um kluge Feststellungen über die Pluto in der Jungfrau-Generation machen zu können, geschweige denn über Pluto in der Waage oder im Skorpion. Die Auswirkungen von Pluto in einem Zeichen lassen sich nur langfristig beurteilen, denn die betreffende Generation kann noch so viele erleuchtende oder verblendende Erfahrungen machen, daß das Endergebnis noch nicht vorhergesagt werden kann. Wir wissen ja nicht einmal, wie die Pluto-im-Löwen-Menschen auf das Quadrat ihres Geburts-Pluto mit dem Pluto im Skorpion reagieren werden.

Pluto und die Entfaltung des Kollektivs

Die äußeren Planeten (Uranus, Neptun und Pluto) sind sich in ihren Auswirkungen auf die Welt insofern ähnlich, als sie alle in Richtung auf die Entfaltung des kollektiven Bewußtseins arbeiten. Es scheint so zu sein, daß Neptun zuerst durch ein Zeichen geht, dabei irgendwie die mit diesem Zeichen in Verbindung stehenden Belange auflöst und verfälscht, und sie dann zu einem unerreichbaren Traum werden läßt. Dabei werden wir mit einer Illusion angesteckt, die wir mit allen Kräften verfolgen, wie einen Kondensstreifen, der Jahre später dann von Pluto aufgelöst wird. Uranus folgt Neptun auf dem Fuß, verbreitet diese Illusion und macht sie der breiten Masse zugänglich.

Ungefähr achtundzwanzig Jahre nach Neptun geht Pluto durch ein Zeichen und zerstört die Illusionen der Neptun Generation des betreffenden Zeichens. Die Neptun-in-der-Jungfrau Generation (1921-1942) wurde zum Beispiel während der Weltwirtschaftskrise unter dem Damoklesschwert der Arbeitslosigkeit und Armut geboren, so daß Arbeit zu einem Ideal dieser Generation wurde, zu einem Geschenk des Himmels. Diese Menschen mußten jedoch sowohl die Sucht nach Arbeit in Form des „workaholic" erfahren als auch die anschließende Desillusionierung, als sie erkannten, daß Arbeit doch kein Garantieschein für Glück bis ans Lebensende war. Die Arbeit verlor ihre Bedeutung, als Pluto im Zeichen der Jungfrau stand (1958-1971), den sechziger Jahren, der „Einsteiger-Aufsteiger-Aussteiger"-Ära, die durch den Verfall der Arbeitsethik gekennzeichnet war.

Als Neptun in der Waage stand (1943-57), wurden Beziehungen à la Hollywood modern. Wir begannen nach der immerwährenden Seligkeit zu suchen, der perfekten Romanze ohne Ende, nach jemandem, der schön und attraktiv wie ein Filmstar war. Je mehr wir dieses Traumbild verfolgten, desto weniger waren wir imstande, Beziehungen zwischen wirklichen Menschen zu bewältigen. Wir waren ständig auf der Suche nach dem romantischen Nirvana, nach jemandem, der uns von der Erde erlöste und das Paradies eröffnete. Als Pluto durch die Waage ging, zerbrachen diese Illusionen, und die harte Realität stellte für viele Beziehungen eine schwere Belastungsprobe dar.

Pluto in der Waage intensivierte die Ablehnung ungleicher Partnerschaften; was also tatsächlich zerstört wurde, waren die Beziehungen, in denen die Macht ungleich verteilt war. Vielleicht ist alles Bestandteil des „Großen Plans", und wir entwickeln uns tatsächlich in Richtung der Gleichberechtigung, wir benötigen jedoch therapeutische Isolierung voneinander, damit uns bewußt wird, daß wir auch ohne den anderen überleben können. Wenn wir dann wieder eine Beziehung eingehen, wird dies auf einer anderen Basis erfolgen. Nachdem Pluto in der Waage unsere Illusionen über Partnerschaft zerstört hat, so daß sie nach und nach immer nüchterner und verbitterter wurden, ist es nun vielleicht für uns alle notwendig, das Alleinsein zu lernen (eine mögliche Interpretation von Pluto im Skorpion). Wir können uns aber auch durch verstärkten Einsatz aller plutonischen Abwehrmechanismen gegen die Einsamkeit zur Wehr setzen – Kontrolle, Manipulation, Symbiose und Machtkämpfe – wir werden nur irgendwann merken, daß sie nicht funktionieren.

Was die Neptun-im-Skorpion-Generation (die Kinder der Blumenkinder) und das kollektive Bewußtsein seit jener Zeit (1957-71) betrifft, so drehten sich unsere Illusionen, das, was uns faszinierte und süchtig machte, im großen und ganzen um Sexualität, Reichtum und um Auflehnung oder Zynismus gegenüber den korrupten Machtstrukturen. Das achte Haus steht für Schulden, Neptun für Illusionen oder Versklavung, und so lebten wir alle in einem Traumland mit einer Kreditkarte als Zauberstab. Unter dem Einfluß dieser Konstellation waren wir alle derart von der überragenden Bedeutung der Sexualität überzeugt, daß sie unser ganzes Leben beherrschte. In der Werbung wurde Sex als Manipulationsinstrument eingesetzt, das uns zu übermäßigem Konsum animieren sollte.

Auch was Sexualität und Fortpflanzung selbst betraf, waren wir in mancherlei Illusionen befangen – unnötige Kaiserschnitte und chemische oder chirurgische Eingriffe in den Geburtsprozeß verhalfen den Ärzten zu Reichtum. Der Gebrauch destruktiver Chemikalien zur Geburtenkontrolle vermittelte uns die Illusion sexueller Freiheit, aber der physische, emotionelle und spirituelle Preis, den wir dafür bezahlen müssen, beginnt sich bereits bemerkbar zu machen. Das gegenwärtige Überhandnehmen von Krankheiten, die durch Sex übertragen werden (wie Herpes und AIDS), veranlaßt bereits viele Menschen dazu, ihre „befreite" Sexualität neu zu überdenken. Die Illusionen, denen wir verfielen, als Neptun durch den Skorpion ging, müssen beim Durchgang des Pluto einer Neubewertung unterzogen werden.

Viele Menschen haben bereits auf die Entsprechungen zwischen der Form der Planeten und ihrer Funktion hingewiesen, zwischen ihren spezifischen Merkmalen und der Art, wie sie sich in unserem Leben auswirken. Dies gilt auch für die auffälligeren Unregelmäßigkeiten der 248 Jahre dauernden Umlaufzeit des Pluto. An manchen Stellen seiner Bahn um die Sonne stand er zweiunddreißig Jahre lang in einem Zeichen, in jüngerer Zeit jedoch bleibt er nur jeweils elf Jahre darin. Dies ist Bestandteil der Himmelsmechanik, objektive Realität, und doch könnten die immer rascher ablaufenden Veränderungen in unserem Leben damit in Zusammenhang stehen. Jeder von uns hat das Gefühl, daß alles zu schnell geht, zu schnell vergeht, ja sogar das Gefühl, überhaupt nicht mehr genügend Zeit zur Verfügung zu haben. Konsequenzen machen sich rascher bemerkbar, und doch wurde unsere Lebensspanne ja eigentlich durch den Sieg über einst tödliche Krankheiten verlängert!

All diese Gedanken stellen nur vorläufige Vermutungen über die Wirkungsweise des Pluto und der anderen äußeren Planeten dar. Die Astrologie scheint auf dem besten Wege zu sein, noch viel mehr über die Bedeutung dieser Konstellationen herauszufinden, aber dennoch würde ich es begrüßen, wenn sich ein guter Historiker mit politologischem und ökonomischem Hintergrund dieses Themas einmal annähme. Die Astrologie ist in ihrer Entwicklung derzeit an einem sehr interessanten Punkt angelangt, und wir können helfen, bald wesentlich mehr über die Bedeutung der äußeren Planeten in den einzelnen Zeichen und die historischen Querverbindungen zu erfahren.

KAPITEL ZWEI

Persönlichkeit und Charakter des Plutoniers

Ich möchte gern klarstellen, daß es in diesem Buch nicht um Skorpione geht, sondern um den Pluto in jedem von uns, um seine Wirkungsweise und – wenn er bei Ihnen in negativer Form in Erscheinung tritt – um die Möglichkeiten, diese Probleme lösen zu können. In diesem Kapitel kommen die besten und die schlechtesten Charakterzüge des Plutoniers zur Sprache. Es werden Instrumente der Erkenntnis und Heilung des plutonischen Symptomenkomplexes vorgestellt. Ein Plutonier, der die negative Problematik bewältigt hat, ist am besten in der Lage, uns anderen zu helfen, so daß ihm hier besondere Beachtung und Unterstützung zuteil werden soll.

Wie erkennt man einen Plutonier?

Zuallererst sollten wir vielleicht definieren, was wir unter einem Plutonier verstehen. Wenn Sie sein Horoskop betrachten – das heißt, wenn er es Ihnen *erlaubt* – verschlossen und geheimnistuerisch wie er ist –, finden Sie etwa Pluto in einem Aspekt zur Sonne, zum Mond, Aszendenten oder Medium Coeli. Meistens ist es mehr als einer davon, und meistens ist er dissonanter Natur wie zum Beispiel eine Konjunktion, ein Halbquadrat, Quadrat, Anderthalbquadrat, eine Quinkunx oder Opposition. Manchmal aspektiert Pluto auch eine Anzahl von anderen Planeten, oder die betreffende Person hat Schlüsselkonstellationen im Skorpion, der von Pluto regiert wird. Auch mehrere Planeten im achten Haus können einige der hier geschilderten Wirkungen hervorrufen.

Wenn Sie sein Horoskop nicht haben oder nicht genug von Astrologie verstehen, wie erkennen Sie dann den negativen Plutotypus? Es gibt bestimmte Persönlichkeitsmerkmale, die mit diesen Planetenkonstellationen einhergehen, obwohl natürlich nicht alle von ihnen gleichzeitig in einem Menschen anzutreffen sein werden. Wenn Sie ein Plutonier sind und einige dieser Merkmale ganz und gar nicht auf Sie passen, lassen Sie sie beiseite und nehmen Sie das heraus, was für die Beschreibung Ihrer Persönlichkeit zutrifft. Was hier geschildert wird, ist ein zusammengesetztes Bild auf der Grundlage langjähriger Arbeit mit einer großen Anzahl von Plutoniern.

Der negative Plutonier ist oft sehr reserviert und wachsam und läßt andere Menschen nicht an sich heran. Über sich selbst spricht er kaum, er weiß jedoch genug über Sie Bescheid, denn unter dem Vorwand, Ihnen helfen zu wollen, werden Sie genauestens ausgefragt. Plutomenschen haben oft einen intensiven Blick und etwas Düsteres an sich, das andere abschreckt. Viele sind verbittert und ablehnend, von ihrer Vergangenheit verfolgt und verbreiten eine Atmosphäre des: „Schau, was man mir angetan hat". Oft sind sie mißtrauisch – sie sind genau die Menschen, für die man T-Shirts mit der Schrift entwarf: „Die Irren sind hinter mir her" oder „Ich dreh nicht durch, ich schlag zurück". Oder auch die schwarzen T-Shirts ohne jeden Schriftzug, denn Plutomenschen tragen häufig schwarze Kleidung. Sogar ihr Humor ist schwarzer Humor: Wie viele Skorpione sind nötig, um eine Glühbirne zu wechseln? Keiner, sie sitzen lieber im Dunkeln!

Es gibt Plutomenschen, die vorwiegend im positiven Bereich wirken: Sie heilen, verwandeln und transformieren sich selbst und ihre Umwelt. Nie geben sie sich mit dem Oberflächlichen zufrieden, sie haben tiefen Einblick in das Leben und in die Menschheit und eine angeborene Gabe, die Beweggründe der Menschen zu durchschauen. Einigen ist dies angeboren, sie wuchsen als Kinder positiver Plutomenschen auf. Die meisten jedoch standen vor der Notwendigkeit, die Auswirkungen einer schwierigen Kindheit oder schwieriger Lebensumstände zu heilen und mußten sich diese Fähigkeit erst erwerben. Viele haben einen extrem rauhen oder traumatischen Hintergrund überlebt, an dem zartbesaitete Gemüter zerbrochen wären, die diesen starken Seelen aber die Härte eines Diamanten verlieh.

Plutomenschen ist die Gabe und auch der innere Zwang eigen, Methoden zur Bewältigung der schmerzlichen Ereignisse ihrer Vergangenheit zu finden, und sie arbeiten aktiv an dieser Aufgabe. Kurz und gut, viele positive Plutonier fingen als negative Plutonier an und arbeiteten sich in ständigem Bemühen nach oben. Der überwiegende Teil dieses Kapitels soll dem Verständnis negativer Plutonier dienen, und der Rest dieses Buches ist den Therapiemöglichkeiten gewidmet, die wir alle für unsere plutonischen Konflikte anwenden können.

Plutonier sind geborene Berater; so üben sie häufig große Anziehungskraft auf Menschen aus, die sich in Schwierigkeiten befinden. Der negative Typus macht sich jedoch unentbehrlich, indem er Sie überzeugt, ohne ihn hilflos zu sein. Sie können nicht verstehen, warum Sie allmählich solche Aggressionen gegen ihn entwickeln – wo er doch so viel für Sie tut – und haben ein schlechtes Gewissen. Irgendwie hat sich das Kräftegleichgewicht in der Beziehung verlagert, so daß Sie ständig alles so machen, wie es der andere will und sich schuldig fühlen, wenn Sie es nicht tun. Frauen nehmen öfter als Männer ihre Zuflucht zu dieser Art der Manipulation, um Macht zu erlangen. Macht und Kontrolle über andere Menschen sind die zentralen Themen des Planeten Pluto, schlicht und einfach. Da aber Plutonier weder schlicht noch einfach sind, versuchen sie niemals, andere offen zu beherrschen, ihre Manöver sind gut getarnt – oft sogar vor sich selbst. Macht über andere wird mit subtilen Mitteln wie Manipulation, emotionaler Erpressung, „Hilfe“ und Schuldgefühlen erreicht.

Ein weiteres, charakteristisches Merkmal des negativen Plutoniers ist seine Art, mit Gefühlen umzugehen. Seine Gefühle im Griff zu haben ist für ihn gleichbedeutend damit, eine Situation im Griff zu haben. Er läßt sich seine Gefühle kaum anmerken, besonders jene, die die Beherrschung einer Situation in Gefahr bringen könnten – Ärger, Verlangen oder Verwundbarkeit. Der Plutomensch streitet seinen Ärger ab, innerlich jedoch kocht er. Sie spüren es und sind beunruhigt, aber er beteuert weiterhin: „Nein, nein, es ist alles in Ordnung“.

Eines schönen Tages eröffnet er Ihnen, daß Sie bereits seit Monaten „X“ tun, daß es ihn wahnsinnig macht, wenn jemand so etwas tut, wie konnten Sie nur so gefühllos sein, und daß er Sie nie mehr sehen will. Sie sind am Boden zerstört, denn Sie hatten keine Ahnung, daß „X“ tabu war, außerdem hat er Sie derartig von sich abhängig gemacht, daß Sie meinen, ohne ihn nicht auskommen zu können. Was ihn betrifft, so sind Sie für ihn gestorben, denn eine Wiederbelebung der Beziehung kommt nicht in Frage. Sie sind nicht der Einzige – dieses Szenario wiederholt sich immer und immer wieder im Leben des Plutoniers. Ja, es stellt vielleicht für ihn die einzige Möglichkeit dar, mit anderen Menschen umzugehen.

Der Entwicklungsweg des Plutoniers

Ich will damit nicht sagen, daß Plutonier sich freiwillig für dieses schmerzliche Verhaltensmuster entscheiden. Man muß bedenken, daß die Verteidigungsmechanismen, die sie als Erwachsene nun so quälen, ihnen einst das Überleben in einer schwierigen und oft feindlich gesinnten Umgebung ermöglichten. Diese Kinder mußten sich mit dem Verlassenwerden auseinandersetzen, mit Tod, Ablehnung, Schuld, Geheimnissen, Sexualität oder Rachegelüsten. Vielleicht wurde ihr Vertrauen mißbraucht oder ihr Leben bedroht – üble familiäre Verhältnisse! Wie wir in Kapitel fünf sehen werden, ist bei vielen Alkoholikerkindern ein starker Pluto zu beobachten, ebenso wie bei mißhandelten Kindern und Inzestopfern. Andere wiederum haben vielleicht den Vater oder die Mutter durch Tod oder Scheidung verloren oder haben sehr unter der Übermacht von Erwachsenen gelitten.

Oft gab es eine dominierende Mutter, die ihre natürliche Macht über das Kind mißbrauchte, indem sie entweder ganz offen ihre Macht ausspielte oder heimlich manipulierte. Manchmal war ein Elternteil grob und streng, während der andere, scheinbar schwächere, eigentlich die Fäden in der Hand hielt: „Wir beide müssen gegen dieses Scheusal zusammenhalten, so bleib bei mir und tu, was ich sage." Der „gute" Elternteil kann am Ende zum größeren Problem werden, denn der gegen den dominierenden Elternteil gerichtete Ärger ist klar umrissen, während der die Rolle des Heiligen und Märtyrers spielende Elternteil Schuldgefühle und scheinbar unverdiente Aggressionen hervorruft.

Oft sind Plutonier unerwünschte Kinder, die später von den Eltern im Bemühen, dies zu kompensieren und zu verbergen, übermäßig verwöhnt werden. Manchmal sind die Eltern so mit ihren eigenen Problemen und Machtkämpfen beschäftigt, daß das Kind einfach nur eine zusätzliche Belastung darstellt. Vielleicht war auch die Schwangerschaft selbst nur ein Schachzug, um etwa eine Eheschließung zu erzwingen oder eine bereits in Auflösung begriffene

Ehe zu retten, indem die Frau „rein zufällig“ zum kritischen Zeitpunkt schwanger wird. Heutzutage sind derartige Manöver nicht besonders erfolgreich, aber selbst wenn die Eltern dadurch aneinandergekettet werden, kommt es zu Aggressionen. Das Kind muß vielleicht die Hauptlast des elterlichen Grolls tragen, besonders wenn es dem Partner ähnlich ist.

Ein Plutonier kann sich auch entwickeln, wenn die frühe Umwelt des Kindes von Trauergefühlen geprägt war. Möglicherweise gab es in dem Jahr vor oder nach der Geburt des Kindes einen Todesfall in der Familie. Die Atmosphäre ist von Trauer erfüllt und das Kind übernimmt diese Trauer als einen Teil seiner Charakterstruktur. Vielleicht wurde es auch als Ersatz für den geliebten, verlorenen Menschen empfangen. Dies scheint beinahe ein Instinkt zu sein, jenseits jeder Vernunft. Selbst ich, die nie Kinder wollte, weinte plötzlich auf der Straße beim Anblick von Babys, als meine Mutter starb. Wie wir in Kapitel sechs sehen werden, spielt im Trauerprozeß von Hinterbliebenen auch Ärger eine Rolle. Diesen Ärger könnte das Kind gespürt und als persönliche Botschaft an sich und die Umwelt aufgefaßt haben. Trauergefühle lassen auch kaum Energie für die Beziehungen mit der Außenwelt übrig, so daß die emotionalen Bedürfnisse des Kindes vielleicht abgelehnt, überhaupt nicht oder nur sporadisch befriedigt wurden. Nahm der Verstorbene einen wesentlichen Platz im Leben der Mutter ein (wenn es sich dabei zum Beispiel um einen Elternteil oder ein Kind handelte), könnte auch der umgekehrte Fall eingetreten sein, und die Mutter könnte sich in symbiotischer Weise an das Pluto-Kind als einen Ersatz für den erlittenen Verlust geklammert haben.

Möglicherweise gab es auch einen oder mehrere tief betrauerte und unbewältigte Todesfälle. Im Leben des Plutomenschen scheint der Tod einen ungerechtfertigt breiten Raum einzunehmen, wobei jeder neue Todesfall wieder Überreste alter Trauer ans Licht bringt. Wie es Dylan Thomas ausdrückte: „Nach dem ersten Tod gibt es keinen anderen mehr.“ Für den Plutonier ist es oft notwendig, alte Trauergefühle zu durchleben, um sich von der Melancholie befreien zu können.

Manchmal ist es auch nur die ständige Bedrohung, verlassen oder im Stich gelassen zu werden, eine Drohung, die ebensoviel Schaden anrichtet wie ein realer Verlust. Hier muß ich an mein sehr kurzlebiges Seminar über Mütter und Töchter denken, in dem jede der sieben Teilnehmerinnen einen Mond/Pluto Aspekt aufwies und ich, „rein zufällig“ durch einen Mond/Pluto Transit hindurchging. Ver-

("Mama ist in Amsterdam ...")

blüfft versuchten wir herauszufinden, was wir gemeinsam hatten. Alle Frauen lebten als Kinder ständig in der Furcht, von ihren Müttern verlassen zu werden: Sie hatten Angst, daß die Mutter entweder sterben oder nicht mehr da sein würden, wenn sie aus der Schule heimkommen. Die Gruppe war nur von kurzer Dauer, denn während unserer zweiten Sitzung läutete das Telefon und man teilte mir mit, daß meine Mutter im Sterben lag. Diese erschütternde Konfrontation mit dem Ereignis, das sie ihr ganzes Leben hindurch bedroht hatte, war so traumatisch, daß keine einzige Teilnehmerin imstande war, die Arbeit fortzuführen. (Ich vermute jedoch, daß es für sie notwendig war, der Tatsache ins Auge zu blicken, daß auch ihre Mütter eines Tages sterben mußten, und daß darin der eigentliche Sinn und Zweck der Gruppe bestand.)

Die Macht des Familiengeheimnisses

Dr. Dick Auerswald, ein Familientherapeut mit dem ich zusammenarbeitete, hat festgestellt, daß es immer „das Geheimnis" ist, das im Mittelpunkt der familiären Pathologie steht. Das Geheimnis fixiert die Familienmitglieder in ihren Beziehungen zueinander und der Umwelt gegenüber. Oft wuchs ein Plutomensch in einer Familie voller wohlgehüteter Geheimnisse auf, voller häßlicher Skelette im Schrank. Dadurch entstand in ihm das Gefühl, mit einem Makel behaftet zu sein und Anerkennung außerhalb der Familie nur durch Geheimhaltung erwerben zu können.

Was sind das für Geheimnisse? Hier muß man bedenken, daß man heute den Dingen wesentlich aufgeschlossener gegenübersteht als noch vor zwanzig Jahren, als das Selbstwertgefühl der heute erwachsener Plutonier geformt wurde. Vor nicht allzu langer Zeit stellte Tuberkulose einen Skandal ähnlich der Lepra dar, Epilepsie bedeutete den Abschießskuß einer Karriere oder Partnerschaft, und wenn man einen geistig behinderten oder zurückgebliebenen Verwandten hatte, so wurde diese Tatsache verheimlicht. Jetzt, wo Pluto im Skorpion steht, diskutiert man offen über weit stärker tabuisierte Probleme wie Inzest und Kindesmißhandlung, aber noch heute ist es entsetzlich schwer, mit solchen Geheimnissen zu leben.

Ein stark gestellter Pluto ist unter Kindern von Alkoholikern häufig anzutreffen, und diese Krankheit wird noch immer voller

Scham verschwiegen. Die Eltern bestreiten, süchtig zu sein, auch wenn die Symptome ganz eindeutig sind, so daß nicht einmal innerhalb der Familie offen darüber gesprochen werden kann. Die Familienmitglieder ignorieren das Problem und bilden gegenüber der Außenwelt eine Verschwörung. Besonders Teenager möchten sich um nichts in der Welt von den anderen unterscheiden und verheimlichen die Tatsache, daß ein Elternteil trinkt. Aus dieser schweren Bürde resultiert zunehmende Angst davor, daß andere sie näher kennenlernen könnten, Angst, die diese Kinder noch als Erwachsene verspüren. (In der Bibliographie werden empfehlenswerte Bücher für Kinder von Alkoholikern angeführt.)

Wenn das Kind heranwächst, lockert das Familiengeheimnis allmählich seinen Griff, aber die dadurch bewirkte Isolation veranlaßt den Plutonier immer wieder, Dinge zu verheimlichen. Diese Geheimnisse haben meist Handlungen zum Inhalt, die er aus dem verzweifelten Wunsch heraus beging, Liebe zu finden und dieses schreckliche Gefühl der Einsamkeit zu überwinden. Da Pluto so eng mit Sexualität verknüpft ist, sind einige dieser Geheimnisse sexueller Natur. Auch heftige Aggressionen können Feindseligkeiten und in der Folge geheime Schuldgefühle auslösen. (In Kapitel vier wird auf diese Thematik näher eingegangen, und es werden Wege zur Bewältigung von Schuldgefühlen aufgezeigt, die Ihnen helfen sollen, sich selbst lieben zu lernen.)

In den Programmen für Anonyme Alkoholiker heißt es, daß jeder Mensch nur so krank ist wie die Dinge, die er verheimlicht und es ist richtig, daß Geheimnisse krank machen können. Wenn sie bösartig genug sind, können sie sogar Krebs verursachen. Wenn Sie durch ein Geheimnis gebunden sind und frei sein möchten, so gibt es keinen anderen Weg, als es mit den richtigen Menschen zu teilen. Wohlgemerkt: Tun Sie es mit Verstand, aber tun Sie es, Geheimnisse verlieren ihre Macht, wenn sie geteilt werden. Seit beinahe zwanzig Jahren werden mir nun schon die verschiedensten Geheimnisse anvertraut und unter all diesen Geheimnissen war nur EIN EINZIGES, das mich schockierte. Ich werde Ihnen nicht verraten, was es war, aber ich garantiere Ihnen: Ihres ist im Vergleich dazu harmlos. Ist es jedoch wirklich so schlimm, wird man innerhalb eines Jahres einen Fernsehfilm daraus machen. Genau das ist Pluto im Skorpion: das Ende aller Geheimnisse.

Geheime Emotionen und ihr Beitrag zur Einsamkeit

Plutonier sind oft Einzelgänger, denn selbst wenn sie von anderen Menschen umgeben sind, können sie sich inmitten der Menge allein fühlen. Ein Hauptgrund dafür besteht darin, daß sie ihre Gefühle verbergen, um dadurch nicht verraten zu werden. Am Ende sind sie überzeugt davon, daß ihre Gefühle kaum mehr etwas mit denen eines normalen Menschen gemeinsam haben. Viele von ihnen gestanden mir, sie fühlten sich manchmal wie von einem anderen Planeten.

Alle plutonischen Charakterzüge haben sich mit gutem Grund entwickelt. Im Elternhaus herrschten unterschwellig gärende, verletzende Emotionen, die von Zeit zu Zeit nach außen durchbrachen. Das Kind mußte ständig auf der Hut vor dem Schlag sein, um rechtzeitig ausweichen zu können. Dieser Schlag war nicht immer physischer Natur. Manchmal war er verbal, manchmal sogar übersinnlich. Vielleicht war es die Angst, im Stich gelassen oder gerügt zu werden oder die Angst vor Liebesentzug. Aber die Drohung war immer da und das Kind mußte sie ständig im Auge behalten. Um die Situationen richtig beurteilen zu können, mußte das Kind den Ton der Stimme genau registrieren, die Körpersprache, kleinste Veränderungen im Gesichtsausdruck und selbst außersinnliche Botschaften. (Als Erwachsene sind Plutomenschen extrem sensitive Berater. Eine solche Aufnahmefähigkeit kann in keinem psychoanalytischen Institut gelehrt werden.) Dieses Einfühlungsvermögen war unbedingt erforderlich, denn die Wahrheit war tabu und um zu überleben, mußte man wissen, was gerade gespielt wurde. Vor allem mußte das Kind die gefühlsmäßige Verfassung der Mutter genau überwachen, es war also ratsam, sich nicht allzuweit zu entfernen. Ein Kind, das vieles sieht und wagt, darüber zu sprechen, wird jedoch oft bestraft.

Was hier vor sich geht, erinnert an das Märchen von den neuen Kleidern des Kaisers: Ein gerissener Schneider überzeugte den Kaiser, daß er für ihn Kleider aus einem so hauchzarten Stoff weben würde, daß nur die edelsten und feinsten Menschen sie sehen könnten, er webte aber natürlich überhaupt nichts. Bald bewunderten und bestaunten der Kaiser und sein Hofstaat die wunderschönen Kleider, während er in Wirklichkeit splitternackt war. Nur ein einziger kleiner Junge in der Menge sprach die Wahrheit: Der Kaiser hatte ja gar nichts an! Haben Sie jemals darüber nachgedacht, wie die Geschichte wirklich endete? Da ich selbst ein Plutomensch bin, wette ich, daß ihm niemand dafür dankte. Weitaus wahrscheinlicher ist es, daß man dem kleinen Jungen zu Hause den Hintern versohlte! Zweifellos war dieser kleine Bub ein Plutonier, wurde sehr schnell klug daraus und hielt fortan den Mund. Wenn jedoch die Eltern ständig die Unwahrheit sprechen, wird das Kind ihnen schließlich nicht mehr vertrauen und sie ablehnen.

Wagt sich der Plutonier dann aus der Familie und ihren gefährlichen und unterschwelligen emotionalen Strömungen hinaus, so hält diese Sensitivität weiter an. Unausgesprochene Gefühle werden als bedrohlich und gefährlich erlebt, selbst in Situationen, wo das Alarmsignal nicht gerechtfertigt ist. Weiteres Mißtrauen baut sich auf, denn Menschen lügen ständig, was ihre Gefühle betrifft, ungeachtet der Tatsache, daß sie dabei in erster Linie sich selbst belügen. Das Kind spürt den Widerspruch zwischen dem was die Menschen sagen und ihren wahren Gefühlen, und wenn es wagt darüber zu sprechen, wird es möglicherweise bestraft oder ignoriert. Wenn dies oft genug passiert, gelangt der junge Plutonier schließlich zur Überzeugung, daß man Menschen im Bezug auf Gefühle nicht trauen darf. Gleichzeitig beunruhigen ihn seine anscheinend nicht akzeptablen Beobachtungen und Wahrnehmungen. Da sich Lügen in den zwischenmenschlichen Beziehungen das ganze Leben hindurch fortsetzen, gibt er es als Erwachsener schließlich auf, darüber zu sprechen. Er ist sich der Lügen bewußt, spürt den Unterschied zwischen sich und den anderen und gerät so in eine schmerzliche Isolierung.

Diese Einsamkeit wird noch durch die Tatsache verstärkt, daß Menschen nicht nur negativ reagieren, wenn man über IHRE Gefühle spricht – der Wunsch nach einer Intimsphäre wäre schließlich verständlich – sondern auch, wenn man offen über seine EIGENEN Gefühle spricht. Handelt es sich um komplizierte Gefühle, wäre es dem anderen eigentlich lieber, man würde sie unterdrücken und wenn es sich um plutonische Gefühle wie Trauer, Eifersucht oder Aggression handelt, so sind diese Themen überhaupt tabu. Man kann einmal davon sprechen – vielleicht – wenn Sie aber zu massiv werden, neigen die Menschen dazu, sich zurückzuziehen. Versuchen Sie einmal, Ihren Freunden von der New Age Bewegung oder der spirituellen Gruppe zu erzählen, daß Ihre Frau Sie gerade verlassen hat, und daß Sie sie liebend gerne umbringen würden und dann lauschen Sie der Stille, die Ihr Telefon umgibt. Wenn Ihre Freunde selbst Plutonier sind, werden Sie Ihnen gute Ratschläge geben, wie man am besten über diese Gefühle hinwegkommt und verärgert sein, wenn Sie sie nicht befolgen. Schließlich lernen Sie den Mund zu halten und Ihre Gefühle nicht mit anderen zu teilen, wodurch diese nur noch intensiver werden.

Gruppentherapie kann bei unausgesprochenen Emotionen wertvolle Hilfe leisten. Sie werden sich vorstellen können, daß es für einen Plutonier das letzte wäre, vor einer Gruppe *wildfremder* Menschen aus sich herauszugehen. Unter vier Augen mit jemandem, den er dafür bezahlt, daß er ihm zuhört, das geht noch. Er hat die Situation weitgehend unter Kontrolle – ein Therapeut sagt ohnehin nicht viel und wenn ihm ihre Reaktionen nicht behagen, kann er sie jederzeit hinauswerfen. Ich haßte die Gruppentherapie, jede einzelne Woche aufs neue, über ein Jahr lang, und doch gehörte sie zu den intensivsten Heilungserlebnissen, die mir je begegnet sind. Das Zusammensein mit Menschen, die ich nicht ausgesucht hatte und nicht beherrschen konnte, erschütterte mich und rüttelte mich aus meinem, mit Stolz und Ärger gemischten Gefühl der Andersartigkeit auf. Diese Menschen unterscheiden sich so sehr von mir und meinen Wertvorstellungen, daß ich ihnen niemals freiwillig näher gekommen wäre. Als ich dann erlebte, daß sie auf die gleiche Weise reagierten wie ich, mußte ich feststellen (es ist kaum zu glauben, wie widerwillig), daß ich schließlich und endlich doch nur ein menschliches Wesen und gar nicht so einzigartig war. Auch in Selbsthilfegruppen stellte es sich heraus, wie sehr ich anderen ähnelte, aber innerhalb dieser Gruppen kann man still sein, nie viel enthüllen und weggehen, wenn es zu intim wird.

Der Plutonier und seine Beziehungen

Wie merkwürdig und furchteinflößend die Einsamkeit doch ist. Wir gestatten uns selbst nie, ihr zu nahe zu kommen, und wenn es doch passiert, laufen wir schnell vor ihr davon.[3]

In einer Phase, als mich die Transaktionsanalyse besonders faszinierte, kam ich zur Überzeugung, daß man jede Venusposition anhand der Spiele identifizieren kann, mit deren Hilfe der betreffende Mensch der Intimität ausweicht. Besonders auffallend waren diesbezüglich jene Menschen, deren Beziehungshäuser (das fünfte, siebente oder achte) mit Pluto in Verbindung standen. Dies würde auf Venus im Skorpion zutreffen, aber auch für Aspekte zwischen Pluto und der Aszendent-Deszendent-Achse und wahrscheinlich auf alle Plutonier. Diese Menschen spielen im wesentlichen zwei Spiele und eines geht so nahtlos ins andere über, daß es schwierig ist, sie voneinander zu trennen.

Das erste lautet: „Bis der Tod uns scheidet" mit all seinen potentiell finsteren Abarten. Ein Plutonier geht keine Beziehungen ein, er nimmt Geiseln! In seinen Liebesgefühlen ist er so intensiv, daß es in seinen Augen wirklich um Leben und Tod geht. Er ist keineswegs über ein Abenteuer für eine Nacht erhaben, denn er kann sehr leidenschaftlich sein, aber am nächsten Morgen erklärt er Sie zum Partner fürs Leben und trifft eine unwiderrufliche Entscheidung. Wenn er Sie mag, dann sind es Sie oder keiner. Kein ungezwungenes Sichkennenlernen und den anderen erforschen und dann einen Entschluß fassen. Vielleicht braucht er mit seinem scharfen Blick für Menschen wirklich nicht länger, um eine psychologisch korrekte Einschätzung vorzunehmen, aber nichtsdestoweniger kann dieses Verhalten Leute abschrecken, die mehr Zeit benötigen, um sich zu binden. Wenn sich dann eine Beziehung ergeben hat, stellt sie für ihn nach der schrecklichen Einsamkeit eine solche Erleichterung dar daß er besitzergreifend und erdrückend wird. Aus Angst, verlassen zu werden, versucht er den Partner mit den bereits geschilderten Mitteln an sich zu binden. Tragischerweise beschwört er in seiner verzweifelten Angst gerade jenes Verlassenwerden herauf, das er um jeden Preis verhindern wollte, denn durch sein Verhalten erstickt er den anderen.

3 J. Krishnamurti, *Commentaries on Living,* Quest, Wheaton, IL, 1967

Solcherart alleingelassen, kommt das zweite Spiel an die Reihe: „Es ist ja nicht das erste Mal, daß ich so verletzt wurde." Er zieht sich noch tiefer in seine Isolierung zurück, denn das verleiht ihm völlige Kontrolle über seine Umgebung. Oft versuchen es Plutonier dann nie mehr wieder und spielen das Spiel „geliebt und verloren" oder „Seelenergänzung". Sie klammern sich an die alte, tote Liebe und besuchen regelmäßig den Friedhof. Bittere Vorwürfe gegen jene, die ihrem Griff entkamen, werden endlos fortgeführt, obwohl sie den geliebten Partner im Grunde genommen selbst vertrieben haben.

Dieses Muster kann endlos fortgesetzt werden. Ein Plutomensch könnte zum Beispiel betrogen worden sein und darüber nicht hinwegkommen. Nun lebt er in der Erwartung, erneut betrogen zu werden und zieht einen Partner an, bei dem dies sehr wahrscheinlich ist. Andere Menschen werden ignoriert. („Sie reizen mich einfach nicht"). Dann wird der Partner durch Worte, Verhalten und Körpersprache dazu getrieben, diese Erwartungen zu erfüllen. Nach einer bestimmten Zeit würde jeder genug von den Anschuldigungen haben und beschließen: „Wenn das alles ist, was du von mir hältst, so werde ich jetzt genau das tun."

Nachdem der Plutonier eine Zeitlang „Es ist ja nicht das erste Mal, daß ich so verletzt wurde" gespielt hat, nimmt die Einsamkeit wieder qualvolle Ausmaße an. Wenn jemand dann schließlich den Funken der Sehnsucht nach Intimität entfacht, steht der neue Liebespartner vor dem Problem, Purzelbäume schlagen zu müssen um zu beweisen, daß er nicht wie jener andere ist. Sobald der Plutomensch ihm nur ein klein wenig zu glauben beginnt, sind wir wieder mitten im Spiel „Bis der Tod uns scheidet!" Die in Kapitel drei beschriebene Übung zur Öffnung des Herzchakras kann dazu beitragen, diese Intensität bei Liebesbeziehungen zu lockern.

Plutonier und der Sex

Plutonier können sehr leidenschaftliche, ja manchmal sogar vom Sex besessene Menschen sein. Wie all ihre anderen Gefühle, so sind auch sexuelle Empfindungen und Wünsche oft sehr intensiv – eine der positiven Seiten des Plutonierdaseins! Sie sind ausgezeichnete Liebhaber, denn ihre wache Sensibilität für das was im anderen vorgeht, ja sogar mediale Fähigkeiten, ermöglichen es ihnen, genau das zu tun, was dem Partner höchstmögliche Befriedigung bringt. Auch ihr leidenschaftlicher, intensiver, geheimnisvoller Blick kann sie in höchstem Maße begehrenswert machen. Kurz und gut – ein Plutonier ist eine heiße Nummer.

Das war die gute Nachricht. Weniger gut ist die Tatsache, daß Sex für den Plutonier eine komplizierte Angelegenheit darstellt und voller emotionaler Fußangeln steckt. Sie kann zum Zwang werden, was teilweise auf den Hunger nach Macht und Kontrolle zurückzuführen ist. „Punktemachen" heißt gewinnen, und Plutomenschen wollen um jeden Preis gewinnen – selbst wenn die jeweilige sexuelle Eroberung nicht zu ihrem persönlichen, gesellschaftlichen oder beruflichen Vorteil ist. Ja, je mehr Risiko damit verbunden ist, je geheimer sie bleiben muß, desto reizvoller wird sie für den Plutonier. Oft üben Menschen aus niedrigeren sozialen Schichten große Anziehungskraft auf ihn aus, er genießt das Gefühl der Überlegenheit. Im umgekehrten Fall kann er auch hinter Leuten mit Macht oder Geld her sein, wobei beides auf ihn wie ein Aphrodisiakum wirkt. Oft üben auch gefährliche Menschen große Anziehungskraft auf ihn aus, er läßt sich auf Machtkämpfe ein, in denen er ganz gezielt den Sex einsetzt. Sexuelle Eroberungen können auch eine Form der Rache an einem Elternteil oder an einem Partner oder Ex-Partner darstellen.

Kurzum, hinter seiner Sexualität können außer der physischen Befriedigung noch viele andere Motive stehen. Erstens fühlt er sich nicht mehr so allein. Die Isolierung der Plutonier ist jedoch so tief verwurzelt, daß sich die Einsamkeit sehr schnell wieder einstellt und Sex so zu einem ständigen Bedürfnis wird. Er erfüllt die Funktion eines Schutzwalls gegen das Verlassenwerden. Plutonier können Intimität aber auch einsetzen, um Intimität abzuwehren. Mit jemandem zu schlafen, läßt nicht viel Zeit für Gespräche übrig, und Plutomenschen können Sie so in Atem halten, daß Sie das Fehlen verbaler Kommunikation gar nicht bemerken.

Irgendwann einmal werden Sie es dann doch bemerken und sich dagegen auflehnen, nur als Sexobjekt zu dienen. Es wird Ihnen bewußt, daß Sie gesteuert werden, und langsam fühlen Sie sich mitten in all dieser Intimität allein und ausgeschlossen. Sie ärgern sich darüber, daß immer alles nach dem Kopf Ihres Partners geht oder fühlen sich irgendwie mißbraucht, weil Sie ihm immer vollkommen ausgeliefert und hingegeben sind, während der Plutonier nie die

Beherrschung verliert und Ihnen erlaubt, ihn völlig zu befriedigen. Zu diesem Zeitpunkt hängen Sie entweder infolge der anderen Beziehungsspiele der Plutonier, wie zum Beispiel Abhängigkeit etc., bereits fest am Haken, oder Sie gehen. Der Plutonier wurde wieder einmal verlassen.

Die Gründe für dieses zwanghafte und beherrschende Verhalten in sexuellen Belangen hängen mit der Entstehung der plutonischen Persönlichkeit zusammen. Vielleicht gehören Inzest oder Kindesmißhandlung zu seiner Vergangenheit und ließen ihn Sexualität und Machtmißbrauch bereits in frühester Kindheit als zusammengehörig erleben. Vielleicht war die Atmosphäre zu Hause mit sexueller Spannung geladen, und das Kind wurde in jungen Jahren zu intensiv mit der Sexualität der Erwachsenen konfrontiert und dadurch zu stark stimuliert. (Hat nicht Freud, dieser alte Plutonier, die Theorie aufgestellt, daß in der Ur-Szene teilweise der Ursprung von Neurosen zu finden sei?) Vielleicht herrschten im Elternhaus Promiskuität und Untreue und prägten die Einstellung zu Partnerschaft und Sexualität. Oft war die Sexualität genausowenig offenkundig wie andere unterschwellig gärende Emotionen, aber das Kind nahm die Atmosphäre sexueller Frustration auf oder hatte vielleicht eine enge Beziehung zu einem, unbewußt sexuelle Anziehungskraft ausübenden Elternteil. Wenn sich das Kind unerwünscht oder ungeliebt fühlte und echte Nähe vermißte, nahm es vielleicht zu jeder verfügbaren Intimität Zuflucht und war früher als die meisten anderen jungen Leute sexuell aktiv. Einer oder mehrere dieser Gründe führten schließlich dazu, daß der Plutonier schließlich Intimität und Sexualität gleichsetzte, vielleicht stellt Sex für ihn überhaupt die einzige Möglichkeit dar, anderen Menschen nahe zu kommen.

Wenn Sie selbst Plutonier sind, wundern Sie sich jetzt vielleicht, warum Sie nicht auch eine so tolle Nummer sind, warum Sie all diese Jahre wie ein Mönch gelebt haben, oder warum sie eine sexuelle Beziehung nicht genießen können, wenn Sie sich doch einmal dazu entschließen. Die Gründe dafür werden vielleicht in einigen der schwierigen Situationen zu suchen sein, die Sie ursprünglich zu einem Plutonier machten. Vielleicht hat man Ihr Vertrauen so sehr mißbraucht, Ihren Körper und Ihre Gefühle so mißhandelt und Sie so bitter im Stich gelassen, daß Sie ernsthafte Schwierigkeiten haben, sich auf diese Weise anderen Menschen zu öffnen. Möglicherweise haben sich in Ihnen eine Menge Aggressionen gegen Ihren Partner oder gegen eine frühere Beziehung aufgestaut, und der festgefressene Ärger läßt Sie auch in sexueller Hinsicht erstarren. Die Übungen zur Bewältigung von Aggressionen können in diesem Bereich gute Dienste leisten. Bei sexuellen Problemen können einige der in Kapitel drei angeführten Heilungsinstrumente helfen. Sie *können* ebenso sexy wie jene anderen, vorhin beschriebenen Plutonier sein – glauben Sie mir!

Das rachsüchtige Opfer

Gleich zu Beginn möchte ich klarstellen, daß es ECHTE Opfer gibt. Wie Sie in Kapitel fünf sehen werden, fühlen sich Menschen oft einem übermächtigen Einfluß hilflos ausgeliefert und können sich von dieser Opferrolle auch in späteren Beziehungen nicht befreien. Diese unglücklichen Menschen verdienen unser ganzes Mitgefühl.

In den von Pluto beherrschten Bereichen unseres Horoskops spielen wir alle hin und wieder die Rolle des – wie ich es nenne – *rachsüchtigen* Opfers, aber negative Plutonier tun dies oft jahrelang und mit beachtlicher Hingabe. Man hat ihnen ihrer Meinung nach irgendwann ein Unrecht zugefügt und sie fühlen sich berechtigt, dieses Unrecht anderen heimzuzahlen. Manche Leute sind noch immer von Haß erfüllt, weil ein Elternteil vor zwanzig, dreißig oder vierzig Jahren irgend etwas Bestimmtes tat und rächen sich jetzt an jedem Menschen, der ihnen näherzukommen versucht. Natürlich ist dies sinnlos, aber diese Menschen fühlen sich moralisch im Recht.

Dem Plutonier ist all das selbstverständlich nicht bewußt, er fühlt nur Verbitterung über das Geschehene. Nichtsdestoweniger hält er an seinen Aggressionen fest und schafft dadurch ein Muster, das sich immer weiter fortsetzt, ebenso wie bei dem Geliebten, der durch andauernde Verdächtigungen zum Verrat getrieben wird. Dafür kann der Plutonier dann sagen: „Siehst Du, wie recht ich hatte! Wieder hat man mich betrogen! Man kann keinem Menschen trauen!“ Dabei schwingt ein Unterton bitteren Triumphs in der Stimme mit und beweist, daß er der Meinung ist, diese Partie gewonnen zu haben. In Wirklichkeit besteht die beste Rache darin, glücklich zu leben.

Die Rolle des armen Opfers kann zu einem Instrument der Rache werden. Das Unrecht wird minutiös ausgebreitet, so daß sich die anderen irgendwie schuldig und verantwortlich fühlen, so als ob sie das, was hier angerichtet wurde, wiedergutmachen müßten. Wehe dem, der dem rachsüchtigen Opfer zu helfen versucht – und diese Typen üben große Anziehungskraft auf diejenigen von uns aus, die immer jemanden retten müssen! Es ähnelt dem Versucht, einen Dorn aus einer Löwenpranke zu entfernen. Wenn Sie sich auf eine derartige Aktion einlassen und gerade auf dem Höhepunkt Ihres Mitleids angelangt sind, bemerken sie, daß Sie ins Netz gegangen sind, manipuliert und mißbraucht wurden. New York zum Beispiel ist voller halbverhungerter Künstler, die sich als Opfer fühlen, da die Gesellschaft ihr Talent nicht anerkennt (Pluto im Löwen), und die voller Verbitterung sind, weil sie von ihrer Kunst nicht leben können. Sie rächen sich, indem sie bis zum Exzeß die Rolle des Opfers spielen und finden schließlich einen Partner, der Mitleid mit ihnen hat und sich verpflichtet fühlt, ihre Miete zu bezahlen.

Der Plutonier und die Sehnsucht nach dem Tod

Sigmund Freud, der den Aszendenten im Skorpion und Pluto im Deszendenten hatte, erfand das Konzept der Todessehnsucht als allgemeinen menschlichen Trieb, vielleicht ist dieser Gedanke richtig oder vielleicht zog Freud lediglich andere Plutonier an – das aufgehende Zeichen weist auf Menschen hin, die wir anziehen, und der Deszendent sagt eine Menge über unsere Partnerschaften aus. Wurde Freud von Todessehnsucht verfolgt und projizierte er sie auf den Rest der Menschheit, oder haben wir sie alle? (Freud, dessen Horoskop auf Seite 63 abgebildet ist, hatte auch Neptun im achten Haus, was auf eine Tendenz hinweisen könnte, den Tod als Ausweg zu betrachten.) Wie auch immer: Negative Plutonier verspüren häufig starke Todessehnsucht. Manche haben ein zwiespältiges Verhältnis zum Leben, ärgern sich, auf der Welt sein zu müssen und können den Zwang zu leben nur schwer akzeptieren. Hand in Hand damit gehen häufig Selbstmordphantasien.

Im Buch *Life Before Life* wird beschrieben, wie Helen Wambaugh mehrere hunderte Menschen hypnotisierte, von denen die meisten nicht an Wiedergeburt oder ein Leben nach dem Tod glaubten. Beinahe alle konnten sich an vorgeburtliche Ereignisse erinnern, auch an ihre Aufgabe in diesem Leben und die Auswahl ihrer Eltern, an der sie beteiligt waren. Es gab dabei einige Menschen, offensichtlich Plutonier, die sich nicht mehr inkarnieren wollten, die mehr oder weniger gegen ihren Willen geboren wurden und darüber sehr verärgert waren. Einige erinnerten sich an frühere Fehlgeburten ihrer Mutter, bei denen sie geboren werden sollten, sich aber zurückzogen. Wenn ich bei einem Plutomenschen diesen Zwiespalt dem Leben gegenüber erkenne, frage ich, ob es in seiner Familie vor seiner Geburt zu einer solchen Fehlgeburt kam und oft antwortet er verdutzt: „Woher wissen Sie das?“ (Wenn die Mutter diese Weigerung des Kindes spürt, klammert sie sich oft in besitzergreifender Weise an das Kind und verursacht damit die vorhin beschriebene Dynamik der plutonischen Entwicklung.)

Diese zwiespältige Einstellung dem Leben gegenüber kann auch auf einen Todesfall in der Kindheit zurückzuführen sein. Hinter dem Wunsch zu sterben könnte die unbewältigte und unbewußte Trauer über den Verlust etwa einer Vaterfigur stehen. Wenn die Eltern in Trauer waren, hegten sie vielleicht auch selbst zwiespältige Gefühle der Existenz des Kindes gegenüber. Das Kind hatte das Gefühl unerwünscht zu sein und zog daraus möglicherweise den Schluß, daß es besser niemals auf die Welt gekommen wäre. Unter traumatischen Umweltbedingungen könnte das Kind bereits früh zu der Ansicht gekommen sein, das Leben sei nicht lebenswert. In der Generation, die Mitte bis Ende der Sechzigerjahre geboren wurde, als Pluto eine Konjunktion mit Uranus in der Jungfrau bildete, wurde zum Beispiel eine außergewöhnlich hohe Selbstmordrate festgestellt. Diese Konstellation weist auf extrem schwierige Familienverhältnisse hin, wenn der Aspekt stark gestellt ist (wenn er z. B. Sonne, Mond, Aszendent oder Medium Coeli aspektiert.)

Ungeachtet seines Ursprungs müssen Plutonier diesen ständigen Zwiespalt bewältigen, um ein erfülltes Leben führen zu können. Bücher über Reinkarnation und das Leben nach dem Tod können hier von Nutzen sein, denn sie lassen den Plutonier erkennen, daß hinter dem Leben mehr steckt und daß ihm ein Sinn innewohnt. Diese Bücher beschreiben auch die Konsequenzen eines Selbstmordes und die Wahrscheinlichkeit, die Lektionen dieses Lebens wiederholen zu müssen, wenn dieser Fluchtweg ergriffen wurde. (In Kapitel sechs wird geschildert, wie dieses Wissen einem Plutonier half, seine Neigung zum Suizid zu überwinden.) Die Bewältigung tiefverwurzelter und langgehegter Aggressionen mit Hilfe der in

Kapitel vier angeführten Hilfsmittel kann den Plutomenschen ebenfalls fühlen lassen, daß sein Leben lebenswert ist.

Pluto – Der Einsiedler, der Gelehrte, der Forscher

Es ist nicht so, daß wir es lieben, allein zu sein, aber daß wir uns emporschwingen wollen, und wenn wir uns emporschwingen, bleiben immer mehr Menschen hinter uns zurück, bis wir schließlich ganz allein sind ... Wir sind nicht die einzigen, die nach den Gipfeln streben, aber die meisten erreichen sie nie.
– Henry David Thoreau –

Thoreaus Worte erinnern mich an die dem Adler und Phönix verwandte Seite des Skorpioncharakters, denn Plutonier sind auch in einem positiveren Sinn Einzelgänger. Sie sind so völlig auf das Erreichen irgendeines wichtigen Zieles konzentriert, daß ihnen wenig Zeit für oberflächlichen Leichtsinn bleibt. Sie ähneln der Tarotkarte „Der Einsiedler" (siehe Zeichnung 1). Eine unserer ersten und tapfersten Frauen, die nach Höherem strebte, war Ame-

Zeichnung 1. Der Einsiedler, aus dem Rider-Waite Tarot, Abdruck mit Genehmigung der U.S. Games Systems, New York. Jede weitere Reproduktion verboten.

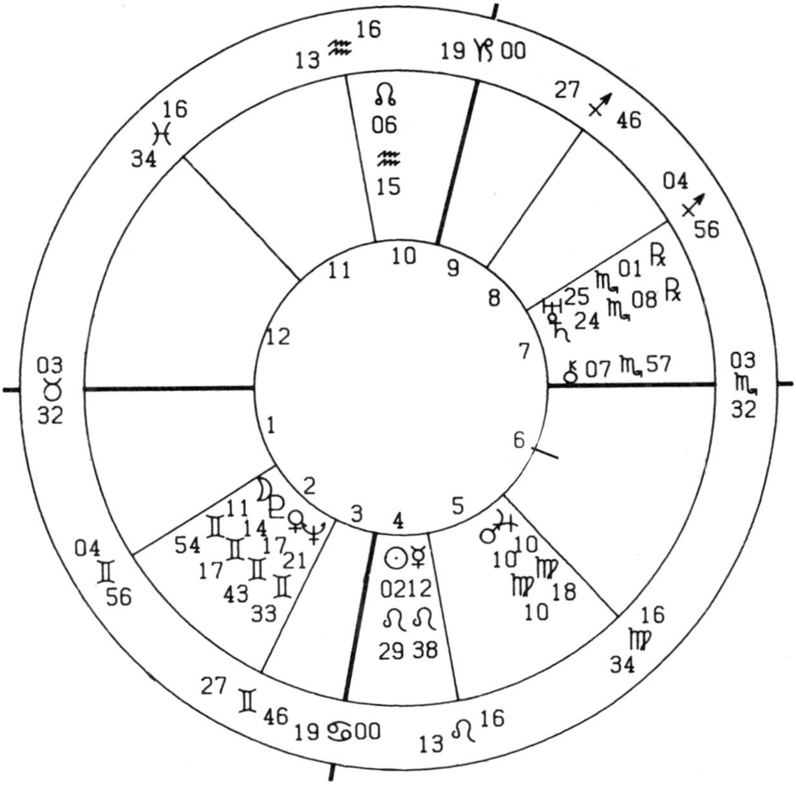

Diagramm Nr. 1. Amelia Earhart. Geboren in Atchison, Kansas, 24. Juli 1887, 23.30 Uhr CST. Tropical, Placidus. Daten aus Lois Rodden/*Profiles of Women,* AFA, Tempe, AZ, 1979, S. 131, Verwendung genehmigt.

lia Earhart, deren Soloflüge sie zur Legende machten. Wie Sie dem Diagramm Nr. 1, entnehmen können, weist ihr Geburtshoroskop eine Konjunktion von Pluto mit Mond, Venus und Neptun im Tierkreiszeichen Zwillinge auf, weiter eine Konjunktion von Uranus (dem Planeten der Luftfahrt) und Saturn (dem Planeten der Leistung und Selbstdisziplin). Es ist das Horoskop eines Plutoniers, und am Ende ihres Lebens stand ihr mysteriöses Verschwinden bei einem Flug, der Gerüchten zufolge einer Spionagemission diente.

Lange Zeit hatte ich Madame Curie, die mühsam Tonnen von Uranpechblende siebte, um eine winzige Menge Uran zu gewinnen,

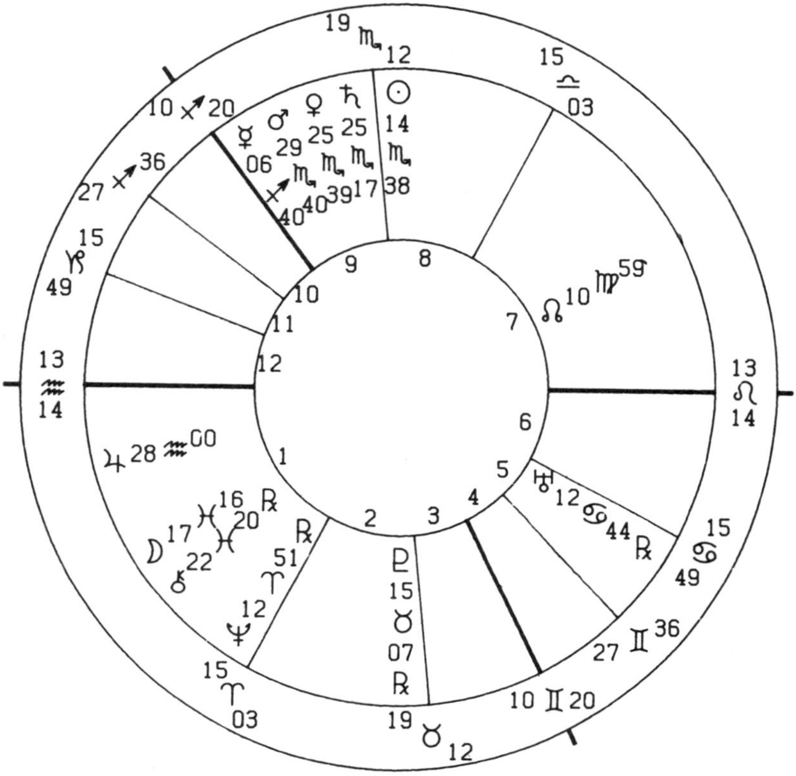

Diagramm Nr. 2. Marie Curie. Geboren in Warschau, Polen, 7. Nov. 1867, 13.06 Uhr, Tropical, Placidus. Daten aus Lois Rodden/*Profiles of Women,* AFA, Tempe, AZ, 1979, S. 226. Verwendung genehmigt.

als Beispiel benützt, um die harte Arbeit zu beschreiben, deren Plutomenschen fähig sind. Schließlich kam mir der Gedanke ihr Horoskop zu überprüfen (siehe Diagramm Nr. 2). Sie hat vier Planeten im Skorpion, einschließlich der Sonne im achten Haus in Opposition zu Pluto und eine starke Konjunktion von Mars, Saturn und Venus. Mars/Saturn Konjunktionen genießen einen schlechten Ruf und im Skorpion ist kein Planet besonders begehrt, so daß ich mir ungefähr vorstellen kann, was ein düsterer Astrologe Madame Curie prophezeit hätte, wäre sie unwissenschaftlich genug gewesen, einen zu konsultieren: „Vergessen Sie es, all Ihre Mühe wird vergebens sein!"

Einst fragte ich den äußerst gewissenhaften astrologischen Forscher Michel Gauquelin, welcher Beruf einem Pluto am Aszendenten oder Medium Coeli zuzuordnen sei. Er antwortete, es sei der des Forschers und daß er selbst ihn hätte. Madame Curies Pluto ist nicht an den Gauquelin'schen Stellen angesiedelt, und doch ist sie ein Plutomensch und Forscherin ersten Ranges. Atomenergie selbst scheint plutonischer Natur zu sein, sie wird für Heilzwecke benutzt, besonders für die plutonische Krankheit Krebs, aber sie hat auch die Kraft, unsere Welt zu zerstören. Wie es sich für ihr plutonisches Horoskop ziemt, wurde Madame Curie nach ihrem Tod zu einer der wichtigsten Persönlichkeiten unserer Zeit und ihre Entdeckungen haben den Lauf der Geschichte verändert.

Man sollte aber auch bedenken, daß die von Plutoniern erlittene Einsamkeit karmisch bedingt sein kann. Dabei geht es nicht um Bestrafung. Die Isolierung kann für manche Plutomenschen ein notwendiger Zustand sein, um ihre Fähigkeiten zur vollen Entfaltung zu bringen oder ein vereinbartes Lebensziel zu erreichen. Es ist vielleicht erforderlich, daß sie sich auf eine einzige Aktivität konzentrieren, ohne Rücksicht auf die Erfordernisse des Alltags innerhalb einer Familie oder die einer anderen Beziehung nehmen zu können. Dieser Lebenszweck kann so hohe Anforderungen an den Betreffenden stellen und für die Welt so wichtig sein, daß beträchtliche persönliche Opfer in Kauf genommen werden müssen. Diese persönlichen Opfer der Plutomenschen verdienen all unsere Zuneigung und Unterstützung. Vielen von uns ist unsere karmische Lebensaufgabe kaum bewußt, so daß dem Plutonier nur das schmerzliche Bewußtsein bleibt, allein zu sein. Oft wird er dann posthum für derartige weitreichende Unterfangen geehrt, aber dieser Gedanke ist nur ein schwacher Trost.

Obwohl Isolierung schmerzlich ist, zwingt sie durch die Konfrontation mit dem Selbst doch zur Besinnung und Bewußtmachung. Wenn man ganz allein ist, ist es nicht so einfach, sich vor sich selbst zu verstecken und auch das Versteckspiel in Gegenwart anderer Menschen fällt weg. Ein hochgeschätzter Freund von mir mit einer Sonne/Pluto Konjunktion sagte mir einmal, daß er bereits im Alter von zwölf Jahren erkannt habe, daß der von ihm gewählte Lebensweg oft einsam sein würde. Tief in sich selbst einzudringen ist nichts für den Durchschnittsmenschen und wird auch kaum gesellschaftlich anerkannt. Auch ist Einsamkeit erforderlich, um die sowohl für den Psychologen als auch für den spirituellen Sucher typische mühsame Analyse des Selbst und des Lebens durchzuführen.

Der Zustand der Absonderung ist schwierig, aber er verleiht Ihnen die nötige Perspektive, um Ihre Kultur verstehen zu können – warum sie so ist wie sie ist und wie man ihre Probleme lösen könnte. Psychologen, Reformer und andere Menschen, die das Bedürfnis verspüren, einen Beitrag zur Lösung der Probleme in der Welt zu leisten, gehören häufig zu den Plutoniern. Da sie weniger stark in das soziale Leben integriert sind als der Normalbürger, sind sie von dessen Wertvorstellungen nicht so beeinflußt und können viele neue Dimensionen erforschen. Wie es Dag Hammarskjold ausdrückte: „Bete darum, in deiner Einsamkeit etwas zu finden, für das es sich zu leben lohnt, etwas, das groß genug ist, um dafür zu sterben."[4]

Der Plutonier als Heiler, Therapeut und Reformer

Plutonier können hervorragende Therapeuten sein. Sie sind scharfe Beobachter, wissen jede Nuance des Tones, der Bewegung und der Wortwahl exakt zu deuten und verstehen nicht nur das Gesagte, sondern auch das, was unausgesprochen bleibt. Schwierige Familienverhältnisse dienten vielleicht als Training für besondere Aufmerksamkeit, und wenn sie auch entwickelt wurde, um das Überleben zu sichern, so macht sie den Plutonier jedenfalls zu einem ausgezeichneten Diagnostiker. Die schmerzlichen Erfahrungen veranlassen Plutonier, intensiv an ihrer Heilung zu arbeiten und dabei entwickeln sie den Mut, unbewußten Emotionen und Motivationen ins Auge zu sehen. Selbstanalyse weckt in ihnen die Fähigkeit, auch andere zu analysieren. Wenn wir tatsächlich unser Geburtshoroskop und unsere Eltern selbst wählen, wie Reinkarnationsstudien es behaupten, so wählen Plutonier vielleicht bewußt so harte Bedingungen, damit sie auf einen Weg gezwungen werden, der sie schließlich dazu führt, anderen zu helfen.

Infolge ihres Hintergrundes und ihrer Erfahrungen haben Plutonier eine natürliche psychologische Begabung. In Kapitel sechs ist das Diagramm von Elisabeth Kübler-Ross, der Fürsprecherin der

4 Dag Hammarskjold, *Markings,* Knopf, NY, 1964, S. 72

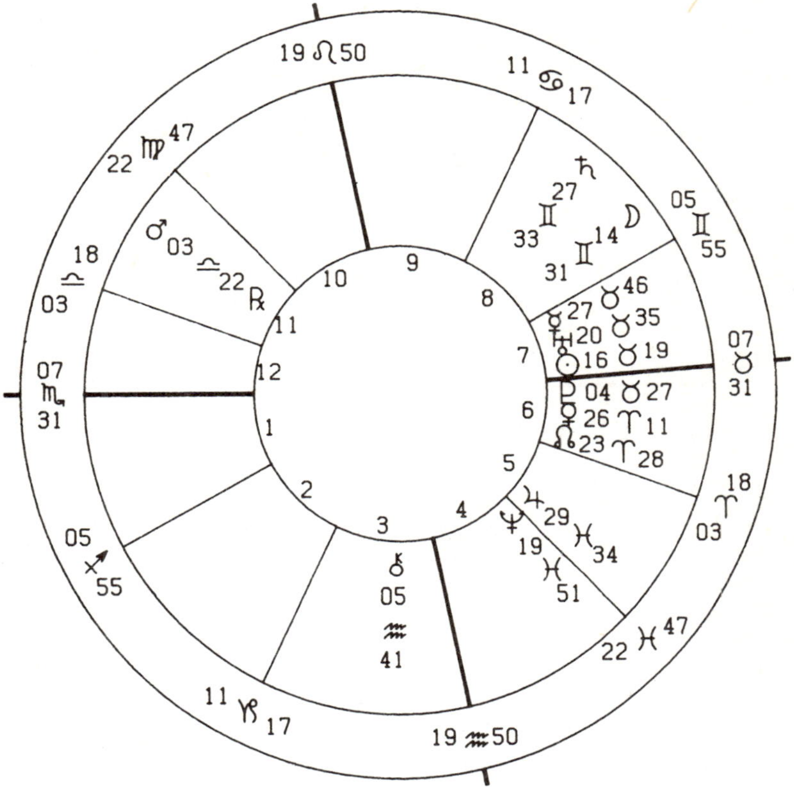

Diagramm Nr. 3. Sigmund Freud. Geboren in Frieburg, BRD, 5. Mai 1856, 18.21 Uhr, tropical, Placidus. Geburtszeit wie im Tagebuch des Vaters vermerkt, laut Lois Rodden/American Book of Charts, ACS, San Diego, CA, 1980.

Sterbenden, abgebildet (Diagramm Nr. 17, Seite 157). Sie ist von Beruf Psychiater und weist eine Sonne/Mond/Pluto-Konjunktion auf. Ein weiteres Beispiel ist Sigmund Freud (siehe Diagramm Nr. 3 auf Seite 63), auf dessen Diagramm mehrmals verwiesen wird, da er unsere Denkweise so grundlegend beeinflußte. Freud ist ganz eindeutig Plutonier, er hat einen Skorpion Aszendenten, der in Opposition mit Pluto steht. In seiner Karriere wird die Plutodynamik klar ersichtlich, sowohl im positiven Sinn des Heilens als auch im negativen Sinn von Macht und Herrschsucht.

Die Fähigkeit der Plutonier zur Heilung anderer Menschen be-

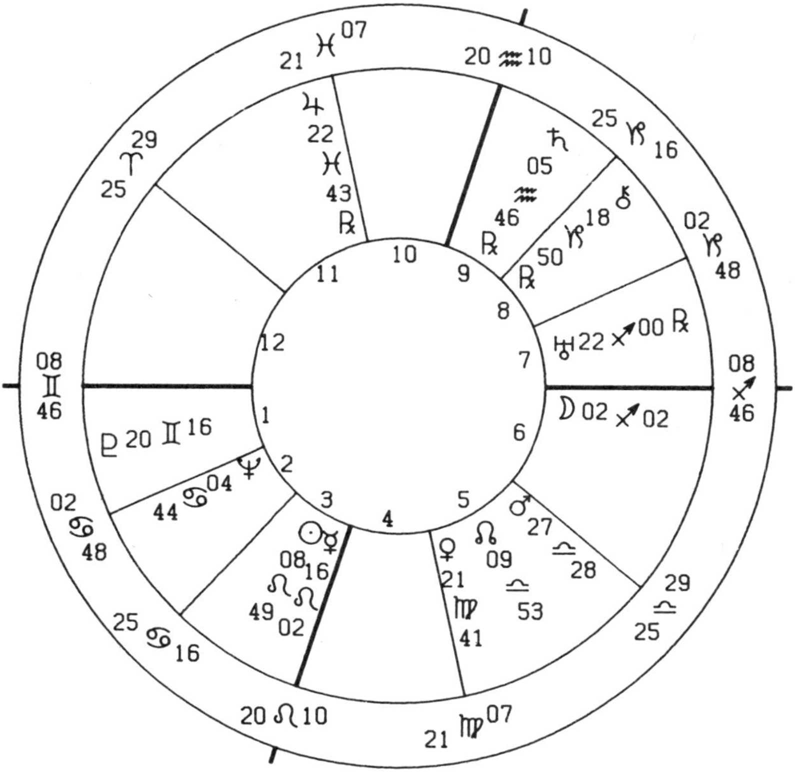

Diagramm Nr. 4. Ellen Yoakum. Geboren in Hillsboro, Texas, 2. August 1903, 01.20 Uhr CST, tropical, Placidus. Daten aus Lois Rodden/*Profiles of Women,* AFA, Tempe, AZ, 1979, S. 138. Verwendung genehmigt.

schränkt sich nicht nur auf psychologische Bereiche. Wenn sie Aggressionen und andere toxische Umstände bewältigt haben, können sie eine Begabung für die Anwendung von heilenden Energien subtilerer Art entwickeln, wie zum Beispiel die in diesem Buch vorgestellten Methoden. In ihrer reinsten Form, frei von jedem Wunsch, andere zu beherrschen, kann Macht zur Umwandlung von Materie oder Energie benutzt werden, so daß Plutonier die Fähigkeit entwickeln können, Geist, Körper oder Seele zu heilen – vielleicht sogar alle drei.

Ellen Yoakum (siehe Diagramm Nr. 4) ist ein Beispiel für eine Heilerin dieser Art. Ihre Fähigkeiten wurden allgemein anerkannt,

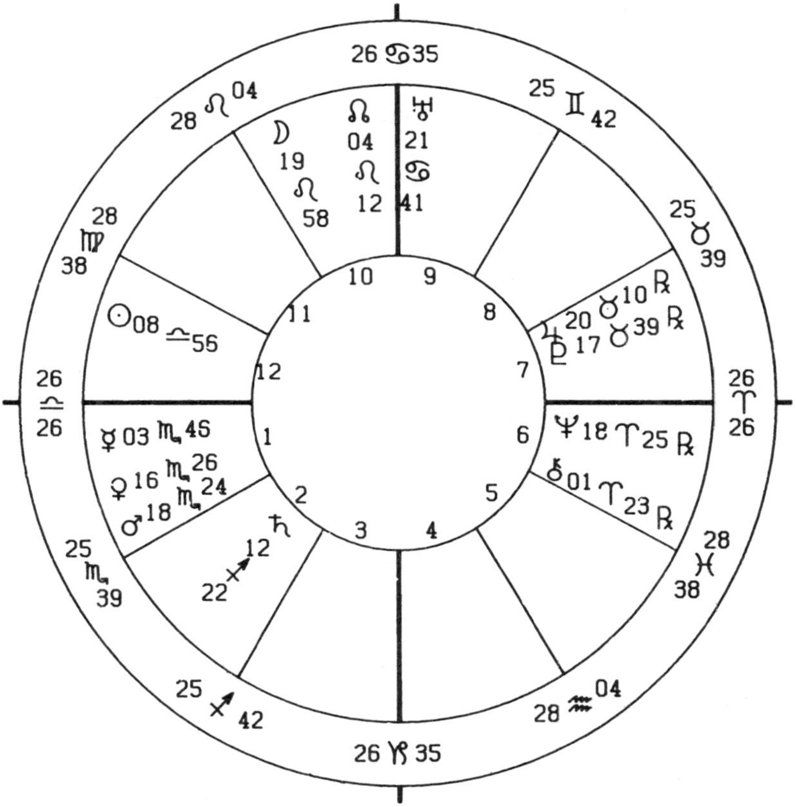

Diagramm Nr. 5. Gandhi. Geboren in Porbandar, Indien, 2. Oktober 1869, 7:11:48 Uhr LMT, tropical, Placidus. Die Geburtsdaten sind laut Lois Rodden/*The American Book of Charts* (ACS, San Diego, CA, 1980) nicht zuverlässig. Aber selbst wenn die Geburtszeit fraglich ist, würde das nichts an seinem T-Quadrat unter Einbeziehung ändern, und dieser T-Quadrat-Aspekt ist es, der auf seinen starken Reformwillen hindeutet.

sogar in medizinischen Kreisen. Sie hatte ein Großes Kreuz (ein schwieriges aber dynamisches Rechteck) mit Pluto im ersten Haus, Jupiter in den mystischen Fischen, Venus in der gesundheits- und pflegeorientierten Jungfrau und den unkonventionellen Uranus im Schützen, dem Zeichen des Priesters.

Pluto ist eng mit dem Kollektiv verbunden und so kann er ein starkes Bedürfnis hervorrufen, auf breiter Ebene heilend zu wirken. Viele Reformer haben einen starken Pluto. Zum Beispiel erforderten Gandhis Bemühungen um die Befreiung Indiens große persönliche Opfer und die für Pluto typische Fähigkeit, unter Druck Höchstleistungen erbringen zu können (siehe Diagramm Nr. 5). Sein Diagramm zeigt ein T-Quadrat (ein dynamisches Dreieck) mit einer Pluto/Jupiter Konjunktion im Stier, Mond im Löwen im zehnten Feld – was auf seine Fähigkeit hinweist, das Volk zu motivieren – und einer Venus/Mars Konjunktion im Skorpion. Sein Merkur steht im Skorpion nahe dem Aszendenten.

Der Weg von negativer zu positiver Benutzung der Plutokräfte

Wenn Sie selbst ein plutonischer Typ sind, möchten Sie vielleicht wissen, wie Sie von den negativen und schmerzlichen Auswirkungen des Pluto zu den positiven und konstruktiven gelangen können. Psychotherapie würde Ihnen natürlich helfen, sich selbst besser zu verstehen und auch dieses Buch wird Ihnen hoffentlich viele Erkenntnisse vermitteln. Was aber noch wichtiger ist: In Kapitel drei werden praktische Hilfsmittel vorgestellt, die zur Bewältigung von Schuldgefühlen, Aggressionen, Herrschsucht und anderen, negativen Plutomerkmalen eingesetzt werden können.

Bücher für erwachsene Kinder alkoholkranker Eltern

Black, Claudia. *It Will Never Hapen to Me,* M.A.C. 1982.

Seixas, Judith S. und Geraldine Youcha. *Children of Alcoholics: A Survivor Manual,* 1985.

Andere nützliche Bücher für Plutonier

Friday, Nancy. *My Mother/My Self,* Dell, N. Y. 1978

Hoffman, Bob. *No One Is to Blame: Getting a Loving Divorce From Mom and Dad,* N. Y. 1979.

Keyes, Ken. *A Conscious Person's Guide to Relationships,* KY, 1979.

Kushner, Harold. *When Bad Things Happen to Good People,* N. Y. 1981

KAPITEL DREI

Heilungsmöglichkeiten für Plutoprobleme

In den vorangehenden Kapiteln haben wir uns mit einer Reihe von Problemen beschäftigt, die Plutonier in besonderem Maß betreffen, mit denen wir aber alle früher oder später auf irgendeine Art und Weise konfrontiert werden. Die Ursache dieser Schwierigkeiten besser zu verstehen, kann sehr hilfreich sein, aber ohne weitere Hilfe wirkt Einsicht allein jedoch eher deprimierend. Vermehrte Selbsterkenntnis ohne vermehrte Kraft, eine Änderung herbeizuführen, verstärkt unter Umständen sogar den Haß auf sich selbst. Oft wird die Frage gestellt: „Wenn ich verstehe, warum ich so handle, warum kann ich dann nicht damit aufhören?" In diesem Kapitel werden Mittel und Wege aufgezeigt, mit deren Hilfe Sie sich selbst ändern können. Da sowohl Pluto und Skorpion als auch das achte Haus mit Heilung in Verbindung steht, sollen dadurch auch mehr Plutonier dazu veranlaßt werden, anders zu heilen. Wenn Sie sich selbst heilen, lernen Sie dabei auch die Kunst des Heilens und verspüren vielleicht den Wunsch, anderen zu helfen. Mit Pluto im Skorpion könnte eine Auferstehung der Heilkunst als normaler und natürlicher Bestandteil des Lebens einhergehen.

Die Heilungskrise

Der Begriff der Heilungskrise ist sehr wichtig. Er bedeutet, daß Sie – wenn Sie die Bewältigung von Problemen wie Schuld, Aggression oder Trauer in Angriff nehmen – bisweilen gerade jene Gefühle anfachen, die Sie zu heilen versuchen. Wenn Sie einen Bereich Ihres Lebens, den Sie ändern möchten, einer ernsthaften Prüfung unterziehen, scheint das Problem wieder akut zu werden. Die Dinge werden dabei nicht wirklich schlimmer, Sie haben nur Ihre Scheuklappen entfernt und entdeckt, wie sehr sich der Konflikt verschärft hat, während Sie ihn ignorierten. Nicht Ihre Schwierigkeiten sind im Wachsen begriffen, Ihr Bewußtsein ist es. Diese Reaktion kann bei vielen verschiedenen Therapieformen eintreten. Ein Plutotransit stellt an sich schon eine Heilungskrise dar, auch ohne Bemühungen Ihrerseits, die Konflikte, die er ans Tageslicht bringt, durchzuarbeiten.

Viele von unseren sogenannten Problemen sind in Wirklichkeit Versuche, unsere Gefühle in Schach zu halten. In einem der in der Bibliographie angeführten Seth-Bücher sagt Jane Roberts, daß jede Krankheit nur einen Versuch darstellt, der Wahrheit zu entfliehen. Um das Problem zu lösen, ist es möglicherweise notwendig, daß sich die verdrängten, angestauten Gefühle irgendwie Luft machen. Auf diese Weise scheint es vorübergehend, als verschlimmerte sich der Zustand, da unterdrückte Gefühle an die Oberfläche kommen. Wenn Sie zum Beispiel schon seit geraumer Zeit Ihren Ärger über das Benehmen Ihres Partners unterdrückten, wird vielleicht ein wirklich großer Krach nötig sein, um die Atmosphäre zu reinigen und die Situation zu ändern. (Fassen Sie dies bitte nicht als Empfehlung auf, Ihre Gefühle ohne Rücksicht auf andere in Bausch und Bogen in der Umgebung zu verteilen. Es gibt reifere Möglichkeiten, mit Gefühlen umzugehen, ohne dabei andere zu unterdrücken oder zu verletzen.)

Sowohl Ihre eigenen Heilungsversuche als auch die Plutotransite bringen gelegentlich eine vorübergehende Intensivierung des Kampfes mit sich, fast so, als würde das Problem selbst merken, daß seine Macht über Sie in Gefahr ist. Es plustert sich so groß und so bedrohlich auf wie möglich, um Sie wieder in die Knie zu zwingen. Dieses „ES“, das sich auf diese Weise bemerkbar macht, existiert jedoch nicht unabhängig von Ihnen, sondern ist ein automatisch agierender Bestandteil Ihres Wesens. In früheren bedrohlichen

Situationen entwickelt, bleibt dieses „ES" bestehen und wird unangemessenerweise auf neue Situationen angewandt. Eine Methode, mit diesen Persönlichkeitsanteilen zu arbeiten, wurde im Rahmen der NLP (Neutro-Linguistische Programmierung – nähere Hinweise in der Bibliographie) entwickelt. Sie könnten als Experiment einmal versuchen, sich mit Ihrem Plutoanteil zu verständigen, sich zum Beispiel hinsetzen und einen Brief an ihn schreiben: „Lieber Pluto!" Fragen Sie ihn, warum Sie es nicht schaffen, von einem bestimmten Verhaltensmuster loszukommen. Er antwortet vielleicht schon während Sie schreiben oder vielleicht in irgendeiner anderen Form, etwa im Traum.

Ich glaube, daß wir alle ein Höheres Selbst (oder eine Seele) haben, die uns durch das Leben begleitet und uns mit bestimmten Erfahrungen und Menschen in Berührung bringt, um unsere Entwicklung zu fördern. Während einer Heilungskrise (oder einem Plutotransit) führt uns diese innere Weisheit manchmal in die extreme Erscheinungsform eines Konflikts, den wir zu lösen versuchen. Nehmen wir zum Beispiel an, jemand hat Pluto im sechsten Haus und gerät immer wieder mit Kollegen in Streit. Unter einem bestimmten Transit wird ihm eine neue Arbeit inmitten der denkbar übelsten Plutonier zugewiesen. Chef, Sekretärin und gehässige Kollegen sind Skorpione, wie sie im Buch stehen. Er hat ganz eindeutig nicht die geringste Chance, und in dem nun folgenden Kampf muß er ganz neue Verhaltensweisen lernen – und arbeitet dabei seinen Teil auf. Dies kann auch bei Freundschaften oder Liebesaffären passieren, aber in jedem Fall müssen wir uns in die elendste und widerlichste Lage bringen, damit wir so sehr genug davon bekommen, daß wir aufgeben. In Heilungskrisen kommt dies laufend vor. Es ist kein Vergnügen, aber es ist der erste Schritt zur Besserung.

Denken Sie an diese Heilungskrise, wenn sie an Ihren eigenen, plutonischen Schwierigkeiten arbeiten. Die hier aufgezeigten Möglichkeiten werden höchtswahrscheinlich schmerzliche Gefühle und Erinnerungen wachrufen. Wenn Sie zum Beispiel an der Bewältigung von Schuldgefühlen arbeiten, werden Sie vielleicht all die Schuld, die Sie auf sich geladen haben, neu durchmachen müssen. Sie jedoch aufs neue zu erfahren und genau zu erkennen, wodurch diese Schuld entstanden war, ist bereits ein Teil des Loslassens, und am Ende ist die Last dann von Ihren Schultern genommen. Sie zerren nicht nur einfach die Vergangenheit ans Licht, Sie tun es mit dem Ziel, sie zu bewältigen und mit Hilfe gezielter Methoden. Der

Schmerz geht vorüber – die Heilung ist dauerhaft.

Wenn Sie die nun folgenden Übungen durchführen, werden oft Gefühle aus Ihrer Vergangenheit aufsteigen – Ärger, Aggressionen, Schmerz – und Sie werden möglicherweise versuchen, diese mit einem Bestandteil der Gegenwart in Verbindung zu bringen. „Es ist doch unlogisch", sagen Sie sich, „sich über etwas zu ärgern, das so weit zurückliegt". Plötzlich werden Sie vielleicht auf einen Liebespartner wütend sein, der Sie bereits vor Jahren verließ, diesen Zorn aber auf Ihren gegenwärtigen Partner, ein Familienmitglied oder einen guten Freund übertragen. Sie schreiben Ihre Wut irgendeiner Handlung Ihres gegenwärtigen Partners zu, um einen Grund dafür angeben zu können, diese steht jedoch in keiner Relation zu Ihren Gefühlen. Hüten Sie sich vor dieser Tendenz, Emotionen zu übertragen, und lenken Sie sie immer wieder zu ihrem eigentlichen Objekt zurück.

Versuchen Sie auch nicht, mit Vernunft gegen Ihre Gefühle anzukämpfen. „Das ist alles so lange her, es hat keinen Sinn, deswegen zu weinen." Decken Sie verletzte Gefühle auch nicht mit unechtem Verständnis und gespielter Sanftmut zu. Echte Vergebung und echtes Verständnis werden sich später einstellen, wenn Sie Ihre Arbeit mit den Heilungsmethoden abgeschlossen haben, aber zuvor müssen Sie sich selbst gestatten, den Haß oder Schmerz auszuleben. Dieser Prozeß wird durch Trinken, übertriebenes Essen, Rauchen oder den Gebrauch von Beruhigungsmitteln oder Drogen unterbrochen und in seiner Wirkung abgeschwächt, so daß Sie auf diese Dinge verzichten sollten. Wenn Sie weder impulsiv auf diese Emotionen reagieren, noch sie auf irgendeine Weise unterdrücken, können Sie sie rascher durchleben und haben mehr Chancen, sich selbst zu heilen.

Ist Wandlung immer mit einer Heilungskrise verbunden? Wahrscheinlich nicht – all Ihre Probleme könnten sich mit einem Schlag in Nichts auflösen, wenn Sie Ihr Bewußtsein ändern würden. Plutoprobleme sind tief verwurzelt, haben fast zwanghaften Charakter und enthalten oft etwas vom Stachel des Skorpions, so daß Sie sich wahrscheinlich nicht leicht von ihnen befreien werden. Wir scheuen das Feuer meistens erst, wenn wir ein gebranntes Kind sind und hören meistens erst auf, uns selbst Schmerz zuzufügen, wenn wir es überdrüssig sind, ständig zu leiden. Aber Sie *können* den Entschluß fassen, nicht länger mit dem Kopf gegen die Wand zu schlagen. Und sehr oft kann die Astrologie Ihnen dabei helfen, diese Wand zu sehen, gegen die Sie anrennen und Ihnen andere Wege aufzeigen, um die andere Seite dieser Mauer zu erreichen. Eine Konsultation bei einem Astrologen – oder auch die Lektüre dieses Buches – kann für sich allein schon eine Heilungskrise darstellen.

Astrologie und Metaphysik

Jedes Problem braucht eine innere Ausgangsbasis – Schwierigkeit entsteht nicht in der Außenwelt. Sie entsteht zuerst im Bewußtsein, bevor sie in der Welt in Erscheinung tritt. Einer Handlung geht immer ein Bewußtseinszustand voraus.[5]

Die Metaphysik lehrt, auf welche Weise wir alle unsere Realität durch unsere Gedankenmuster selbst erschaffen. Viele Plutonier haben eine geradezu magische Begabung, Dinge durch ihre Gedanken und Überzeugungen zu manifestieren. Wenn ihre Überzeugungen negativer Natur sind, verstärken ihre Manifestationen die eigene Negativität. Angesichts dieser Neigung sollten destruktive und sich selbst erfüllende Prophezeiungen vermieden werden. Wenn der Klient zum Beispiel die Überzeugung des Astrologen übernimmt, daß sein Plutotransit die reinste Hölle sein wird, dann wird er genau das sein, anstatt als Chance zur Transformation schmerzhafter alter Muster genutzt zu werden. Den meisten Plutoniern würde ein Studium der Metaphysik sehr dabei helfen, negative Einstellungen zu korrigieren. (Eine Liste empfehlenswerter Bücher ist in der Bibliographie enthalten.) Gruppen wie Religious Science oder Unity veranstalten Kurse und Treffen, in denen Sie an Ihren negativen Überzeugungsmustern arbeiten und eine positivere Realität für sich selbst schaffen können.

Viele Astrologen beschäftigen sich mit Metaphysik und haben diese Philosophie in ihre praktische Tätigkeit integriert. Besonders bei der Arbeit mit Plutoniern ist sie sehr nützlich, denn sie wirkt der Überzeugung entgegen, daß unsere Realität von Pluto, Neptun oder Saturn verursacht wird. Wenn wir die Gesetze verstehen, nach denen wir unsere eigene Realität erschaffen, fühlen wir uns in den

5 Raymond Charles Barker, *Barkerisms,* S. 28

Plutobereichen unseres Lebens nicht mehr ganz so hilflos wie in jenen Bereichen, wo die unrühmlichen ANDEREN oft eine so übermächtige Rolle spielen. Das Horoskop kann sehr dazu beitragen, Einstellungen aufzudecken, die unerfreuliche Situationen im Zusammenhang mit der Geburtsstellung unseres Pluto hervorrufen.

Heilungsmethoden

Zwei der Methoden zur Änderung eingefahrener Denkmuster sind Visualisierungen und Affirmationen. Mit diesen beiden Hilfsmitteln können jene negativen Denkmuster korrigiert werden, unter denen Plutonier leiden, ebenso wie negative Einstellungen, die nur allzu oft aus Astrologiebüchern oder von Astrologen übernommen werden. Affirmationen sind feststehende Aussagen, die mehrmals am Tage oder bei jedem Auftreten eines negativen Gedankens wiederholt werden. Ihr Inhalt sollte möglichst positiv formuliert werden, denn die Feststellung „Ich werde ‚X' *nicht* tun", enthält in sich den Gedanken „Ich werde ‚X' tun" und verstärkt damit die alte Programmierung. Manche Menschen schreiben Affirmationen auf Karten und lesen sie dann in müßigen Augenblicken, wenn sie zum Beispiel auf ein Telefonat warten oder in einer Schlange stehen. Sie werden vielleicht Ihre eigenen Affirmationen formulieren wollen, um spezifischere Hilfe in Ihrer persönlichen Situation zu erreichen. Als Vorlage sind nachstehend einige Affirmationen für die in Kapitel zwei beschriebenen plutonischen Charakterzüge angeführt.

Affirmationen für Plutonier

Ich ersetze Unwillen durch Unvoreingenommenheit und Mitgefühl.
Ich lasse zu, daß sich diese Situation auf natürlichem Wege zum Wohle aller entwickelt.
Ich lasse los und überlasse es Gott.
Ich lasse von meiner Vergangenheit und vertraue auf meine Zukunft.
Ich öffne mein Herz und mein Leben den richtigen Menschen.

Visualisierungen sind kleine Gedankenspiele, in denen Sie sich vorstellen, wie sich die Situation nach Ihren Wünschen entwickelt. An dieser Stelle lassen sich natürlich nur schwer Visualisierungen beschreiben, die auf Ihre speziellen Umstände zugeschnitten sind, aber Sie können sie selbst entwerfen. Nehmen wir zum Beispiel an, Sie waren verbittert, weil sich Ihr Chef immer mit Ihren Lorbeeren schmückt. In diesem Fall könnten Sie etwa folgende Affirmation entwerfen, um diese Situation zum Positiven zu verändern: „Ich erhalte Lob und Anerkennung für meine Arbeit. Mein Verhältnis zu meinem Arbeitgeber ist von gegenseitigem Respekt gekennzeichnet." Visualisieren Sie zusätzlich, wie Sie mit Ihrem Chef über die ungerechte Situation sprechen, aber die Situation mit vollendetem Taktgefühl meistern. Stellen Sie sich vor, wie er oder sie positiv darauf reagiert und in einer Sitzung Ihre Leistung anerkennt. Bei diesen Gedankenspielen kommt es nicht darauf an, irgend etwas zu „sehen", die Vorstellung allein reicht völlig aus.

Blütenessenzen und andere Heilmittel

Die Bach-Blütenheilmittel, Kalifornische Blütenessenzen und Edelsteinelixiere sind homöopathische Mittel zur Behandlung emotionaler und spiritueller Schwierigkeiten. Sie helfen bei Schuldgefühlen, Aggressionen und Ablehnung, Herrschsucht und anderen tiefverwurzelten Persönlichkeitsmustern. Hier handelt es sich nicht um Drogen oder chemische Mittel, sondern um natürliche, hochverdünnte, flüssige Essenzen. Sie wirken auf subtilen Schwingungsebenen ebenso wie es homöopathische Präparate bei physischen Beschwerden tun. Sie reinigen die Aura, reparieren die Schäden, die jahrelange emotionale Exzesse hinterlassen haben und bewirken signifikante Veränderungen im Verhalten und Wohlbefinden. Ich verwende sie seit über vier Jahren bei astrologischen und therapeutischen Beratungen und habe festgestellt, daß in nur wenigen Monaten echte und dauerhafte Veränderungen zu beobachten waren.

Wenn Ihnen dies suspekt erscheint: Die Wirkung der Blütenessenzen wurde im Rahmen einer sorgfältigen Studie unter Einbeziehung genauester modernster Forschungsmethoden bewiesen. Dr. Michael Weisglas verabreichte im Rahmen seiner Dissertationsarbeiten Zubereitungen an drei Personengruppen. Die erste Gruppe erhielt eine Mischung aus vier Essenzen, die zweite eine aus sieben Essenzen bestehende Mischung und die dritte eine identische

Flasche mit einer Flüssigkeit, die keinerlei Essenzen enthielt. Weder die betreffenden Personen noch diejenigen, die die Flüssigkeit verabreichten, wußten, wer welche Flasche bekam, es handelte sich also um einen sogenannten Doppelblindversuch. Vor Beginn des Experiments, nach drei Wochen und nach sechs Wochen wurden psychologische Tests durchgeführt. Bei Personen, denen keine Essenzen verabreicht wurden, ergab sich keine Änderung, also konnte das Ergebnis nicht auf Einbildung beruhen. Bei den anderen zeigte es sich, daß die Essenzen eine Steigerung des Wohlbefindens, der Kreativität, des Humors, des Selbstverständnisses und der sexuellen Erfüllung bewirkten, die Reifung der Persönlichkeit beschleunigten und den betreffenden Personen halfen, sich selbst zu akzeptieren.[6]

Derzeit gibt es im wesentlichen drei Gruppen von Essenzen, weitere werden laufend entwickelt. Bezugsquellen in Ihrer Nähe werden Sie vielleicht den diversen New Age Zeitschriften oder Katalogen entnehmen können, Sie können aber auch direkt an die Herstellerfirmen schreiben oder nach örtlichen Therapeuten fragen. Sollten diese Möglichkeiten nicht in Frage kommen, bereiten auch die Firmen selbst Mischungen von Essenzen zu und versenden sie auf dem Postweg. In manchen Reformhäusern sind Essenzen in konzentrierter Form oder fertig gemischte Zubereitungen von Deva erhältlich. Bezugsquellen und Bücher sind in der Bibliographie angeführt.

Die Bach Blütenessenzen sind die ältesten und jene mit den meisten Erfahrungswerten. Sie wurden in England in den dreißiger Jahren während der Weltwirtschaftskrise entwickelt und spiegeln die Bedürfnisse jener Zeit wider. Sie wirken gegen Angst, Depressionen, Aggressionen und andere äußerst schmerzliche Emotionen und Verhaltensmuster. Die schwierigsten Probleme, denen sich Plutonier gegenübersehen, scheinen von den Bachblüten erfaßt zu werden. Welche Essenzen in spezifischer Weise für die in den einzelnen Kapiteln besprochenen Probleme geeignet sind, wird in den betreffenden Abschnitten angeführt. Für den Plutonier ganz allgemein geeignet sind Willow gegen Aggressionen und Bitterkeit, Vine gegen die Neigung zu Dominanz und Herrschsucht. Water Violet für den hochmütigen Menschen, der sich nicht mit dem gewöhnlichen Volk und seinen Angelegenheiten abgeben möchte, Chicory

6 Dr. Michael Weisglas, „Bach Flower Essence Research; A Scientific Study“, *The Flower Essence Journal,* v. 1:1, 1980, Seite 11-14.

für den besitzergreifenden Märtyrer-Typ, der andere ständig zurechtweist und Heather für einsame Menschen, die Gefangene ihrer eigenen Probleme sind, White Chestnut hilft gegen besorgtes Grübeln und zwanghafte Vorstellungen.

Die Kalifornischen Blütenessenzen wurden in den siebziger Jahren entwickelt, und auch sie spielgen ihre Ära wider, den Höhepunkt der „Human Potential“ Bewegung, das Ideal der Selbstverwirklichung. Sie sind also eher auf Kreativität, spirituelles Wachstum und Selbstverwirklichung ausgerichtet. Einige dieser Essenzen wirken gegen das schwierige Problem der Einsamkeit und Isolierung: Dogwood fördert die Fähigkeit, Liebe zu empfangen, Shooting Star wirkt gegen das Gefühl, nicht von dieser Welt zu sein und Mariposa Lily gegen das Gefühl des Abgesondertseins.[7] Sowohl die Bach-Gruppe wie auch die Kalifornische Gruppe veröffentlicht Flugblätter und Zeitschriften und veranstaltet Lehrgänge. Der dritte, große Hersteller, Pegasus Products, bietet ungefähr die gleichen Essenzen an wie die beiden anderen Gruppen und viele andere, wie zum Beispiel Mallow, welches hilft, Freunde zu gewinnen.

Die Blütenessenzen werden als Flüssigkeit in konzentrierter Form angeboten. Man löst zwei bis vier Tropfen jedes Konzentrats in ca 0,03 l Brunnenwasser auf, meistens in einem Fläschchen aus braunem Glas wie sie für Augentropfen verwendet werden. Schütteln Sie das Fläschchen gut, um alle Konzentrate zu vermischen. Oft fügt man als Konservierungsmittel einen Teelöffel Brandy oder Apfelessig hinzu.[8]

Man sollte nicht zuviel des Guten tun und nicht mehr als etwa vier Essenzen gleichzeitig verwenden. Therapeuten, die Blütenessenzen verschreiben, testen meist mit Hilfe eines Pendels oder durch Muskelreflexe, ob eine bestimmte Essenz zu diesem Zeitpunkt geeignet

7 In einem anderen Buch, *Flower Essences,* wird festgestellt, daß Shooting Star beim Studium der Astrologie hilft. Dies scheint auf den ersten Blick ein Widerspruch zu sein, aber Astrologen fühlen sich oft fremd und nicht von dieser Welt. (Siehe *Flower Essence,* Gurudas, Brotherhood of Life, Albuquerque, NM, 1983, S. 186.)

8 Ehemalige Alkoholiker werden keinen Brandy verwenden wollen. Die Essenzen sind in Brandy konserviert, aber für Alkoholiker reduziere ich die Dosis auf einen Tropfen pro Essenz und verwende Weinessig als Konservierungsmittel.

ist. Man nimmt dann vier Tropfen der verdünnten Essenz viermal täglich. Günstig ist es, sie morgens einzunehmen, um Ihre Gemütsverfassung für den Tag zu harmonisieren, und abends vor dem Einschlafen, um mit den Träumen arbeiten zu können. Obwohl Untersuchungen ergaben, daß die Wirkung der Essenzen nicht vom Glauben abhängt, scheinen zusätzliche Visualisierungen und Affirmationen die Wirkung zu erhöhen.

Wie alle Therapiemethoden, die wir besprechen werden, können auch die Blütenessenzen zu einem vorübergehenden Aufwallen der Gefühle führen, die sie heilen sollen. Dabei verschlimmern sich diese Gefühle nicht, sie werden Ihnen nur klarer bewußt, ebenso wie die ihnen zugrundeliegenden Gedankenmuster. Ein höherer Bewußtseinsgrad ist Bestandteil des Heilungsprozesses – die Gedanken erscheinen schließlich so lächerlich und peinlich, daß ein Anstoß zur Änderung erfolgt. Die Heilungskrise dauert im allgemeinen nur einige Tage, sie klingt ab, wenn Sie mit der Einnahme der Essenz fortfahren. Vielleicht werden Sie zwei oder mehrere Fläschchen der Mixtur einnehmen müssen, um eine eingefleischte Gewohnheit zu ändern, aber es kommt der Tag, an dem Sie erkennen, daß etwas anders geworden ist, daß eine Situation, die früher bei Ihnen Aggressionen, Schuldgefühle oder ein zwanghaftes Verhalten ausgelöst hätte, heute keine Reaktion mehr bei Ihnen hervorruft.

Die Blütenessenzen stellen ein ausgezeichnetes Hilfsmittel für den Astrologen dar. Es ist nicht schwer, sich das nötige Wissen anzueignen und man kann dem Kunden etwas mehr als nur Bewußtmachung bieten. Wenn man weiß, welche Transite zu welchem Zeitpunkt laufen, kann man die wesentlichen Bereiche festlegen, in denen mit Hilfe der Essenzen gearbeitet werden kann, denn Transite bringen ihre eigenen Heilungskrisen mit sich, aber auch die Motivation zur Arbeit an einer bestimmten Schwierigkeit. Wenn Sie zum Beispiel einen Venus/Pluto-Aspekt haben, können negative Gefühle aus vergangenen Beziehungen sich einer neuen Beziehung in den Weg stellen. Wenn ein Planet im Transit einen Winkel zu Venus oder Pluto bildet, wäre das ein idealer Moment zur Anwendung von Willow gegen negative Gefühle, Aggressionen etc., und für Honeysuckle, welches hilft, sich von der Vergangenheit zu lösen. Auch die Kalifornische Essenz Bleeding Heart stellt eine wirkungsvolle Hilfe beim Loslassen schmerzlicher emotionaler Bindungen dar. Wenn zum Beispiel das Horoskop darauf hinweist, daß die Ehe der betreffenden Person durch Mißtrauen und Eifersucht bedroht ist (ebenfalls ein Pluto-Problem), könnte Holly (gegen Mißtrauen und Eifersucht) wesentlich dazu beitragen, diese Muster zu ändern.[9]

Heilen mit Licht und Farben

Die Eigenschaften der einzelnen Farben sind Thema einer ganzen Reihe von Büchern okkulten oder psychologischen Inhalts. Sogar Industrie und Designer beginnen auf die Wirkungen aufmerksam zu werden, die Farben in unserer Umgebung oder unserer Kleidung auf uns ausüben. In Büchern über die Psychologie der Farben kann man lesen, daß Blau eine beruhigende Wirkung bei Angstgefühlen und Sorgen ausübt. Rot die Energie, den Mut und die Zuversicht stärkt, Pink sanfte und liebevolle Gefühle fördert und Grün Gesundheit und finanziellen Wohlstand stimuliert. Als Pluto in den Skorpion eintrat, wurde gleichzeitig Purpurrot zu der Modefarbe schlechthin – fast zu einer Grundfarbe. Was nicht weiter verwunderlich ist, denn Purpurrot steht mit der Bewältigung von Aggressionen im Zusammenhang, und anscheinend fühlte sich das Volk in seiner Gesamtheit zu dieser Farbe hingezogen, um seine Schwierigkeiten zu heilen.

Auch Heiler arbeiten mit Farben und manchmal auch mit Licht, allerdings nicht immer auf der physischen Ebene. Die meisten von ihnen arbeiten mit jener Art von Licht, wie es in der Aura enthalten ist. Wenn Sie sich zum Beispiel die Farbe Purpurrot vorstellen, wird Ihr höheres Bewußtsein angeregt, mit der Verarbeitung und Auflösung alter Aggressionen zu beginnen. Die einzelnen in diesem Buch beschriebenen Meditationen beziehen diese Art des Lichts mit ein. Sie funktionieren auch dann, wenn Sie das Licht nicht sehen, denn nur wenige Menschen gehören dem visuellen Typ an. Vertrauen Sie einfach darauf, daß der wesentliche Teil Ihres Selbst – Ihr Höheres Selbst – diese Art des Lichts erschaffen kann. Das Arbeiten mit

9 Ich habe eine Kassette mit dem Titel „Astrological Correlations to the Bach Flower Remedies“ (in englischer Sprache) aufgenommen, auf der die Blütenessenzen und ihre Anwendung in der astrologischen Arbeit mit dem Geburtshoroskop und den Transiten erklärt werden. Erhältlich von RKM Enterprises, Box 23042, Euclid, OH 44123.

Licht und Farben (ob nun in Ihrer Kleidung oder in Ihrer Vorstellung) kann eine Heilungskrise auslösen. Sie werden dazu gedrängt, aufgestaute Emotionen loszulassen, was vielleicht unangenehm sein kann, aber einen Teil des Heilungsprozesses darstellt.

Die Chakras und ihre heilende Wirkung

Viele spirituelle Lehren berichten von der Existenz der Aura oder des Energiekörpers. In dieser Aura sind energetische Organe enthalten – Zentren oder Chakren genannt –, die die Aufnahme und Abgabe von Lebenskraft regulieren. Traumatische Lebensumstände, wie sie von schwierigen Plutokonstellationen oder Transiten angezeigt werden, können diese lebensnotwendige Energie blockieren. Eine Blockade des Herzchakras kann zum Beispiel Schwierigkeiten beim Geben und Empfangen von Liebe hervorrufen. Eine Hemmung des Solarplexus kann ein übertriebenes Bedürfnis nach Aufmerksamkeit oder mangelndes Selbstwertgefühl nach sich ziehen. Die Übungen in diesem Abschnitt öffnen den Energiefluß und bieten jedem von uns eine wirkungsvolle Möglichkeit, sich selbst zu heilen.

Das erste Zentrum, das Wurzelchakra, befindet sich an der Basis der Wirbelsäule. Eine Blockade dieses Zentrums könnte zum Beispiel mangelnde Verwurzelung und Unsicherheit zur Folge haben, die Sorge um das Überleben könnte im Vordergrund stehen. Plutoaspekte (im Geburtshoroskop oder Transit) zum Mond oder dem vierten oder ersten Haus können eine Entwurzelung oder andere traumatische Umstände auslösen, die dem Wurzelchakra Schaden zufügen. (Wir konzentrieren uns hier in erster Linie auf Pluto, aber schwierige Aspekte anderer Planeten können ähnliche Blockaden dieser Zentren zur Folge haben.)

Das zweite oder Sakralchakra reguliert die Fortpflanzung und den Fluß sexueller Energie. Verspannungen können sich in einer Unter- oder Überbetonung der Sexualität auswirken, aber auch in Form von Ängsten oder Ablehnung des eigenen Geschlechts. Die einzelnen Lehren geben unterschiedliche Stellen als Sitz dieses Zentrums an. Einige siedeln es fünf Zentimeter unter dem Nabel an, andere behaupten, daß es bei Männern im Bereich der Hoden liegt. Durch Geburts- oder Transitaspekte zwischen Pluto und Mars oder

Venus, schwierige Konstellationen im achten Haus oder ganz allgemein durch einen stark gestellten Pluto, können Spannungen in diesem Zentrum hervorgerufen werden, die sich vielleicht in traumatischen sexuellen Erfahrungen oder Schwierigkeiten beim Gebären von Kindern ausdrücken.

Das dritte Zentrum liegt im Bereich des Solarplexus, knapp oberhalb der Taille. Dieses Zentrum ist für Ausdruck und Eigenkonzept des Selbst zuständig, und Blockaden können mangelndes Selbstwertgefühl und Selbstvertrauen hervorrufen oder das weniger offenkundige Gegenteil: Egoismus, Narzißmus und Egozentrik. Astrologisch gesehen ist dieses Zentrum der Sonne zugeordnet, so wirken sich Sonne/Pluto Aspekte im Geburtshoroskop oder Transit sehr oft durch Schwierigkeiten auf diesem Gebiet aus, aber auch Pluto/Saturn-Aspekte können hier zu Problemen führen.

Das vierte Zentrum ist das Herzchakra, das ungefähr im Bereich des tatsächlichen physischen Herzens liegt. Es ist von allergrößter Bedeutung und reguliert unsere Fähigkeit, Liebe zu schenken und zu empfangen. Blockaden können Probleme in der Partnerschaft und bei liebevollen Beziehungen mit der Außenwelt zur Folge haben. Venus/Pluto Aspekte im Geburtshoroskop oder Transit könnten Probleme auf diesem Gebiet anzeigen, aber auch Pluto im ersten Haus, da diese Menschen sich oft seit frühester Kindheit isoliert und allein fühlen. Im umgekehrten Fall könnte aber auch eine symbiotische Beziehung zu einem Elternteil allzu hohe Anforderungen an ein noch unreifes Herzzentrum gestellt haben.

Das fünfte, im Bereich des Halses gelegene Zentrum herrscht über die Kommunikation und andere menschliche Ausdrucksformen und über den Umgang mit Geld. Das Halszentrum kann generell von starken Plutokonstellationen blockiert werden, besonders aber von einem Merkur/Pluto Aspekt im Geburtshoroskop oder Transit oder Pluto im dritten Haus. Das sechste oder Stirnchakra, befindet sich zwischen den Augen und ist für geistige Klarheit und intuitive Kommunikation zuständig. Blockaden können sich in geistiger Verwirrung, zwanghaften Vorstellungen oder auch Schwierigkeiten bei der Regulierung der psychischen Aufnahmefähigkeit auswirken. Wiederum kann ein Merkur/Pluto Aspekt im Spiel sein. Das Scheitelzentrum befindet sich auf der Oberseite des Kopfes und wird verbunden mit von Inspiration und Meditation getragenen Bewußtseinszuständen, in welchen man in Berührung mit dem Göttlichen steht. Blockaden können zu spirituellen Tiefs führen, zum Gefühl, die Verbindung mit dem Universum verloren zu haben. Pluto im zwölften oder neunten Haus könnte eine solche Blockade verursachen.

Die Lichtwirbel-Übung zur Reinigung der Chakren

1. Versetzen Sie sich auf eine höhere Bewußtseinsebene, entweder mit Hilfe einer bestimmten Meditationstechnik, die Ihnen bereits bekannt ist, oder einfach indem Sie tief atmen und immer wieder bis drei zählen.

2. Errichten Sie rund um sich einen schützenden Raum und füllen Sie ihn mit Licht einer bestimmten Farbe, in Übereinstimmung mit Ihrer Intuition. Weißes Licht ist immer gut gewählt, da es alle anderen Farben enthält. Stellen Sie sich die Chakren vor und erspüren Sie sie in Ihrem Körper.

3. Beginnen Sie mit dem Wurzelchakra, und stellen Sie sich an dieser Stelle innerhalb Ihres Raumes einen trichterförmigen, zu Ihrem Körper hingerichteten Lichtwirbel vor. Lassen Sie nun den Wirbel hell aufflammen und jede dunkle Stelle in diesem Bereich verzehren. Während sie zu den anderen Chakren übergehen, wird das Licht so lange weiterwirbeln, wie es für die Reinigung erforderlich ist. Widerstände können auftreten durch das Gefühl, auf den Bauch gefallen zu sein, oder aus traumatischen Erlebnissen, die mit dem Überleben zu tun haben.

4. Gehen Sie zum Sakralchakra über, und errichten Sie einen weiteren Wirbel, der wiederum auflodert und Hindernisse verzehrt. Hier liegt die Absicht darin, ein ausgewogenes und gesundes Ausströmen sexueller Energien zu schaffen.

5. Wenn sich die unteren Bereiche relativ klar und rein anfühlen, gehen Sie zum Solarplexus über und errichten Sie dort einen Lichtwirbel. Hier kann das aufflammende Licht alle Behinderungen eines gesunden, realistischen Selbstwertgefühls, inclusive Verletzungen des Ego und Gefühle der Unfähigkeit, bereinigen.

6. Indem Sie die bisherigen Lichtwirbel weiter leuchten lassen, gehen Sie zum Herzchakra über und errichten dort einen Lichtwirbel. Das so grundlegende und leicht verletzbare Herzchakra kann gar nicht intensiv genug gereinigt werden, wenn nach und nach alte, tiefe Verletzungen an die Oberfläche kommen. An dieser Stelle soll der Lichtwirbel alles, was Sie hindert, zu lieben oder geliebt zu werden, ausbrennen.

7. Errichten Sie dann einen Lichtwirbel am Halszentrum, wo er alle Blockaden, die die Kommunikation und auch den freien Fluß des Geldes behindern, verbrennt.

8. Als nächstes arbeiten Sie am Stirnzentrum, welches Sie von Hindernissen der Kreativität und psychischen Energieflußes befreit.

9. Abschließend errichten Sie einen Lichtwirbel am Scheitelchakra, um Hindernisse zu beseitigen, die sich der Meditation und der Inspiration entgegenstellen.

10. Beobachten Sie nun, in welchen der Zentren sich die Lichtwirbel immer noch drehen, denn diese erfordern vielleicht zusätzliche Arbeit. Fachen Sie das Licht in jenen Bereichen noch einmal für einige Augenblicke hell an, bevor Sie alle Lichtwirbel löschen und den schützenden Raum auflösen.

11. Wiederholen Sie diese Übungen einige Tage lang, bis die Chakren rein und klar erscheinen. Wiederholen sie sie dann mit bestimmten Farben, wie sie in den einzelnen Kapiteln dieses Buches angegeben sind, oder lassen Sie sich dabei von Ihrer Intuition leiten. Auch nachdem die Übungen abgeschlossen wurden, sollte man die Reinigung von Zeit zu Zeit wiederholen, um eine Anhäufung von emotionalen und psychischen Belastungen durch den Alltag zu verhindern.

Öffnen der Herzblüte

Diese Übung kann für jedes Chakra abgewandelt werden. An dieser Stelle wird auf das Herzchakra eingegangen, da es eine so wichtige Rolle spielt, wenn es darum geht, sich liebevolleren Beziehungen zu öffnen und alte Wunden und Verluste zu heilen. Viele Menschen haben Schaden an ihrem Herzzentrum genommen, besonders als Pluto durch die Waage ging. Wenn Sie diese Übung zur Öffnung anderer Chakren verwenden, müssen Sie die Affirmationen für das jeweilige Zentrum entsprechend abwandeln. Es ist sehr wichtig, alle Zentren zu öffnen und zu reinigen und sich nicht ausschließlich auf ein einziges zu konzentrieren, denn dadurch würde eine Unausgewogenheit entstehen.

1. Schaffen Sie um sich herum einen abgeschlossenen Raum. Stellen Sie sich Ihr Herzzentrum als eine schöne Blüte mit vielen Blättern vor, deren Blütenblätter geschlossen sind. Eine geeignete Farbe für diese Blume wäre ein helles Rosa, denn dies ist die Farbe der Liebe.

2. Öffnen Sie von außen nach innen ein Blütenblatt nach dem anderen. Bei jedem Blatt bejahen sie Ihre Bereitschaft, Liebe zu geben und Liebe zu empfangen. Sie können dies innerlich tun, indem Sie sagen „Ich öffne mich für die Liebe“ oder was immer Ihnen gefällt. Wenn Sie dabei Ihre Hände durch Ihr Energiefeld bewegen, so als ob Sie die Blütenblätter wirklich öffnen würden, können Sie den Effekt noch wesentlich verstärken.

3. Öffnen Sie nun ein Blütenblatt und wieder eines und noch eines und noch eines, und wiederholen Sie dabei die Affirmationen.

4. Sie nähern sich nun dem Zentrum und bemerken, daß sich die Blütenblätter immer wärmer anfühlen und rosarotes Licht ausstrahlen.

5. Wenn das Zentrum selbst geöffnet ist, strahlt rosarotes Licht nach außen und pulsiert über die Begrenzung Ihres Raumes hinaus. Sagen Sie zu sich: „Dieser Lichtstrahl aus meinem Herzen soll jene Menschen erreichen, die meine Liebe rechtschaffend erwidern möchten.“ Ziehen Sie aus Ihrem Höheren Selbst rosarotes Licht herab, um es auszusenden.

Diese Übung ist äußerst wirkungsvoll. Anfangs wird sie Ihnen vielleicht schwerfallen, da in Ihrem Herzzentrum eingeschlossene, schmerzliche Empfindungen an die Oberfläche treten. Aber es ist für den Heilungsprozeß sehr wichtig, daß Sie diesem Schmerz erlauben, an die Oberfläche zu kommen, ihn langsam abbauen und loslassen. Wenn Sie eine Zeitlang damit arbeiten, werden Sie in diesem Teil Ihres Körpers Bewegung und Energie bemerken. Wenn jemand kommt, den sie gerne haben, wird eine Welle von Energie von Ihrem Herzen nach außen strömen und ein erhebendes Gefühl in Ihnen auslösen.

Dieses Chakra ist sehr empfindlich und kann sich leicht verschließen, wenn sich jemand in Ihrer Umgebung grob und lieblos verhält oder Ihnen Schmerz zufügt. Bisweilen kann es sich auch verschließen, um sich selbst zu schützen. Wenn dies geschehen ist, werden Sie das Fehlen der Energiequellen bemerken und wissen, daß es an der Zeit ist, die Übungen zu wiederholen.

Lassen Sie sich Zeit ...

Zwanghaft und getrieben wie Plutonier nun einmal sind, neigen sie in ihrem Eifer, sich zu bessern, zur Übertreibung, sobald sie einmal ein Mittel gefunden haben, mit dem sie ihre Schwierigkeiten bewältigen können. Diese Methoden sollten jedoch nicht zu intensiv angewendet werden, da Haltungen, die seit so langer Zeit bestehen, nicht von heute auf morgen geheilt werden können. Man sollte nicht zu viele Konflikte auf einmal in Angriff nehmen, auch wenn dies verlockend ist, wenn man endlich etwas gefunden hat, das hilft. Es wird empfohlen, die Meditationen nur an fünf Tagen pro Woche durchzuführen.

Sie können mehrere Heilmittel gleichzeitig benutzen, um die Wirkung zu intensivieren, etwa die Blütenessenz gegen Aggressionen mit der Meditation gegen Aggressionen verbinden. Dies könnte allerdings eine beachtliche Verstärkung der Heilungskrise zur Folge haben. Wenn diese zu intensiv wird, unterbrechen Sie einfach für eine Weile. Ein guter Grundsatz besteht auch darin, von Zeit zu Zeit jegliche Heilungsbemühungen ganz einzustellen und sich auszuruhen – zum Beispiel mit der Einnahme aller Essenzen sechs Wochen lang auszusetzen.

Diese Hilfsmittel stellen eine faszinierende Bereicherung der astrologischen Praxis dar, und ich hoffe, daß sich immer mehr Astrologen auch der Heilungsarbeit zuwenden werden. Die Astrologie ist als Mittel der Diagnose unübertroffen, sobald Sie jedoch wissen, welcher Natur die Probleme sind, ist es unbedingt notwendig, Wege zu ihrer Heilung zu finden. Dieses Kapitel stellt nur eine Einleitung dar, in der Bibliographie werden Quellen für ausführlichere und eingehendere Informationen angegeben.

Bücher über Blütentherapie

Bach, Edward, M. D. and F. J. Wheeler, M. D. *The Bach Flower Remedies,* Keats Health Books, New Canaan, CT, 1979.

Chancellor, Dr. Phillip M. *Handbook of the Bach Flower Remedies,* Keats Health Books, New Canaan, CT, 1971.

The Flower Essence Journal, Flower Essence Services, Box 586, Nevada City, CA 94939.

Gurudas, *Flower Essence,* Brotherhood of Life, 110 Dartmouth SE, Albuquerque, NM; 87106, 1983.

Gurudas, *Gem Elixirs and Vibrational Healing,* Casandra Press, Box 2044, Boulder, CO, 80306.

Bezugsquellen für Essenzen, Bücher und Zubehör

Bachblüten: Ellon Company, Box 320, Woodmere, N. Y. 11508, und Bach Centre, Mount Vernon, Sotwell, Oxon, UK.

Kalifornische Blüten: Flower Essence Services, Box 586, Nevada City, CA 94939

Pegasus: Pegasus Products Inc, Box 228, Boulder, CO 80306

Metaphysische Bücher

Gawain Shakti, *Stell Dir vor – kreativ visualisieren,* Rowohlt-Verlag, Reinbek, 1987.

Roberts, Jane, *Die Natur der persönlichen Realität,* Ariston Verlag, Genf, 1985.

Andere Bücher über Heilung

Bandler, Richard und John Grinder, *Frogs Into Princes,* Real People Press, Box F, Moab, UT, 84532, 1979.

Clark, Linda, *The Ancient Art of Color Therapy,* Pocket Books, N. Y. 1975.

Wallace, Amy und Bill Henkin, *The Psychic Healing Book,* Wingbow Press, Berkeley, CA, 1981.

KAPITEL VIER

Schuldgefühle, Aggressionen und Pluto

Schuldgefühle und Aggressionen sind so eng miteinander verknüpft, daß man sie siamesische Zwillinge nennen könnte – eines ist ohne das andere nicht denkbar. Wenn Schuldgefühle oder Aggressionen Ihr Leben belasten, wird Ihnen dieses Kapitel helfen, deren Entstehung zu verstehen und unter Beachtung der Dynamik des Planeten Pluto Wege aufzeigen, sich davon zu lösen. Wir werden auf die vertrauten Muster von Symbiose, Herrschsucht, Rachsucht und Anklammern stoßen. Der letzte Abschnitt dieses Kapitels enthält Übungen und Vorschläge, wie Sie sich selbst von Schuldgefühlen und Aggressionen befreien können.

Jeder einzelne von uns hat Pluto und Skorpion irgendwo in seinem Horoskop, und jeder von uns hat bereits diese schmerzlichen, entfremdenden Gefühle durchgemacht. Dieses üble, die Kehle zusammenschnürende Gefühl der Schuld oder das brennende, hartnäckige, brütende Gefühl der Aggression sind den meisten von uns nur allzu vertraut. Aggressionen entfremden uns von unseren Mitmenschen, während Schuldgefühle uns von uns selbst entfremden. Plutonier werden von solchen Gefühlen verfolgt und in starre Abwehrmechanismen und dominante Beziehungen getrieben. Sehen wir uns einmal den Zusammenhang zwischen Schuldgefühlen und Aggressionen an, damit Sie beide verstehen und überwinden können. Um den höchstmöglichen Gewinn aus diesen Informationen zu ziehen, fertigen Sie eine Liste der Situationen an, in denen Sie Ihrer Meinung nach Schuld auf sich geladen haben bzw. notieren Sie die Menschen, denen gegenüber Sie sich schuldig fühlen.

Lassen Sie sich von Schuldgefühlen nicht täuschen

Wenden wir uns nun der einen Hälfte der siamesischen Zwillinge zu: Den Schuldgefühlen. Ehrlich gesagt: Schuldgefühle sind eine lahme Sache. Schuld und Schein klingen nicht nur sehr ähnlich, hier ist tatsächlich sehr viel trügerischer Schein im Spiel. Menschen, die Ihnen Schuldgefühle einflößen möchten, verschleiern ihre wahren Motive. Hinter den hochtrabenden Beteuerungen von Liebe und Fürsorge steht der Wunsch, Sie zu manipulieren und dazu zu bringen, daß Sie tun, was dieser Mensch möchte. „Wenn Du mich wirklich gern hättest, würdest Du ...“. Dies ist emotionale Erpressung – getarnt als Liebe. Die Taktik der Schuldgefühle funktioniert jedoch, Sie werden schneller gehorchen als Sie es auf Grund von Drohungen und offener Herrschsucht tun würden. Schuldgefühle hängen mit Beherrschung zusammen. *Ein Schuldfeldzug ist ein Machtfeldzug.* Wenn Schuldgefühle Sie zu ersticken drohen, fragen Sie sich: Versucht dieser Mensch, mich zu manipulieren?

Schuldgefühle entstehen oft, wenn Menschen in jener falschen Abhängigkeit miteinander verbunden sind, die wir Symbiose nennen – ein Plutomuster – und die sie unzertrennlich aneinanderkettet. Menschen, die zu viel für uns tun oder uns zu viel geben, tun es kaum jemals aus reiner Herzensgüte. Sie tun es, weil sie die Fäden in der Hand halten möchten. Ist es wirklich Güte, jemandem die Chance, zu lernen und größere Unabhängigkeit zu gewinnen, vorzuenthalten? Ist es wirklich Güte, Ihnen weiszumachen, daß Sie ohne den anderen unfähig wären, auch nur einen Schritt zu tun? Irgendwo in Ihrem Inneren wissen Sie, daß Sie beraubt werden und lehnen sich schließlich gegen die Symbiose auf. Wenn Sie sich selbst behaupten oder „in selbstsüchtiger Weise“ das tun wollen, was für Ihr eigenes Glück und Ihre Weiterentwicklung gut ist, zieht Ihr sogenannter Wohltäter an seinen Fäden, um Schuldgefühle in Ihnen auszulösen. Wiederum ist der plutonische Beweggrund Herrschsucht und Kontrolle. All dies ist natürlich sehr subtil und gerade deshalb so wirkungsvoll.

Ja, der Schuldfeldzug ist ein Machtfeldzug, und Schuld ist Schein und Trug. Aber ein Mensch ohne Fehl und Tadel ist schwer angreifbar, und ein argloser Mensch kennt keine Schuldgefühle. Mit anderen Worten: Sie verbergen irgend etwas, wenn Sie sich auf einen Schuldfeldzug begeben, zum Beispiel falsche, unechte Abhängigkeit und mangelnde Bereitschaft, Verantwortung für sich selbst zu übernehmen. Sie haben die Macht an den Plutonier übertragen und ihm die Rolle ihrer Mutter zugewiesen. Fragen Sie sich selbst, ob der Gewinn den Preis an Selbstachtung und Wachstum wert ist. Letzten Endes, gleichgültig wie lange Sie es hinauszögern, werden Sie doch Verantwortung übernehmen müssen.

Der zweite Punkt, in dem Sie sich selbst (und andere Menschen) täuschen, besteht darin, daß auch Ihr Schuldfeldzug ein Machtfeldzug ist. Sie klammern sich an die Illusion, daß Ihr Verhalten so viel Macht und Einfluß auf den anderen hat, daß Sie für sein Glück unentbehrlich sind. In Wirklichkeit sind wir unsterblich und unzerstörbar, so daß keine unserer Handlungen, abgesehen von Mord und schwerer Körperverletzung, einen anderen Menschen wirklich zerstören kann – es sei denn, dieser andere spielt selbst seine eigenen Plutospiele.

Wenn Sie Ihren eigenen Weg gehen und die andere Person dadurch wirklich so unglücklich machen, dann handelt es sich hier um falsche Abhängigkeit. In einer solchen Situation verletzen Sie den anderen nicht, wenn Sie Ihren eigenen Weg verfolgen und an Unabhängigkeit gewinnen, sondern zwingen ihn dazu, ebenfalls zu wachsen, womit Sie ihm letztlich einen Gefallen erweisen. Wenn Sie sich durch Schuldgefühle dazu manipulieren lassen, Ihr eigenes Wachstum zu behindern, werden Sie schließlich Aggressionen gegen die Person entwickeln, die Sie manipuliert.

Noch in einer weiteren Hinsicht betrügen Sie sich mit Schuldgefühlen selbst. Ein Psychologe, dessen Name mir entfallen ist, sagte einmal, Schuld wäre der Preis, den wir bereitwillig für das Festhalten an einem unserer falschen Konzepte bezahlen, während wir dieses weiterhin mit Füßen treten. Wo immer Ihnen ein SOLLTE begegnet – prüfen Sie, ob ein solches falsches Selbstkonzept am Werk ist. Wenn Sie an sich selbst Erwartungen von Perfektion oder Makellosigkeit stellen, gibt es zwei Wege, frei von Schuldgefühlen zu werden: Ändern Sie Ihr Verhalten, oder ändern Sie Ihre Erwartungen. Ein ständig schlechtes Gewissen ist ein Freibrief für Sie, weiterhin zu sündigen und sich selbst und anderen weiter vorzumachen, daß Sie versuchen, sich zu ändern.

Schuld ist nach innen gerichtete Aggression

Die Entwicklung einer schuldbeladenen Charakterstruktur entsteht aus mangelndem Bemühen, reife Unabhängigkeit zu entwickeln, sie stellt einen Rückzug in infantile Abhängigkeit dar ... Dadurch entsteht ein vages Gefühl der Aggression und ein allgemeines Schuldgefühl.[10]

Den meisten von uns ist die psychologische These bekannt, daß Depressionen nach innen gerichteter Ärger sind. Nur wenige wissen jedoch, daß Schuld nach innen gerichtete Aggressionen sind. Als kleine Kinder erschienen uns Erwachsene beinahe allmächtig, unser Leben lag in ihrer Hand. Wenn sie versuchten, uns zu korrigieren, uns unter Kontrolle zu halten, lehnten wir uns zwar dagegen auf, konnten aber kaum etwas dagegen tun. Sie hatten so viel Macht und wir so wenig. Diese Ablehnung wendet sich dann nach innen und wird zu dem, was wir als Schuldgefühl bezeichnen.

Selbst als Erwachsene behalten wir etwas von jener kindlichen Abhängigkeit bei. Niemand von uns wird jemals völlig erwachsen, und damit kann sich niemand von uns völlig von Schuldgefühlen und Aggressionen befreien. Am intensivsten sind jedoch jene Menschen in Schuldgefühle verstrickt, die sich ganz besonders stark in unangemessene Abhängigkeit zurückgezogen haben. Wo es Schuld gibt, dort gibt es auch Machtmißbrauch. Wenn wir uns mit machthungrigen Plutomenschen einlassen, wird durch ihre Manipulationen ein bereits vorhandenes Gefühl der Hilflosigkeit aktiviert. Wir gehen ein symbiotisches Abhängigkeitsverhältnis ein, und ihre Versuche, uns zu beherrschen, lösen Auflehnung und in der Folge Schuldgefühle aus: „Wie kann ich nur so böse auf sie sein, wenn sie so gut zu mir ist? Ich habe ein so schlechtes Gewissen. Sie weiß schon, was für mich das Beste ist.“ Sheldon Kopp schreibt, daß

10 Sue Mansfield, *The Gestalt of War,* Dial Press, NY, 1982, S. 101

Schuldgefühle nur Ausdruck einer heimlichen Ablehnung ungewollter Verpflichtungen sind.[11]

Nun, möglicherweise haben Sie wirklich ein paar schreckliche Dinge getan. Sie sind kein Heiliger und haben wahrscheinlich die eine oder andere Untat begangen. Manchmal jedoch sind solche Handlungen Akte der Selbstverteidigung. Mit unbeirrbarer Sicherheit machen Sie genau das, was die anderen am wenigsten ertragen können, was ihnen am meisten weh tut – Sie mißbrauchen ihr Vertrauen. Mit großer Wahrscheinlichkeit wollen Sie damit eine Beziehung beenden oder einen Ausgleich herstellen. Es ist die einzige Möglichkeit, dem Partner einen Strich durch die Rechnung zu machen, der einzige Fluchtweg.

Manchmal stellen Schuldgefühle nur ein taktisches Manöver in einem Machtkampf dar. Ein betrügerisches Spiel – ähnlich wie in jenem Peanuts Comic Strip, in dem Lucy Brown immer wieder beteuert, wie leid es ihr doch tut, ihrem Bruder den Ball weggerissen zu haben, und daß sie es niemals wieder tun würde. Dann überredet sie ihn, den Fußball noch ein allerletztes Mal zu stoßen, nur um ihn im letzten Moment wieder unter seinen Füßen wegzuziehen, so daß er wieder auf die Nase fällt. O ja, ich weiß, die böse Lucy hat kein Gewissen, Sie jedoch fühlen sich schuldig, aber das ist nur der Eintrittspreis für dieses Spiel. Indem Sie sich in tiefer Selbstverachtung an die Brust schlagen, einen Blumenstrauß kaufen und um Vergebung bitten, besänftigen Sie den Ärger der anderen, richten sie wieder auf, um sie dann von neuem voll treffen zu können. Diese Art der Schuldgefühle sind ein Grund, sich schuldig zu fühlen!

Ein derartiges Benehmen ergibt sich oft aus dem plutonischen Wunsch nach Rache. Vielleicht haben die Menschen, denen Sie diese Dinge immer wieder antun, Sie übermäßig von sich abhängig gemacht, und Sie versuchen nun, es ihnen heimzuzahlen. Oder vielleicht reagieren Sie auf diese Weise Aggressionen gegen einen Elternteil oder eine andere Autoritätsperson ab. Bedauerlicherweise kümmert sich Rachsucht nicht darum, wen sie trifft (der Skorpion denkt nicht bewußt), und so müssen immer wieder alle Frauen oder alle Männer für das bezahlen, was Ihnen Ihre Mutter oder Ihr Vater vor zwanzig oder dreißig Jahren angetan hat. Da dieses

11 Sheldon Kopp, *Kopfunter hängend sehe ich alles anders*. Diederichs Verlag, Köln, 1986.

Benehmen aber nicht sehr nett ist, bezahlen Sie dafür den Preis in Form von Schuldgefühlen. Wenn man genügend Schuldgefühle gesammelt hat, bekommt man eine Freikarte, ein bestimmtes Verhalten zu wiederholen.

Ertappt zu werden ist ein weiterer, nützlicher Schachzug in diesem Spiel. Rache macht nicht den geringsten Spaß, wenn niemand davon weiß. Sie dabei zu ertappen, ist jedoch eine richtige Ohrfeige für die Person, an der Sie sich rächen wollen. Sie bekommen Ihre Rache und zahlen dafür den Preis in Form der Konsequenzen (der Stachel des Skorpions) und in Form von Schuldgefühlen und Selbstverachtung. Aber immerhin haben Sie Ihre Rache. Bei den besonders morbiden Abarten dieses Spiels ist dies das einzige, was zählt.

Eine Analyse Ihrer Schuldgefühle

Vielleicht möchten Sie jetzt die vorhin aufgestellte Liste der Menschen und Situationen, die Schuldgefühle in Ihnen hervorrufen, überprüfen, oder vielleicht möchten Sie sich jetzt die Zeit nehmen, eine solche Liste anzufertigen. In Anbetracht des Gesagten gibt es einige Fragen, die Sie sich selbst stellen müssen, wenn Sie Schuldgefühle verspüren.

- Befinde ich mich in einem symbiotischen und falschen Abhängigkeitsverhältnis?
- Übertrage ich Verantwortung für mein eigenes Leben auf andere Menschen?
- Wollen diese Macht und Einfluß über mich gewinnen?
- Will ich selbst jemanden unter meinen Einfluß bringen oder jemanden täuschen?
- Hemmen andere meine Entwicklung, indem sie mir Schuldgefühle einflößen wollen oder vice versa?
- Was stört mich so an dieser Situation?
- Benütze ich meine Schuldgefühle als Freibrief für ein bestimmtes Verhalten?
- Versuche ich, mich an dieser Person zu rächen?
- Versuche ich, mich an dem Elternteil zu rächen, den diese Person vertritt?

Wenn Sie diese Fragen beantwortet haben, werden Sie Ihre Situation besser verstehen und die Lage klarer beurteilen können, und Sie werden auch wissen, ob es überhaupt einen Grund gibt, sich schuldig zu fühlen. Wenn das Verhalten, das Ihre Schuldgefühle auslöste, zu Ihrem Wachstum beigetragen hat, haben Sie wahrscheinlich das für Sie Richtige getan. Vielleicht haben Sie nicht freundlich oder überlegt gehandelt und haben diesbezüglich einiges wiedergutzumachen. Sie können niemals einen anderen Menschen dadurch glücklich machen, daß Sie Ihre eigene Entwicklung hemmen, denn dies würde unweigerlich zu Ablehnung und Aggression führen, und zwar meistens sowohl auf Ihrer Seite als auch auf der Seite des anderen.

Die existentielle Schuld des Plutoniers

Was Sie auf Ihrer Liste nicht finden werden, sind jene Schuldgefühle, die bereits von Anfang an vorhanden waren und die nur auf eine Missetat – und sei es nur eine vorweggenommene – gewartet haben, um daran einzuhaken. Diese Schuldgefühle begleiten Sie auf Schritt und Tritt und zehren an Ihnen, und da niemand gern grundlose Schuldgefühle hat, erfinden Sie einen Grund: „Ich hätte nicht so grob mit ihr sein sollen. Ich hätte sie anrufen müssen, sie fragen, wie es ihr geht. Wie kann ich so etwas nur denken, ich muß ja ein Scheusal sein. Eigentlich bin ich ja WIRKLICH ein Scheusal, ich möchte bloß wissen, warum mich überhaupt noch jemand mag. Wenn die anderen wüßten, wie ich wirklich bin, würde mich keiner mehr mögen."

Dies ist es, was ich als existentielles Schuldgefühl bezeichne. Wenn Sie von dieser Art der Schuld verfolgt werden, dann wurden Sie es bereits lange bevor Sie alt genug waren, um irgend jemandem einen ernsthaften Schaden zuzufügen. Freud-Anhänger würden sagen, daß es an der Sauberkeitserziehung liegt. Ich sage, daß es an den *Sauberkeitserziehern* liegt und an deren Abneigung der Pflege eines Babys. Die Kinder merken, daß die Mutter sie anscheinend nicht mag, zumindest dann nicht, wenn sie erbrechen mußten oder hungrig oder müde waren und schließen daraus, daß man keine Bedürfnisse haben darf und daß sie nicht liebenswert sind. Schließlich haben sie ein schlechtes Gewissen, weil sie Raum auf dieser

Erde beanspruchen, weil sie dies oder jenes brauchen und ganz allgemein, weil sie überhaupt existieren. Und zu all dem kommt auch ein Gefühl der Abneigung und Auflehnung gegen jene Menschen, die ihnen Liebe und richtige Pflege vorenthalten und verstärkt ihre Schuldgefühle noch.

Es gibt zwei Möglichkeiten, mit diesen existentiellen Schuldgefühlen umzugehen: Die erste besteht in einem der Buße und Sühne gewidmeten Leben, wobei Sie so heilig wie möglich sind und Ihr Leben dem Dienst an der Menschheit weihen. (Und insgeheim voller Haß sind und eine Atmosphäre der Aggression um sich aufbauen.) Oder Sie entscheiden sich für ein Leben in Sünde und begehen genügend Missetaten, um Ihre Schuldgefühle zu rechtfertigen und ausreichend bestraft zu werden. Dies ist auch eine gute Möglichkeit, sich an Ihren Eltern zu rächen, indem Sie deren guten Namen in Verruf bringen.

Woher ich von diesen existentiellen Schuldgefühlen weiß? Ich hatte sie selbst. Es war so schlimm, daß ich zusammenzuckte, wenn ein Polizeiauto an mir vorüberfuhr. Niemals in meinem Leben hatte ich irgend etwas Ungesetzliches getan, aber irgendwie war ich überzeugt davon, daß man mich mitnehmen und einsperren würde. Mit Hilfe der hier beschriebenen Methoden gelang es mir, diese Gefühle zu bewältigen, und heute würde sich jemand, der mir Schuldgefühle einflößen möchte, äußerst schwer tun. Es ist schön, davon frei zu sein.

Wann sind Schuldgefühle berechtigt?

Sheldon Kopp schreibt: „Ich glaube, wir weden nicht FÜR unsere Sünden sondern DURCH sie bestraft."[12] An dieser Stelle fragen Sie sich vielleicht, ob es überhaupt jemals einen Grund gibt, sich schuldig zu fühlen. Ja, ich glaube schon, daß es Fälle gibt, in denen Schuldgefühle angebracht sind. Echte Schuld laden Sie auf sich, wenn Sie Ihre eigene Macht mißbrauchen. Wenn Sie jemanden aus selbstsüchtigen Motiven täuschen, kontrollieren oder manipulieren, dann mißbrauchen Sie Ihre Macht. Auch wenn Sie nicht Ihr Mög-

12 Kopp, *Kopfunter hängend sehe ich alles anders.* Diederichs Verlag, Köln, 1986.

lichstes tun, um sich selbst zu meistern und sich spirituell weiterzuentwickeln, entsteht echte Schuld. Diese legitime Schuld sollte jedoch nie länger als einige Minuten anhalten. Die Erkenntnis, falsch gehandelt zu haben, soll eine Chance zur Reifung darstellen, eine Erweiterung des Bewußtseins, eine Erkenntnis: „So etwas werde ich nie wieder tun." Dieser Erkenntnis sollte dann der ernsthafte Versuch einer Wiedergutmachung folgen – kein fadenscheiniges „Irgendwann mache ich es wieder gut" gefolgt von einer Wiederholung nach der anderen.

Wie bei allen Manifestationen des Pluto besteht auch hier der eigentliche Zweck in der Transformation, in der Wandlung. Wenn Sie an Schuldgefühlen nicht festhalten, sondern sie bewältigen, können jene Momente, in denen Ihnen bewußt wird, daß Sie nicht Ihr Bestes getan haben, Ihren Charakter und Ihre Integrität stärken und Ihnen helfen, Ihre Aufgabe im Leben bewußter und liebevoller zu erfüllen. Diese Art von positiven, heilsamen Schuldgefühlen ist jedoch erst möglich, wenn Sie sich selbst von Ablehnung, Abneigung und Aggressionen geheilt haben. Es ist daher an der Zeit, Aggressionen und ihre Rolle im komplizierten Wechselspiel der Gefühle genauer zu untersuchen.

Symbiose, Macht und Aggressionen

Um den höchtsmöglichen Gewinn aus diesem Abschnitt zu ziehen, sollten Sie sich vielleicht für einige Minuten besinnen und eine Liste jener Menschen aufstellen, gegen die Sie Aggressionen hegen, jener Menschen, die Sie hassen und jener Menschen, denen Sie niemals vergeben können. Seltsam, nicht wahr, wie viele davon auch auf der Liste Ihrer Schuldgefühle stehen? An dieser Stelle sollte bereits klar erkennbar sein, daß die Menschen, die wir am meisten ablehnen, gleichzeitig die Menschen sind, von denen wir am meisten abhängen. Außenstehende können uns vielleicht durch gedankenlose Handlungen verärgern, aber nur Menschen, die echte oder eingebildete Macht über uns haben, können Aggressionen in uns wecken. Wir halten unseren Ärger zurück, da wir Angst vor dem Verlassenwerden oder der Vergeltung des anderen haben. Je größer die falsche Abhängigkeit, je mehr von unserer eigenen Macht wir auf die andere Person übertragen haben, desto mehr Angst haben wir, unseren Ärger offen zu zeigen. Wir befürchten, ihre scheinbar unentbehrliche Hilfe zu verlieren.

Dazu muß gesagt werden, daß in einer symbiotischen Beziehung beide Partner Plutonier sind, denn beide versuchen, den anderen zu manipulieren und zu beherrschen, um die Symbiose aufrechtzuerhalten. Die „Mama" ist auf die Abhängigkeit des „Kindes" angewiesen, um sich stark und einflußreich zu fühlen. Wenn wir jedoch versuchen, etwas zu beherrschen, werden wir am Ende selbst von ihm beherrscht werden. Kontrolle und Beherrschung erfordern eine ungeheure Menge an Energie und funktionieren nie sehr lange.

Eine solche lähmende Beziehung ist der beste Nährboden für gegenseitige Aggressionen. Die scheinbar abhängige Person lehnt allmählich die Ungleichheit und den Verlust ihrer Freiheit und ihres persönlichen Wachstums ab. Die scheinbar gebende Person lehnt sich immer mehr gegen den Zwang auf, so viel geben zu müssen. *Ein Geschenk, das nicht freudig gegeben wird, ist überhaupt keines.* Wann immer Sie etwas nur widerwillig geben, besteht Grund zu der Annahme, daß eine plutonische Dynamik im Spiel ist, daß Sie befürchten, verlassen zu werden, wenn Sie sich weigern. Da das „Geben" den Empfänger in zunehmende Abhängigkeit manövriert, entwickeln sich auf beiden Seiten immer mehr Aggressionen und führen schließlich zu jenen häßlichen Manövern, von denen wir im Zusammenhang mit der Schuld sprechen. Am Ende kann es zu einer Eskalation von Abneigung und Auflehnung und zu einer bitteren und schmerzlichen Trennung kommen, die beide Partner vielleicht noch jahrelang verfolgt.

In Wirklichkeit ist echte Intimität – die Intimität der Venus, nicht die des Pluto – nur zwischen gleichwertigen Partnern und innerhalb einer Beziehung möglich, in der Konflikte, die sich in jeder Partnerschaft zwangsläufig ergeben, offen und frei zur Sprache kommen und gelöst werden können. Zurückgehaltener Ärger gärt und schafft Distanz. Wenn Sie ständig etwas tun, was den anderen ärgert, er sich jedoch nicht getraut, es Ihnen zu sagen, wird der unausgesprochene Ärger wachsen und schließlich die Beziehung vergiften. Nur wenn jeder Konflikt offen ausdiskutiert wird – zwischen zwei gleichwertigen Partnern – kann die Beziehung gedeihen. In ungleichen Partnerschaften ist die Wahrscheinlichkeit größer, das Ärger aus Furcht zurückgehalten wird und sich schließlich in Aggressionen verwandelt. Sobald sich genügend Aggressionen angestaut haben, wird die Beziehung zerstört und die gefürchtete Trennung findet tatsächlich statt.

Manchmal werden wir noch Jahre nach einer solchen schmerzhaften Trennung von Aggressionen verfolgt. Dies stellt auch einen illusorischen Macht-Trip dar – einen Weg, an anderen Menschen festzuhalten, obwohl sie uns vielleicht schon längst vergessen haben. Wir malen uns aus, sie wieder zu treffen oder „zittern" vor einem Wiedersehen. Wir stellen uns in der Phantasie unsere Rache vor. Wir stellen uns vor, reich und mächtig zu werden – oder zu sterben –, nur um es ihnen zu zeigen oder sie bereuen zu lassen, daß sie uns verlassen haben. Die Menschen, die wir mit solcher Leidenschaft hassen, sind meistens genau diejenigen, die wir einst am meisten liebten. Es verleiht uns keinerlei Macht über sie, aber es verleiht ihnen enorme Macht über uns. Indem wir uns noch lange nach dem Ende der Partnerschaft an Aggressionen klammern, übertragen wir noch immer Macht an den anderen. Je mehr wir jemanden oder etwas ablehnen, desto mehr Macht geben wir aus der Hand und desto mehr werden wir beherrscht. Diese Menschen spielen in unserem Leben eine immens wichtige Rolle, obwohl wir vielleicht in ihrem Leben keinerlei Bedeutung mehr haben. Wenn unsere Gedanken grübelnd und brütend um sie kreisen, wachsen sie in unserer Phantasie, sind immer weniger die wirklichen Menschen, die wir liebten, und werden immer mehr zu überlebensgroßen Monstern. Besuchen Sie den Drachen einmal, Sie finden vielleicht nur mehr einen Wurm.

Aggression als Gift

Ein Teilnehmer meiner Heilungsgruppe für Alkoholiker fragte einmal: „Was ist der Unterschied zwischen Ärger und Aggression? Ist das nicht das gleiche?" (In der Astrologie ist das nicht das gleiche – Ärger ist Mars und Aggression ist Pluto.) Ich antwortete, daß Ärger und Aggression nur insofern das gleiche sind wie Traubensaft und Wein. Zu Beginn sind sie identisch, aber dann fermentiert und altert der Ärger ebenso wie Wein und wird zu einer giftigen Substanz. Auf spiritueller Ebene verarbeitet die Leber den Ärger, und kein Mensch hat jemals von Traubensaft Leberschrumpfung bekommen.

Aggressionen stellen für die Alkoholiker, mit denen ich arbeite, ein enormes Problem dar, spielen also auch bei Suchtproblemen und anderen qualvollen Verhaltensmustern eine Rolle. Sie wirken auf den Körper vergiftend und verursachen Krankheiten wie Gallensteine und Krebs. Die Dinge, die an Ihnen nagen, beginnen schließlich auch an Ihrem Körper zu nagen. Umgekehrt haben Untersuchungen ergeben, daß Krebspatienten, die es schaffen, ihren Ärger zu mobilisieren, die größten Heilungschancen haben.[13]

Zu den Nebenwirkungen von Aggressionen gehört auch der Haß auf sich selbst. Unser Körper gleicht einem Gefäß, und wenn dieses Gefäß randvoll mit Aggressionen ist, richten sich diese Aggressionen schließlich gegen uns selbst. Aus dem Haß auf andere wird Haß auf uns selbst. Je mehr wir uns selbst hassen, desto mehr neigen wir dazu, symbiotische „Liebes-Beziehungen" der plutonischen Art einzugehen, um unser Selbstwertgefühl von anderen zurückzufordern. Selbstwertgefühl kann jedoch niemals wirklich von irgendeinem anderen Menschen außer uns selbst kommen, und wenn wir uns selbst oder andere Menschen hassen, werden wir uns sehr schwer tun, Liebe zu finden.

Ein Plutonier, der durch Macht über andere die Liebe zu sich selbst finden möchte, findet selten Liebe, sondern meist nur Haß. Wenn Sie voller Aggressionen durchs Leben gehen, stößt Ihre Haltung andere ab. Wer den Fehdehandschuh ständig bereithält, wird immer Leute finden, die ihn mit Vergnügen aufnehmen. Sie werden immer unglücklicher, da Ihre Beziehungen so negativ sind und geben schließlich Gott die Schuld an Ihren Schwierigkeiten. Zunehmende Verbitterung und Entfremdung von Gott und der Menschheit zeichnet die Lebensgeschichte vieler Menschen mit einem stark betonten Pluto aus.

13 Aus einer Studie von Sandra Levy, Universität Pittsburgh, Medizinische Fakultät, zitiert aus *„Angry Patients Give Cancer Best Fight"/USA Today,* vom 29.8.1984, S. 1.

Trotz, Rache und ihre Tücken

Rachsüchtige Menschen überspielen Trauer mit Wut ... Sie wollen oder können nicht akzeptieren, daß sie zu der Sorte Menschen gehören, die verletzbar sind. Rache stellt einen Versuch dar, ein im Grunde falsches Bild von sich selbst aufrechtzuerhalten.[14]

Das Wort Rache ist zweifellos bei uns modernen Menschen unbeliebt. Wir sprechen davon, daß wir mit jemandem eine Rechnung begleichen oder mit ihm ins reine kommen müssen. Schon die Formulierung „eine Rechnung begleichen“ deutet an, daß es sich um einen unausgeglichenen Zustand handelt. Wenn wir auf Null kommen müssen, bedeutet dies, daß die Macht anfangs ungleich verteilt war. Wenn wir in dieser Situation fähig gewesen wären, uns ohne jede Einschüchterung selbst zu behaupten, hätten wir etwas dagegen unternehmen können und brauchten dann keinen Groll zu hegen. *Hegen* deutet auf Abhängigkeit hin, und wir lehnen jene Menschen am meisten ab, von denen wir am meisten abhängig sind. Besonders intensive und langgehegte Aggressionen lassen in uns ein Verlangen nach Rache entstehen.

Wenn wir in einer Beziehung hilflos und abhängig sind und keine direkte Möglichkeit haben, zurückzuschlagen, fügen wir uns aus Trotz oft selbst Schaden zu. Bei Kindern kommt dies häufig vor, aber auch viele Erwachsene tun Dinge aus einer Trotzreaktion heraus, um sich für etwas, das ihre Eltern vor langer Zeit taten, zu revanchieren. Ein Elternteil sagt zum Beispiel dem Kind immer wieder, daß er oder sie es niemals zu etwas bringen würde, und so verliert dieses Kind als Erwachsener wirklich einen Job nach dem anderen. Oder eine Mutter sagt immer wieder zu ihrer Tochter, daß sie dick und häßlich sei, und das Mädchen nimmt aus Trotz noch mehr zu. Wenn Sie sagen: „Ich werde es ihnen zeigen“, dann zeigen Sie es ihnen meistens auf Kosten Ihres eigenen Wohlergehens. Ich nenne das Haus, in dem Pluto steht, das *Versagen-aus-Trotz-Haus.* (Siehe Kapitel Eins)

Wie Theodore Isaac Rubin berichtet, zerstört das Streben nach dem Triumph der Rache mit seinen unerbittlichen Forderungen außerdem unsere Zufriedenheit in anderen, wichtigen Bereichen des Lebens. Er führt weiter aus: „Das Streben nach Rache nimmt

14 Mansfield, *The Gestalt of War,* S. 50.

unsere Kraft und Energie aus unserem Innersten und gibt dem Menschen, dem wir es heimzahlen wollen, Macht über uns ... Es besteht die Tendenz, andere, wichtige Bereiche unseres Lebens zur Seite zu schieben.“[15]

Sowohl Plutonier als auch das Zeichen Skorpion sind für ihre Rachsucht bekannt, und wenn der Skorpion sticht, dann tötet er nicht nur seinen Feind, sondern auch sich selbst. Das gleiche gilt für jede Art der Rache: Das Verlangen danach vergiftet beinahe immer Ihr Bewußtsein, und diesem Verlangen Folge zu leisten, führt oft zu einer gefährlichen Eskalation des Konflikts. Die meisten Formen der Rache weisen extrem plutonische Züge auf. Selbstmord ist oft ein Akt der Rache. Auch das tiefe, dunkle Geheimnis wird oft aus einem Motiv der Rachsucht enthüllt – à la Christina Crawford.[16]

Das Hauptproblem bei der Rache ist, daß Sie – solange Sie rachsüchtige Gedanken hegen – von ihr beherrscht werden und Energie vergeuden, die sie dazu verwenden könnten, etwas Positives für sich selbst zu tun. Sie stecken im Sumpf der Vergangenheit und können nicht frei der Zukunft entgegenblicken. Die Bemühungen, frei von Aggressionen zu werden und zu vergeben, dienen also nicht dem Wohl der anderen Person, sondern IHNEN SELBST. Wenn es sein muß, können Sie auch die skorpionische Version des Vaterunser übernehmen: „Vergib uns unsere Schuld, wie auch wir vergeben unseren Schuldigern, auch wenn die Bastarde es nicht verdienen!“

15 Theodore Isaac Rubin, MD, Reconciliation: *Inner Peace in an Age of Anxiety,* Viking Press, NY, 1980.

16 In ihrem Buch *Mommie Dearest* nennt Christina als Geburtszeit den Nachmittag des 11. Juni 1939. Ihr Diagramm zeigt ein T-Quadrat zwischen Mars, Pluto und Saturn, eine Konstellation, die sowohl auf Mißbrauch als auch auf heftige Auflehnung dagegen hinweist.

Methoden der Heilung: Wie befreit man sich von Aggressionen und Schuldgefühlen?

Wenn die geschilderte Dynamik auf Sie zutrifft, was können Sie dagegen tun? Pluto hat auch eine positive Seite, und Sie können die Energie dieses Planeten nicht nur in destruktiver, sondern auch in konstruktiver Weise zur Anwendung bringen. Pluto herrscht auch über Psychologie und Selbstanalyse, so daß Sie sich von der Vergangenheit befreien können, indem Sie tief in sich gehen und sich offen mit sich selbst konfrontieren. Pluto ist der Planet der Wiedergeburt, der Heilung und der Transformation. Sie können ein neues Leben für sich beanspruchen, eine unbeschwerte Freiheit von Schuldgefühlen und Aggressionen, wenn Sie sich aufmerksam bemühen, diese Muster zu erkennen und zu ändern.

Heilung beginnt mit Erkenntnis – je klarer Ihnen die Mechanismen der Schuldgefühle und Aggressionen bewußt werden, desto geringer ist die Wahrscheinlichkeit, daß Sie ihnen verfallen. Anfangs kann die Erkenntnis schmerzlich sein, wie ein plötzlich im Dunkeln eingeschaltetes Licht. Wenn Sie sich jedoch daran gewöhnt haben, die Dinge in diesem neuen Licht zu sehen, wird Ihnen das lieber sein, als im Dunkeln darüber zu stolpern. Der zweite, wesentliche Schritt besteht darin, daß Sie aufhören, die Schuld auf DIE ANDEREN zu projizieren. Außer in Ihrer Kindheit oder wenn Sie ein Opfer von Gewalt waren – wenn Sie überhaupt wirklich das Opfer waren – haben Sie selbst die Lage mitverschuldet, indem Sie Ihre Macht auf andere übertrugen und sich weigerten, selbst die volle Verantwortung für sich zu übernehmen. Das Buch *Pulling Your Own Strings* von Wayne Dyer bietet Einblick in die Lage des Opfers und hilft, aus ihr herauszufinden.[17]

Situationen, die Schuldgefühle und Aggressionen auslösten, können klarer durchschaut werden, wenn man sie niederschreibt oder auf Band aufnimmt. Werfen Sie einen Blick auf die Liste jener Menschen in Ihrem Leben, die starke Aggressionen bei Ihnen auslösten oder jener Menschen, denen gegenüber Sie sich schuldig fühlten. Denken Sie gründlich darüber nach und achten Sie dabei besonders auf Situationen in Ihrer Kindheit und Jugend. Schreiben

17 Veröffentlicht von Avon, NY, 1977.

Sie jede einzelne ausführlich auf, und denken Sie über die Rolle nach, die Macht und Abhängigkeit dabei spielten. Prüfen Sie, in welcher Weise Ihre Handlungen und Charakterschwächen die Situation beeinflußten. Stellten Sie zum Beispiel unangemessene Ansprüche bezüglich Zuwendung oder Pflege, oder verabsäumten Sie es, sich selbst zu behaupten oder über Konflikte zu sprechen? Ließen Sie sich von Stolz, Angst oder kindlichen Bedürfnissen von einem offenen, gegenseitigen Austausch auf gleicher Ebene abhalten? Prüfen Sie auch, ob bei der betreffenden Beziehung symbiotische Abhängigkeit Ihrerseits im Spiel war.

Schlüpfen Sie versuchshalber einmal in die Rolle der anderen Person und schreiben oder sprechen Sie über den Vorfall aus seinem oder ihrem Blickwinkel. Wie wirkte Ihr eigenes Verhalten? Aus welchen Zwängen und Beweggründen heraus handelte die andere Person? Schon das Durchdenken der Liste an sich ist heilsam, denn wenn Sie alte Situationen in einem neuen Licht sehen, werden Sie einige davon loslassen können.

Eine Liste der Menschen aufzustellen, denen gegenüber Sie sich schuldig fühlen, ist auch in anderer Hinsicht nützlich. Es steckt die Grenzen Ihrer Schuld ab und definiert sie genau. Sie können dann entscheiden, ob Ihre Schuld echt und begründet war oder ob sie einem Macht-„Trip“ entsprang. Selbst in Situationen, in denen Sie mehr oder weniger absichtlich jemanden verletzten, könnten Sie überlegen, ob der Wunsch zu verletzen nicht der Auflehnung gegen eine Macht- und Abhängigkeitsdynamik innerhalb der Beziehung entstammte. Es gibt Situationen, in denen Schuldgefühle begründet sind, und in diesen Fällen können Sie vielleicht Ihr Gewissen erleichtern, indem Sie Ihre Schuld in angemessener Weise wiedergutmachen. Wenn Ihnen der Gedanke an eine Wiedergutmachung Unbehagen bereitet, sollten Sie überlegen, ob Sie dieser Person gegenüber auch aggressive Gefühle empfinden, die Ihnen den Weg verbauen. Wenn das der Fall ist, müßten Sie zuerst an diesen Aggressionen arbeiten.[18]

18 Kapitel 8 und 9 des Arbeitsbuches der Anonymen Alkoholiker *Twelve Steps and Twelve Traditions* (veröffentlicht von den Alcoholics Anonymous World Services, Inc., Box 459, New York, NY 10017) zeigen Heilungsprozesse auf, mit deren Hilfe Sie von Schuld frei werden und Schaden wiedergutmachen können, den Sie anderen Menschen zugefügt haben.

Es gibt Situationen, in denen ein Wiedergutmachungsversuch mehr Schaden als Nutzen anrichten kann: Nehmen wir an, Sie fühlen sich schuldig, weil Sie Ihrem Partner heimlich untreu waren. Ein Geständnis würde unnötigen Schaden verursachen. Oder Sie haben in Ihrer Firma Geld veruntreut und ein Geständnis würde den Verlust Ihres Arbeitsplatzes und ernsthafte finanzielle Schwierigkeiten für Ihre Familie bedeuten. In diesen Situationen sollten Sie auch Ihre Beweggründe für ein Geständnis sorgfältig prüfen, um zu sehen, ob sie nicht eine Form der Rache darstellten. Für diese Art der geheimen Schuld erfüllte das alte Ritual der Beichte einen wirkungsvollen Heilungszweck. Wenn Sie nicht zur Beichte gehen können (und Sie müssen kein Katholik sein, um von dieser Einrichtung Gebrauch zu machen), suchen Sie an anderer Stelle eine vertrauenswürdige Person. Auch Astrologen legen einen Eid der Verschwiegenheit ab, so könnten Sie sich vielleicht an einen wenden, der fähig ist, Ihnen zuzuhören. Nicht jeder Astrologe ist ein guter Berater, aber eine astrologische Konsultation bei einem humanistisch geschulten Praktiker kann sehr heilsam sein. Plutonier isolieren sich selbst durch ihre geheime Schuld, und diese Isolierung schadet ihnen. Sie sind immer nur so krank wie ihre Geheimnisse!

Blütenessenzen

Zusätzlich zu den bereits aufgezeigten Möglichkeiten gibt es auch spezielle Heilmittel gegen Schuldgefühle und Aggressionen wie Blütenessenzen und geführte Meditationen. Diese Therapiemöglichkeiten wurden in Kapitel drei näher erklärt. Unter den Bachblüten ist Pine das spezifische Mittel gegen Schuldgefühle. Zusätzlich wirkt Crab Apple gegen den Haß auf sich selbst und das Gefühl, irgendwie unsauber zu sein. Von den Kalifornischen Blütenessenzen hilft Sunflower, das persönliche Gleichgewicht zu erlagen und das Selbstwertgefühl wiederherzustellen. Auch Fuschia und Scarlet Monkeyflower tragen dazu bei, starke Gefühle zu integrieren und könnten daher hier von Nutzen sein. Sowohl gegen Schuldgefühle als auch gegen Aggressionen wäre die Bachblüte Honeysuckle angezeigt, weil sie Ihnen hilft, sich von der Vergangenheit zu lösen, da diese Emotionen Ihre Energie in der Vergangenheit festhalten.

Bei Aggressionen hilft die Bachblüte Willow gegen Bitterkeit, Abneigung und das Gefühl, ein ungerechtes Los ertragen zu müssen. Holly wirkt gegen Haß, Eifersucht, Mißtrauen und Rachsucht – all diese reizenden plutonischen Gefühlszustände. Wenn Sie unter einer dieser Emotionen leiden, wäre Holly vordringlich zu empfehlen, denn diese Gefühle sind von extrem toxischer Wirkung und können jeden Versuch einer Heilung zum Scheitern verurteilen. Wenn die Aggressionen aus einem Herrsch- und Kontrollbedürfnis heraus entstehen, wäre Vine das geeignete Bach-Blütenmittel.

Affirmationen gegen Schuldgefühle

Die Vergangenheit ist nur von Bedeutung für das, was ich daraus lernen kann.
Ich betrachte mich selbst und meine Vergangenheit mit liebevollem Mitgefühl.
Ich akzeptiere die Verantwortung für ...
Ich finde einen Weg, meine Schuld an ... wiedergutzumachen oder, wenn ich damit Schaden anrichten würde, lasse ich von meiner Schuld ab.
Ich vertraue meiner Fähigkeit, mich zum Besseren zu verändern.
Ich vergebe mir selbst die in der Vergangenheit begangenen Fehler.

Geführte Meditationen

Die folgenden Meditationen sollen Ihnen bei der Bewältigung von Schuldgefühlen und Aggressionen helfen, die Sie im Zusammenhang mit bestimmten Situationen quälen, jenen Situationen auf Ihrer Liste, die durch den vorstehenden Arbeitsprozeß noch nicht vollständig gelöscht wurden. Es wäre vielleicht günstig, die einzelnen Stufen auf einen Kassettenrecorder zu sprechen, um nicht während der Meditation im Buch nachsehen zu müssen. Wenn Sie eine der im vorangehenden Abschnitt beschriebenen Blütenessenzen verwenden, ist es sehr wirkungsvoll, vor Beginn der Meditation einen Tropfen der betreffenden Essenz in einem Glas Wasser einzunehmen.

Übung zum Lösen von Schuldgefühlen

Sie sollten die folgende Übung mehrmals für jede einzelne Person auf Ihrer Liste durchführen, unbedingt aber für Ihre Eltern und für Ihren Partner.

1. Begeben Sie sich in einen höheren Bewußtseinszustand, oder versuchen Sie es. Bitten Sie Ihr „Höheres Selbst" um Hilfe bei der Lösung von Ihren Schuldgefühlen.
2. Bilden Sie um sich selbst einen Raum aus mildem, schimmerndem, lavendelfarbenem Licht. Stellen Sie sich Ihren Körper als leere Hülle vor, und füllen Sie diese mit einem lavendelfarbigen Feuer.
3. In einigem Abstand davon schaffen Sie einen zweiten Raum aus lavendelfarbigem Licht, und stellen Sie in diesen die Person oder Situation, die Schuldgefühle in Ihnen auslöst. Malen Sie sich alle Einzelheiten so genau wie möglich aus, durchleben Sie die Vorkommnisse noch einmal und lassen Sie die Schuldgefühle wieder in sich aufsteigen.
4. Stellen Sie sich vor, wie der andere Raum zu einem starken Magneten wird und aus Ihrem Körper alle Schuld zieht, die sich angehäuft hat. Wenn nötig, gehen Sie in einen noch höheren Bewußtseinszustand. Bitten Sie Ihr „Höheres Selbst", Ihnen beim Loslassen der Situation zu helfen.
5. Wenn Sie so viel wie möglich losgelassen haben, schieben Sie den Raum hinter Ihren eigenen, und lassen Sie unbewußte oder vergessene Schuldgefühle oder jene, die Sie psychisch von der anderen Person aufgenommen haben, aus sich herausziehen. Sie werden bemerken, daß dies noch besser funktioniert, wenn sich der Raum hinter Ihnen befindet.
6. Wenn Sie auch in dieser Stellung so viel wie möglich gelöst haben, schieben Sie den fremden Raum wieder vor Ihren eigenen. Sehen Sie sich die Person oder Situation wieder an. Wenn er oder sie Ihnen unverändert erscheint, lassen Sie den Raum zusammenschrumpfen, um die Macht der betreffenden Person über Sie einzuschränken.
7. Fachen Sie in dem Raum der anderen Person ein lavendelfarbenes Feuer an, welches das Bild auslöscht und die Überreste der Schuldgefühle verbrennt. Wenn das Feuer zu klarem, schim-

merndem Lavendel wird, sprengen Sie den Raum, und verstrahlen Sie das Licht in die Atmosphäre.

8. Fachen Sie nun das Feuer in Ihrem eigenen Raum an, und bitten Sie Ihr „Höheres Selbst", jedes noch verbliebene, lähmende Schuldgefühl zu entfernen und Sie klar alles zur Wiedergutmachung Nötige erkennen zu lassen.
9. Lassen Sie nun das lavendelfarbige Licht los, und ersetzen Sie es durch weißes. Kehren Sie wieder in Ihren normalen Wachzustand zurück.
10. Wiederholen Sie die Übung in regelmäßigen Abständen für alle Menschen auf Ihrer Liste, bis sie frei von unnötigen Schuldgefühlen sind.

Diese Übung bis zur Vollendung durchzuarbeiten, ruft ein berauschendes und fröhliches Gefühl hervor und bewirkt eine positive Veränderung in Ihren Beziehungen. Andere Menschen werden sich jedenfalls schwerer tun, Sie zu beherrschen! Auch Ihr Selbstwertgefühl wird wesentlich gestärkt werden.

Affirmationen gegen Aggressionen

Ich beanspruche in dieser Situation wieder meine eigene Macht.
Ich kann mich selbst wirkungsvoll und angemessen behaupten.
Ich übernehme die Verantwortung für meinen Anteil an diesem Konflikt.
Ich finde mich gelassen mit Situationen ab, die ich nicht ändern kann.
Ich bin bereit, ... zu verzeihen, was er/sie getan hat.
Segen und Vergebung für ... zu seinem/ihrem höheren Besten.

Übung zur Lösung von Aggressionen

Sie sollten die folgende Übung für jede einzelne Person auf Ihrer Aggressions-Liste mehrere Male durchführen. Besonders wichtig ist sie für Ihre Eltern und Ihren Partner.

1. Begeben Sie sich in einen höheren Bewußtseinszustand, oder versuchen Sie es. Bitten Sie Ihr „Höheres Selbst" um Hilfe bei der Auflösung Ihrer Aggressionen.

2. Erschaffen Sie rund um sich einen Raum aus strahlendem Licht in tiefem Purpurrot, ähnlich dem Sonnenlicht, das durch ein purpurfarbenes Glasfenster glüht. Stellen Sie sich Ihren Körper als leere Hülle vor und füllen Sie ihn mit purpurfarbenem Feuer.
3. Bilden Sie in einiger Entfernung einen zweiten Raum aus purpurfarbenem Licht, und stellen Sie die Person oder Situation hinein, die Aggressionen in Ihnen auslöst. Stellen Sie sich die Person in allen Einzelheiten vor, spielen Sie das Geschehene noch einmal durch, und lassen Sie Ihre Aggressionen wieder an die Oberfläche kommen.
4. Stellen Sie sich vor, daß der zweite Raum zu einem starken Magneten wird und aus Ihrem Körper alle angestauten Aggressionen herauszieht. Wenn nötig, gehen Sie noch tiefer in sich hinein. Bitten Sie Ihr „Höheres Selbst“ um Hilfe bei der Lösung von Ihren Aggressionen.
5. Wenn Sie so viel wie möglich losgelassen haben, schieben Sie die Blase hinter sich, um unbewußte oder vergessene Aggressionen herauszuziehen. Sie werden bemerken, daß dies von der Rückseite aus noch wirkungsvoller ist.
6. Wenn Sie Ihr Möglichstes getan haben, schieben Sie die Blase wieder nach vorne. Sehen Sie sich die Person oder Situation an. Wenn er oder sie unverändert erscheint, lassen Sie die Blase zusammenschrumpfen, um die Macht der betreffenden Person über Sie zu verringern.
7. Lassen Sie den anderen Raum in purpurrotem Licht aufflammen, welches das Bild auslöscht und alle Überreste von Aggressionen verbrennt. Versenken Sie den Raum tief im Boden, nahe dem Erdzentrum.
8. Fachen Sie nun in Ihrem Raum das purpurrote Feuer an, und bitten Sie Ihr „Höheres Selbst“, alle noch verbliebenen Aggressionen zu lösen.
9. Löschen Sie nun das purpurrote Licht und ersetzen Sie es durch weißes. Kehren Sie in Ihr normales Wachbewußtsein zurück.
10. Wiederholen Sie die Übung in regelmäßigen Abständen für alle Menschen auf Ihrer Liste, bis Sie frei von Aggressionen sind.

Eine Übung für das Loslassen

Wenn Sie nach wie vor Schwierigkeiten haben, sich von einem Menschen oder einer Situation zu lösen, ist die folgende Übung sehr nützlich:

1. Stellen Sie sich selbst in einen Raum aus weißem Licht, und gehen Sie in einen höheren Bewußtseinszustand. Nehmen Sie Verbindung mit Ihrem „Höheren Selbst“ auf, und erklären Sie ihm Ihren Wunsch und Ihre Absicht, frei von dieser Person oder Situation zu werden.
2. Stellen Sie sich vor, am Ufer eines großen, mächtigen Stroms zu stehen. Ein kleines Boot ist an dieser Stelle des Ufers befestigt, die starke Strömung zerrt an der Leine und will das Boot stromabwärts fortreißen.
3. Stellen Sie sich die betreffende Person so genau wie möglich in dem Boot vor. Erkennen Sie, daß auch er oder sie ein „Höheres Selbst“ hat, das von dem Ihren völlig getrennt ist. Sprechen Sie durch Ihr „Höheres Selbst“ mit dem „Höheren Selbst“ des anderen Menschen und erklären Sie ihm, daß Sie von dem negativen Band frei werden wollen, das Sie beide zusammenkettet.
4. Nehmen Sie nun ein großes, scharfes Messer, das dort liegt, und schneiden Sie die Leine durch, mit der das Boot am Ufer befestigt ist. Halten Sie das Ende der Leine in der Hand.
5. Die Leine in der Hand haltend, sprechen Sie zu diesem Menschen durch sein oder Ihr „Höheres Selbst“: „Ich lasse dich hiermit freiwillig los. Gehe deinen eigenen Weg zu deinem Besten ...“
6. Lassen Sie die Leine los, und schauen Sie zu, wie der Strom geschwind das Boot und den darinsitzenden Menschen erfaßt und stromabwärts trägt. Wenn es nun kleiner und kleiner wird, sagen Sie ihm Adieu und wünschen Sie ihm alles Gute. Denken Sie daran, daß der Strom nur in einer Richtung fließen kann, niemals stromaufwärts, daß das Boot für immer weggetrieben wird, und daß Sie Menschen oder Sache losgelassen haben.
7. Trauern Sie wenn nötig, aber denken Sie daran, daß bessere Dinge an seiner Stelle in Ihr Leben treten werden. Sie haben sich nicht von dem Guten getrennt, das die Geschehnisse Ihnen brachte, sondern nur vom Schmerz.

Verzeihung als höchste Form der Heilung

Die vorstehend beschriebenen Übungen sollten Sie Ihrem Ziel, Freiheit und Lösung von Aggressionen, Haß und Bitterkeit gegen Menschen und Ereignisse Ihrer Vergangenheit und Gegenwart zu erlangen, ein großes Stück näherbringen. Diese giftigen Emotionen rauben Ihre Energie und Vitalität und stellen eine schwere Bürde dar, die einem fröhlichen und erfüllten Leben im Wege steht. Ihre eigene üble Gesinnung gegenüber einem anderen Menschen, ob bewußt oder unbewußt, fällt wie ein Bumerang emotional und spirituell auf Sie selbst zurück. Sie schafft nicht nur eine Kluft zwischen Ihnen und dem Menschen, den Sie jetzt hassen (und den Sie zweifellos einst liebten), sondern verhindert auch jeden liebevollen Austausch mit den Menschen Ihrer Umgebung, die den Haß in Ihrem Inneren spüren und davon abgestoßen werden. Schließlich schneidet eine solche Geisteshaltung den freien und ungehinderten Fluß lebenserhaltender Energie aus spirituellen Quellen ab, da dieser Fluß durch negative Energie blockiert wird.

Wir haben nun die Gründe untersucht, warum Aggressionen Ihr Leben vergiften. Um Heilung zu erlangen, müssen Sie bereit sein zu verzeihen. Dies mag vielleicht absurd klingen, vielleicht sogar unmöglich, aber es ist die einzige Möglichkeit, frei von Aggressionen zu werden. Vergeben stellt für Ihren eigenen Heilungsprozeß eine unabdingbare Voraussetzung dar und nicht einen Gefallen, den Sie gnadenhalber einem Anderen erweisen. Doris Donnellys ausgezeichnetes Buch *Learning to Forgive* lehrt uns die Schritte, die wir ergreifen müssen, um verzeihen zu können. Sie schreibt: „Wenn ich verletzt werde, physisch oder spirituell, werde ich von meinen Wunden beherrscht, sie sagen mir, was ich tun darf und was nicht ... Vergebung wirkt direkt der Energie des Schmerzes entgegen, von dem ich beherrscht werde.“[19]

Donnelly tritt nicht für eine honigsüß-geheuchelte alte Haltung des „Vergebens und Vergessens“ ein, sondern beschreibt eine tiefgreifende Erfahrung, die verlangt, daß Aggressionen und Schmerz zuvor voll erfahren werden müssen. Ich kann dieses Buch wärmstens all jenen empfehlen, deren Leben von Aggressionen überschattet wird. Ich glaube, daß Verzeihen und die Aussöhnung unse-

19 Doris Donnelly, *Learning to Forgive,* Festival Books Edition, Abingdon Press, Nashville, TN, 1980, S. 72.

rer Differenzen mit anderen Menschen das Endstadium von Pluto im Skorpion bedeuten könnten. Zuerst werden wir die Geheimnisse ans Tageslicht bringen, den langgehegten Groll, den unausgesprochenen Haß, und so lange daran arbeiten, bis wir all diese bewältigt haben und zu freieren und glücklicheren Menschen geworden sind.

Übung, um Verzeihen zu lernen

1. Bilden Sie um sich den Raum aus weißem Licht. Wenden Sie sich an Ihr „Höheres Selbst" und bitten Sie um Hilfe bei der Befreiung von dieser Last.
2. Formen Sie nun einen zweiten Raum aus Licht und stellen Sie die Person, der Sie verzeihen wollen, hinein. Stellen Sie sich diesen Menschen so genau wie möglich vor, mit allen Merkmalen, die er oder sie aufwies, als es zu dieser Schwierigkeit kam. Es wäre auch günstig, das „Höhere Selbst" dieses Menschen um Unterstützung zu bitten, wenn Sie an der Lösung dieses negativen Bandes arbeiten, das Sie beide verbindet.
3. Stellen Sie sich nun vor, wie Sie im Fluß der Zeit rückwärts schwimmen bis zu dem Zeitpunkt, als das Geschehen stattfand. Lassen Sie die Ereignisse und alle Gefühle, die sie auslösten, in allen Einzelheiten wiederauferstehen.
4. Erlauben Sie den Gefühlen, an die Oberfläche zu kommen und Ihren Lichtraum anzufüllen. Dann stellen Sie sich einen warmen goldenen Regen vor, der all diese Gefühle durch den Boden der Blase hinwegschwemmt, bis sie völlig verschwunden sind.
5. Wenden Sie sich nun nochmals an Ihr „Höheres Selbst" und an das „Höhere Selbst" der anderen Person, und stellen Sie sich die beiden Lichtblasen durch eine Drehtür verbunden vor. Treten Sie nun beide in diese Tür, und vertauschen Sie mit Hilfe der Drehtür Ihre Plätze.
6. Steigen Sie in die Tiefen Ihres Bewußtseins, und durchleben Sie die Gefühle, die diese Geschehnisse beim anderen Menschen auslösten. Denken Sie über jene Zeit aus seiner oder ihrer Sicht nach, besonders über die Zwänge und Bedürnisse, die damals beteiligt waren.
7. Spielen Sie die Szene noch einmal aus dem Blickwinkel der anderen Person durch. Welche Gefühle treten dabei auf? Wie

wirkte *Ihr eigenes* Verhalten auf diese Person?

8. Treten Sie nun wieder in die Tür und lassen Sie den anderen Menschen dasselbe tun. Drehen Sie sich wieder in Ihren eigenen Luftraum zurück und nehmen Sie das Gelernte in sich auf. Wenden Sie sich wieder an Ihr „Höheres Selbst" und bitten Sie um Unterstützung bei der Lösung dieser Situation. Kehren Sie wieder in Ihr normales Wachbewußtsein zurück.
9. Wiederholen Sie die Übung in regelmäßigen Abständen, bis Sie die Geschehnissen loslassen können.

Ist es nicht der Mühe wert?

Schuldgefühle und Aggressionen sind schmerzhaft und hartnäckig. Sie halten Ihre Energie in der Vergangenheit fest und hindern Sie daran, erfolgreich in der Gegenwart zu leben. Wenn es Ihnen gelungen ist, diese Verhaltensmuster auszumerzen, fühlen Sie sich, als ob Sie plötzlich um zwanzig überflüssige Kilos leichter wären – leichter, freier und mehr als ein Teil der menschlichen Rasse. Liebevoller Austausch mit anderen wird immer häufiger. Zugegeben – mit seiner eigenen Rolle in diesen Situationen konfrontiert zu werden, ist vorübergehend sehr schmerzlich, aber dieser Schmerz ist nichts im Vergleich mit Ihrem künftigen Wohlbefinden. Arbeiten Sie die hier beschriebenen Übungen gründlich und nach bestem Gewissen durch, und Sie werden frei werden. Wenn eine genügend große Zahl von Menschen in dieser Weise an sich arbeitet, während Pluto durch den Skorpion geht, könnten Tonnen von Dynamit in Form von Haß auf sich selbst und andere zugunsten des höheren Wohls von uns allen abgebaut werden.

Bücher über die Heilung von Schuldgefühlen und Aggressionen

Donnelly, Doris, *Learning to Forgive,* Festival Books Edition, Abingdon Press, Nashville, TV, 1980.

Dyer, Wayne, *Pulling Your Own Strings,* Avon, N. Y., 1977.

Rubin, Theodore Isaac, M. D. *Compassion and Self-Hate,* Ballantine, N. Y., 1975.

Rubin, Theodore Isac, M. D. *The Angry Book,* Macmillan, N. Y., 1979.

KAPITEL FÜNF

Inzest und Gewalt innerhalb der Familie

Als Pluto in den Skorpion trat, begannen Inzest, sexuelle Belästigung, Kindesmißhandlung und Gewalt innerhalb der Familie Schlagzeilen zu machen. Gerade in jener Woche, in der Pluto zum ersten Mal in den Skorpion eintrat, im November 1983, wurde der Fernsehfilm *Something About Amelia* ausgestrahlt – die erste wirklich einfühlsame Aufbereitung des Inzestthemas für ein breites Publikum. Im darauffolgenden Jahr waren die Nachrichten voll von Meldungen über sexuellen Mißbrauch. Jüngste Berichte über Kinderpornographie und sexuelle Belästigung von Kindern in Tagesheimen haben in uns allen Abscheu ausgelöst. Eine Frau gewann einen aufwendigen Prozeß gegen Ihren Stiefvater, der sie sexuell belästigt hatte, und diese Entscheidung könnte richtungsweisend sein. Eine andere junge Frau hat einen Prozeß gegen mehrere Priester angestrengt, die sie belästigt hatten. Einem Mann wurde eine große Summe als Schadenersatz für den psychischen Schaden zugesprochen, den er erlitten hatte, als man ihn im Gefängnis vergewaltigte. Frauen, die von ihren Therapeuten sexuell mißbraucht wurden, haben sich zu einer Selbsthilfegruppe zusammengeschlossen.

Dieses Kapitel behandelt die psychologische und astrologische Komponente der verschiedenen Formen von Gewalt innerhalb der Familie – Inzest, Mißhandlung von Ehefrauen und Kindern, die alle extrem plutonische Züge tragen. So erschütternd dieses Material auch sein wird, für die Menschen, die damit leben müssen, ist es noch hundertmal erschütternder.

Das Überhandnehmen des sexuellen Mißbrauchs und der Gewalt innerhalb der Familie

Immer mehr Menschen berichten, daß sie körperlich mißhandelt oder sexuell mißbraucht wurden. Mißhandlung ist jenes Verbrechen, das am wenigsten an die Öffentlichkeit dringt, da es für die Opfer zu einem schuldbeladenen Geheimnis wird. Aber selbst die für die Vereinigten Staaten vorliegenden Zahlen und die sehr vorsichtigen Schätzungen sind überwältigend.

1. Man vermutet, daß 20-40 Prozent aller Mädchen im Alter zwischen 4 und 23 Jahren von einem Erwachsenen sexuell mißbraucht werden.
2. Auch 8 Prozent der Jungen werden belästigt, aber darüber wird kaum etwas bekannt, da die Jungen befürchten, für unmännlich oder homosexuell gehalten zu werden.
3. In den USA gibt es ungefähr 35 Millionen Menschen, die sexuell belästigt wurden.
4. Sexuelle Belästigung wird geheimgehalten. In 50 bis 80 Prozent der Fälle sagt das Opfer niemandem etwas davon.
5. 80-90 Prozent der Delinquenten sind männlich. Zu 80 Prozent handelt es sich dabei nicht um Fremde, sondern um Personen, die in irgendeiner Form mit der Familie gut bekannt sind.
6. 70 Prozent der jungen Prostituierten sind Opfer eines Inzest oder sexuellen Mißbrauchs. 80 Prozent der weiblichen Drogensüchtigen sind Opfer einer Vergewaltigung und greifen zu Drogen, um ihre Gefühle unter Kontrolle zu bringen.
7. Eine Studie hat ergeben, daß 80 Prozent der in eine Besserungsanstalt eingewiesenen Jugendlichen sexuell mißbraucht worden waren.
8. Mindestens 28 Prozent aller Frauen werden von ihren Ehemännern geschlagen.

Sexueller Mißbrauch und Gewalt in der Familie kommt in allen Gesellschaftsschichten und ethischen Gruppen vor, dringt aber in den niederen Schichten eher an die Öffentlichkeit, da diese Bevölkerungsgruppen auf öffentliche Einrichtungen und Spitäler angewiesen sind und dort Statistiken geführt werden. Angehörige der Mittelklasse und Oberschicht können sich private medizinische und psychiatrische Hilfe leisten, und in diesen Einrichtungen werden keine Statistiken veröffentlicht.

Warum dieses Kapitel notwendig ist

Wie Sie sehen, ist Mißhandlung ein wesentliches Problem, nicht nur etwas, was einigen Unglücklichen passiert, die Sie niemals zu Gesicht bekommen. Die Gründe, dieses Thema in einem Buch über Pluto zu behandeln, sind folgende: Erstens ist Mißbrauch ein plutonisches Problem und läßt plutonische Menschen entstehen. Zweitens sind diese Informationen als lehrreiche Hinweise aus der Praxis für Astrologen gedacht, die vielleicht in die Lage kommen, ein Opfer beraten zu müssen.

Astrologen oder andere Berater, die regelmäßig von Menschen aufgesucht werden, sollten über die psychologischen Auswirkungen bei den Betroffenen Bescheid wissen und über örtliche Anlaufstellen für Inzestopfer, mißhandelte Frauen und Vergewaltigungsopfer informiert sein. Wenn Pluto durch den Skorpion geht, werden Ihre Klienten über ihre Geheimnisse sprechen, und Sie sollten bereit und fähig sein, ihnen aufmerksam zuzuhören, ihre Erfahrungen zu verstehen und Stellen zu empfehlen, an die sie sich wenden können. Es wird auch jene Klienten geben, die ihre Geheimnisse nicht enthüllen können, die noch nicht wissen, wie heilsam es ist, darüber zu sprechen. Wenn Sie die Hinweise im Horoskop erkennen, werden Sie dieses Thema vorsichtig und einfühlsam zur Sprache bringen können und es so dem Kunden ermöglichen, entsprechende Hilfe in Anspruch zu nehmen.

Die in der Bibliographie angeführten Bücher über Mißbrauch sind alle aufwühlend und erschütternd. Der bei der Lektüre empfundene Schmerz ist jedoch nichts im Vergleich zu dem Schmerz, derartige Erfahrungen machen zu müssen. Diese Bücher werden Ihnen ein tiefes Verständnis für die durch Mißbrauch ausgelösten Gefühle vermitteln, so daß sie mit Mitgefühl reagieren können und nicht mit Vorurteilen und Vermutungen. Die Autoren beschreiben diese Erfahrung besser, als es viele Opfer könnten.

Auch wenn Sie kein Astrologe sind, sollten Sie die Situation des Opfers verstehen lernen, denn die Wahrscheinlichkeit ist sehr hoch, daß ein Nachbar, Freund oder vielleicht sogar ein Familienmitglied in naher Zukunft einen Fall von Mißbrauch zur Sprache bringt, der bis jetzt geheimgehalten wurde. Da jede dritte Frau und eine unbekannte Anzahl von Männern bereits irgendeine Form sexuellen Mißbrauchs erleiden mußten, kennen Sie bereits viele der Opfer persönlich, Menschen, die die Auswirkungen schweigend ertragen.

Unsere Tendenz, dem Opfer die Schuld anzulasten

Wir alle neigen dazu, *dem Opfer die Schuld zuzuschieben*. Bei Vergewaltigungsopfern ist diese Haltung besonders weit verbreitet, wir entscheiden, daß die Frau aufreizend gekleidet war oder die Vergewaltigung auf andere Weise herausgefordert haben muß. Auch bei mißhandelten Ehefrauen ist diese Tendenz zu beobachten, wir spielen „Miniatur-Freud" und entscheiden, daß sie aus irgendeinem krankhaften, masochistischen Bedürfnis heraus die Schläge unbewußt provozierte und ersehnte. Beim Inzestopfer neigen wir zur Annahme, daß der Elternteil oder der smarte Onkel irgendwie vom Kind verführt wurden. Beim Opfer des Überfalls entscheiden wir, daß es leichtsinnig von ihm war, zu diesem Zeitpunkt an diesem Ort zu sein. Wir alle möchten – ebenso wie das Opfer selbst – gerne glauben, daß er oder sie irgendwie für das Geschehene verantwortlich war. Dem Opfer die Schuld zuzuschreiben gibt uns das Gefühl, stärker zu sein, die Dinge besser unter Kontrolle zu haben, selbst niemals in diese Lage kommen zu können. Oft sind es gerade jene Menschen, die selbst die Erinnerung an einen ihnen zugefügten Mißbrauch verdrängen oder ihre eigenen, gewaltsamen oder asozialen Neigungen unterdrücken, die andere besonders vehement beschuldigen.

Es existieren viele weitverbreitete und beliebte Märchen, alle mit der Kernaussage, daß Opfer gerne mißbraucht werden, daß sie dazu beitragen und daran teilnehmen, und daß sie darum keine Veränderung der Situation herbeiführen. Niemand versteht zum Beispiel, warum die Frau, die von ihrem Mann immer wieder geschlagen wird, sich nicht einfach aufrafft und ihn verläßt, oder warum das

Inzestopfer nicht einfach seiner Mutter sagt, was los ist. Wenn Sie jedoch die Berichte lesen oder mit den Menschen sprechen, werden Sie erkennen, daß die mißbrauchte Frau sehr wohl versucht hat, wegzugehen, und auch das Inzestopfer sehr wohl versucht hat, es jemandem zu sagen, vielleicht sogar öfter als einmal. Die Reaktionen der Familie und der Schlüsselfiguren ihrer Umgebung, ganz besonders die der „Helfer" bei sozialen Einrichtungen, Kirchen oder Spitälern waren alles andere als hilfreich und zwangen die Frau schließlich wieder in die Opferrolle zurück.

Diese Tradition, dem Opfer die Schuld zuzuschieben, trägt zu einer weiteren Isolierung des Opfers bei. Besonders Vergewaltigungsopfer und mißhandelte Frauen klagen, daß die Menschen, an die sie sich um Hilfe wenden, das Unheil nachträglich noch durch ihren Mangel an Einfühlsamkeit verschlimmern. Wenn jemand zu Ihnen sagt, Sie seien selbst schuld gewesen, dann verstärkt dies nur noch Ihre Empörung und Scham, und Sie halten in Zukunft den Mund. Daraus entsteht dann ein schuldbeladenes Geheimnis, das Sie dem Rest der Menschheit entfremdet. Mit einem Wort, Sie werden zum Plutonier.

Wie der Ödipuskomplex entstand

Ein weiteres Geheimnis wurde mit dem ersten Durchgang des Pluto durch den Skorpion im Zusammenhang mit dem Ödipuskomplex enthüllt. Als Freud mit der Untersuchung von Neurosen begann, schrieb er, daß sie auf sexuelle Zwischenfälle zwischen Erwachsenen und Kindern zurückzuführen seien. Dies wurde jedoch von seinen Mentoren und Mitarbeitern nicht zustimmend aufgenommen, und so „entdeckte" er, daß dieser Komplex ausschließlich eine Phantasie der Frauen ist. Auf der Suche nach der Ursache dieser Phantasien entschied Freud, daß kleine Mädchen mit ihren Vätern schlafen wollten (Eureka! Der Ödipus-Komplex!) und daß sie – da sie dies nicht tun können – entsprechende Phantasien entwickelten, um mit der Situation fertig zu werden.

In jüngster Zeit wurden neue Informationen über Freud und seinen Mitarbeiterkreis bekannt. Es hat den Anschein, daß Wien in viktorianischer Zeit eine Hochburg von Inzest, Kindesmißbrauch und Kinderpornographie war. Freuds eigener hochgeschätzter

Mentor, der ihn bedrängte, die Ergebnisse seiner früheren Forschungen zu verwerfen – daß nämlich Neurosen auf sexuelle Belästigung zurückzuführen seien –, belästigte in Wirklichkeit selbst Kinder! Er versicherte Freud, daß die Kinder eigentlich den Sex mit Erwachsenen wollten, daß sie sich aufreizend benahmen und ihn herausforderten – die Rechtfertigung der meisten Männer, die Kinder sexuell belästigen, wie aus einigen der im Anhang angeführten Bücher hervorgeht. Freud glaubte ihm, vielleicht auf Grund seines Ehrgeizes (Skorpion Aszendent), oder weil er sich zu leicht von Vaterfiguren beeinflussen ließ (Mond Quadrat Neptun), und damit war der Ödipuskomplex geboren. Die Psychologie ist und bleibt eine von Männern dominierte Welt, und so sind es die männlichen Ansichten über Sexualität, die unsere Denkweise am meisten beeinflussen.[20]

Freuds Horoskop ist in Kapitel zwei abgedruckt (Siehe Diagramm 3 auf Seite 63). Die Horoskope der Menschen zeigen uns, was mit ihrer Arbeit geschehen wird. Auch wenn diese selbst bereits tot sind, Freuds Transite für 1983-86 sind schwierig: Zuerst tritt Saturn und dann Pluto mit seinem starken und aspektierten Pluto am Deszendenten in Opposition. Die Geheimnisse der Plutostellungen drängen nach außen, selbst posthum, und in diesem Fall bestand das Geheimnis in den Eigenschaften seines Mitarbeiterkreises. Die schwierigen Transite, durch die er in den achtziger Jahren geht, weisen darauf hin, daß Freud harte Zeiten bevorstehen, und daß seine Popularität und sein Einfluß rapide abnehmen werden.

Das Problematische an Freuds Leichtgläubigkeit ist, daß er alle Generationen von Therapeuten seit jener Zeit stark beeinnflußt hat, ebenso wie alle an Populärpsychologie interessierten Menschen. So lasten Psychotherapeuten und viele einschlägig interessierte Laien dem verführerischen Opfer die Schuld an, oder tun das Ganze als Hirngespinst ab. Wenn ein Kind einem Elternteil oder einer anderen erwachsenen Person erzählt, daß es von jemandem an einer bestimmten Stelle berührt worden sei, die dieser Mensch nicht hätte berühren sollen, so wird ihm nur allzu oft vorgeworfen, zu übertreiben und die Sache aufzubauschen. Obwohl eigentlich kein vier oder fünf Jahre altes Kind wirklich Zugang zu den Details

20 Wenn Sie Genaueres über diese Geschichte erfahren möchten, lesen Sie Jeffrey M. Massons Buch *The Assault on Truth: Freud's Suppression of the Seduction Theory,* Farrar, Strauss & Giroux, NY, 1984.

über Sexualität hat, die junge Opfer beschreiben.

Selbst wenn man den Kindern Glauben schenkt, bleibt die Theorie des schuldigen Opfers bestehen, und so nähern sich sowohl Therapeuten als auch psychologisch interessierte Menschen dem Opfer oft mit der Einstellung, daß das Kind selbst unbewußt den Mißbrauch wollte und den Täter verführte. Diese Haltung verursacht Entfremdung und Wut und verstärkt die Schuldgefühle, die Aggressionen und die Isolierung, die das Opfer ohnehin schon empfindet. Eine weitere schädliche Angewohnheit der Therapeuten besteht darin, der Mutter die Schuld zu geben, zu behaupten, daß sie sexuell frigid sei und den Vater mit ihrer Kälte dazu treibt, seine Töchter zu belästigen. Einer der Gründe, die Plutonier dazu veranlassen, ihre Geheimnisse für sich zu behalten, liegt darin, daß die Menschen, denen sie sich anvertrauen, ihre Gefühle oft nur noch verschlimmern und sie sich nachher nur noch mehr schämen, noch wütender sind und sich noch mehr verraten fühlen.

Pluto, männliche Macht und das Problem des Mißbrauchs

Bei Mißbrauch ist im Horoskop des Opfers ein schwieriger Pluto erkennbar. Sexueller Mißbrauch und Gewalt innerhalb der Familie tragen extrem plutonische Züge, denn sie beinhalten einen traumatischen Vertrauensmißbrauch. Im wesentlichen handelt es sich um einen Machtmißbrauch, besonders im Fall der beinahe totalen Macht eines Erwachsenen über ein Kind. Auch Männer, die Frauen schlagen und vergewaltigen, mißbrauchen ihre Macht – die Macht des körperlich Stärkeren. Bei vielen Formen sexuellen Mißbrauchs geht es nicht nur einfach um Begierde, denn diese könnte immer auf eine andere Art und Weise befriedigt werden. In Wirklichkeit geht es um fehlgeleitete Macht.

Befragungen zufolge spielen fehlgeleitete Machtkomplexe in der Psychologie von Männern, die physischen oder sexuellen Mißbrauch begehen, eine bedeutende Rolle. Diese Männer sind stark in der traditionellen männlichen Erwartungshaltung befangen, unbedingt dominieren zu müssen. Irgend etwas in ihrem Leben hindert sie jedoch daran, diese traditionellen Erwartungen zu erfüllen – sie versagen in ihrem Beruf oder auf einem anderen Gebiet – und fühlen sich machtlos. Wenn sie wegen dieses Mangels an Macht und Einfluß vollkommen frustriert sind, mißbrauchen sie ihre Frauen oder Kinder, um sich wieder stark zu fühlen. Sehr oft sind sie selbst als Kinder mißbraucht worden, in einer Art des Machtmißbrauchs, die von Generation zu Generation weitergegeben wird. Plutonier bringen Plutonier hervor.

So schaffen die Machtstrukturen zwischen den Geschlechtern in unserer Kultur die Voraussetzungen für den Mißbrauch und machen ihn zu einem wichtigen Faktor. Kinder werden dazu erzogen, Erwachsenen zu gehorchen. Besonders kleinen Mädchen wird beigebracht, fügsam, gehorsam, abhängig und hilfsbereit zu sein, und sich den Wünschen der Männer zu fügen. Mädchen werden damit auf eine Weise konditioniert, die sie als Opfer prädestiniert, und die überwältigende Mehrheit der Opfer ist weiblich. Frauen, die zur Abhängigkeit von Männern erzogen wurden und versuchen, eine Beziehung um jeden Preis aufrechtzuerhalten, werden weit eher bei einem Ehemann ausharren, der sie mißbraucht.

Wenn man alle Statistiken über Gewalt in der Familie, Kindesmißbrauch, Vergewaltigung, eheliche Vergewaltigung und Kindesmißhandlung zusammenfaßt, zeigt sich, daß es sich hier um ein wichtiges soziales Problem handelt, ein Problem, bei dem die überwältigende Mehrheit der Täter männlichen Geschlechts ist. Es kann nicht länger als Schwierigkeit eines einzelnen Menschen betrachtet werden, obwohl das Leben Einzelner dadurch in tragischer Weise zerstört wird. Dieses Problem betrifft unsere Gesellschaft, und es sind die Erwartungen, die die Gesellschaft an Männer und Frauen stellt, die in entscheidender Weise zu diesem Problem beitragen. Pluto betrifft die breite Masse und die Kontrolle auf gesellschaftlicher Ebene ebenso sehr wie den Einzelmenschen.

Auch in anderer Hinsicht trägt Mißbrauch plutonische Züge. Oft ist Rachsucht als Motiv beteiligt. Männer, die Frauen vergewaltigen, hassen zum Beispiel oft alle Frauen wegen der sexuellen Promiskuität ihrer Mutter oder wegen anderen Dingen, die ihre Mutter tat. Wenn die Täter selbst als Kinder mißbraucht wurden, wollen sie sich für das rächen, was ihnen angetan worden war. Wenn Sie sich einen Inzestfall genauer ansehen, werden Sie oft bemerken, daß sich der Vater oder Bruder an der Frau oder den Eltern rächen will und diese Rache auf dem Weg über das Kind vollzieht. Durch einen Akt der Gewalt entlädt der Täter aufgestauten Haß und reagiert ihn an jemandem ab, der machtlos ist.

Zur Psychologie des Opfers

Als Opfer definieren wir einen Menschen, der wehrlos einer gegen ihn gerichteten, überwältigenden Macht ausgeliefert ist. Die Opfer eines bewaffneten Überfalls haben zum Beispiel keine sichere Möglichkeit, sich zu wehren. Ein Opfer von Kindesmißhandlung ist den wiederholten gewaltsamen Übergriffen wehrlos ausgeliefert. Beim Inzestopfer und der mißhandelten Ehefrau tritt zusätzlich eine langsame und heimtückische Zermürbung ihrer Widerstandskraft ein.

Diese Hilflosigkeit hinterläßt ihre Spuren in der Persönlichkeit des Opfers. Angst und Haß stauen sich im Inneren, stumpfen aber schließlich ab, wenn der Mißbrauch länger andauert. Das Opfer hat mehr und mehr das Gefühl, irgendwie für die Situation verantwortlich zu sein, sie herauszufordern und fühlt sich schrecklich schuldig. (Denken Sie daran, in Kapitel vier stellten wir fest, daß Schuldgefühle aus dem Wunsch entstehen können, eine Situation in der Hand zu haben.) Es tritt eine Lähmung ein, besonders bei wiederholtem Mißbrauch, und das Opfer fühlt sich unfähig, etwas dagegen zu tun. Die Selbstachtung wird stark herabgesetzt, diese Menschen fühlen sich befleckt, so als ob niemand sie mehr gern haben könnte, wenn er es wüßte. Wenn man ihnen nicht glaubt oder ihnen nicht hilft, wird der Mißbrauch zu einem schrecklichen, schmutzigen Geheimnis. Sie haben schließlich das Gefühl, kein Recht mehr zu haben – kein Recht mehr, nein zu sagen, kein Recht mehr, über ihren eigenen Körper zu bestimmen. Besonders Opfer von Inzest und sexuellem Mißbrauch haben das Gefühl, daß sie kein Recht haben, nein zu sagen, denn die Vergewaltigung ihrer Körper wurde von einem Erwachsenen begangen, der für sie eine Autoritätsperson darstellte.

In einer bestimmten Situation zum Opfer geworden zu sein, konditioniert Sie dazu, auch in anderen Situationen in diese Lage zu geraten. Sie haben das Gefühl verloren, über Ihr Leben und Ihren Körper bestimmen zu können, haben keine Widerstandskraft mehr, kein Recht mehr, nein zu sagen und werden so zur leichten Beute des nächsten gewalttätigen Menschen, dem Sie über den Weg laufen. Ihre Haltung ist unterwürfig, ein untrügliches Zeichen für jemanden mit einem fehlgeleiteten Machtkomplex. So kann eine Frau, die von ihrem Ehemann geschlagen wurde, schließlich einen zweiten Mann heiraten, der sie wiederum schlägt und ruft damit beim Populär-Psychologen selbstzufriedenen Triumph hervor: „Siehst du, unbewußt will sie es so!“ Vielleicht wurde sie schon als Kind geschlagen oder belästigt und geriet so in das Raster dieser Opferrolle.

Alkohol und Mißbrauch

Einige Studien weisen auf einen engen Zusammenhang zwischen dem Alkoholmißbrauch eines Elternteils und anderen Formen von Mißbrauch in der Familie hin. Eine alkoholkranke Mutter wird zum Beispiel weniger schnell aufmerksam werden, wenn man ihre Kinder sexuell mißbraucht. Übermäßiger Alkoholkonsum hat eine Übererregbarkeit des Nervensystems zur Folge und läßt alkoholkranke Eltern eher dazu neigen, ihre Kinder zu mißhandeln. Alkoholkranke Ehemänner schlagen ihre Frauen häufiger. Ungefähr 40 Prozent aller gerichtlich verfolgten Mißhandlungen sind auf Alkoholismus zurückzuführen.

Ein Grund dafür liegt in der Tatsache, daß es im Gehirn eine Stelle gibt – Hemmungszentrum genannt – die für die Kontrolle von Impulsen zuständig ist. Nach reichlichem Alkoholkonsum stumpft dieses Zentrum ab, und Menschen tun dann oft Dinge, die sie unter normalen Umständen nicht tun würden. Zusätzlich kann regelmäßiger, übertriebener Alkoholkonsum dieses Zentrum schädigen, so daß Alkoholiker auch in nüchternem Zustand mehr als andere zu Gewalttätigkeiten und zu sexuell abartigem Verhalten neigen. Sie können Recht und Unrecht nicht mehr unterscheiden. Oft kommt es zu „Blackouts“ oder Gedächtnislücken, und der Alkoholiker kann sich am nächsten Tag beim besten Willen nicht mehr an das erinnern, was er getan hat. Dies wirkt auf das Opfer empörend, entnervend und verwirrend. Auf der Ebene des Energiekörpers wird Ärger und Wut in der Leber verarbeitet und umgewandelt, so daß Alkoholiker leicht ärgerlich und wütend werden. Auch das Nevensystem kann geschädigt sein und diese Menschen sehr reizbar machen.

Aus all diesen Gründen ist die Wahrscheinlichkeit, daß Alkoholiker andere Familienmitglieder mißbrauchen, sehr groß. Auch hier treffen wir auf die Wechselbeziehung zwischen Macht und Machtlosigkeit: Alkoholiker fühlen sich dem Alkohol wehrlos ausgeliefert und greifen zu Mißhandlung anderer, um sich stark und als Beherrscher der Lage zu fühlen. Aber auch wenn es in der Familie nicht zu Mißhandlungen kam, werden Kinder von Alkoholikern noch als Erwachsene sehr leicht in die Rolle des Opfers gedrängt. Als Kinder waren sie mit unvernünftigen Autoritätspersonen konfrontiert, die sie beschwichtigen mußten, um überleben zu können, und die oft ein merkwürdiges, unerklärliches Verhalten an den Tag legten. Sie neigen daher auch später dazu, sich anderen Menschen mit ähnlichem Verhalten zu unterwerfen, auch wenn diese keine Trinker sind. Dazu kommt noch, daß mindestens dreißig Prozent der Alkoholikerkinder selbst wieder Alkoholiker heiraten, was die Wahrscheinlichkeit von gewalttätigem Verhalten innerhalb der Familie vergrößert.

Ich habe viel mit Erwachsenen gearbeitet, die Alkoholikerkinder waren und habe festgestellt, daß Pluto in ihrem Horoskop meist stark betont ist, meistens sogar stärker als Neptun, jener Planet, der normalerweise mit Alkoholismus in Verbindung gebracht wird. Daraus zeigt sich, wie wichtig der Faktor der Beherrschung wird, wenn ein Elternteil öfter keine Beherrschung mehr über sich selbst hat. Auch wenn diese Kinder niemals mißhandelt wurden, erlitten sie vor diesem Hintergrund doch emotionale Wunden, Traumata im Zusammenhang mit plutonischen Problemen, sowie Mangel an Vertrauen und Angst vor dem Verlassenwerden. In den USA gibt es bereits eine bedeutende und rasch wachsende Selbsthilfebewegung für erwachsene Kinder von Alkoholikern.[21]

Sexueller Mißbrauch: Das tiefste und finsterste Geheimnis

Bei circa 41 Prozent aller Inzestfälle dauerte der sexuelle Mißbrauch im Durchschnitt sieben Jahre an. Das wirft sofort die Frage auf, warum die Kinder nicht einfach irgend jemandem davon erzählten, warum sie nichts dagegen unternahmen. Ebenso wie bei den meisten Personen, die wiederholt in die Situation des Opfers geraten, ist dies auch hier ein komplexes Problem. Die meisten

21 National Organization of Children of Alcoholics, Box 421691, San Francisco, CA, 94142.

Überlebenden von wiederholtem Inzest oder ständiger sexueller Belästigung werden von einem Erwachsenen, dem sie vertrauen und dem sie zu gehorchen gelernt haben, schrittweise an sexuelle Handlungen herangeführt. Zuerst besteht dieser Kontakt vielleicht nur aus Küssen und Streicheln und geht dann langsam in unverhohlene Berührungen des Genitalbereichs über. Es vergehen möglicherweise Jahre, bis es zu sexuellem Verkehr kommt. Dank der Manipulationen und Rationalisierungen des Täters dauert es einige Zeit, bis die Kinder wirklich verstehen, daß hier etwas Unrechtes vor sich geht. Wenn ihnen bewußt wird, daß dies etwas ist, was nicht jedem passiert, fühlen sie sich schuldig, haben Angst und wissen nicht, was sie dagegen tun sollen.

Meistens müssen die Kinder versprechen, niemandem etwas davon zu erzählen, man droht, daß ihnen selbst oder jemandem, den sie lieben, sonst etwas Schreckliches passieren würde. Oft werden sie auch mit Geschenken, Geld und besonderen Vergünstigungen belohnt. Es handelt sich zudem häufig um Kinder, die nicht sehr viel positive Zuwendung erhalten, so daß die Zärtlichkeit und spezielle Aufmerksamkeit an sich schon eine Belohnung darstellt. Dazu kommt noch die normale und natürliche Liebe des Kindes zum Vater oder Bruder, die sogar bei schwer mißhandelten Kindern noch immer vorhanden ist, und dies wirkt zusätzlich verwirrend.

Die Kinder fühlen sich schließlich entsetzlich schuldig und zur gleichen Zeit bedeutend und mächtig. „Deine Mutter will das nicht für mich tun. Du bist die einzige, die mich liebt. Du bist alles, was ich habe." Die Kinder fürchten, daß die Familie zerbrechen würde, wenn sie etwas erzählen, und sehr oft würde genau das auch wirklich passieren. Wenn es sich um den Vater handelt, würde man ihn möglicherweise einsperren oder in eine Anstalt einweisen, und die Familie würde durch den Verlust seines Einkommens in eine finanzielle Notlage geraten. Manchmal müssen die Kinder in ein Heim, was weiteres Verlassenwerden für sie bedeutet.

So verleiht das schreckliche Geheimnis diesen Kindern inmitten ihrer Hilflosigkeit ein eigenartiges Gefühl der Macht. Es ruft auch ein Gefühl völliger Entfremdung hervor, der Isolierung von der Familie, der Außenwelt und ganz besonders von der Gruppe der Gleichaltrigen. Im Alter von zehn oder elf Jahren, wenn andere Mädchen gerade anfangen, über Jungen zu kichern, haben mißbrauchte Mädchen vielleicht schon regelmäßigen Geschlechtsverkehr. Sie fühlen sich allein auf der Welt, anders als andere Menschen und werden vielleicht deprimiert und verschlossen. Andere wiederum reagieren ihren Zorn ab, werden rebellisch, straffällig oder gehen wahllos sexuelle Beziehungen ein. Wieder andere werden von Drogen oder Alkohol abhängig oder legen sich Gewichtsprobleme zu, um dem Thema Sexualität ausweichen zu können.

Inzest – Fallbeispiele

Die hier abgebildeten Horoskope wurden mir von zwei Inzestüberlebenden zur Verfügung gestellt, mit denen ich in meiner Privatpraxis gearbeitet habe. (In der Selbsthilfebewegung von Frauen, die blutschänderische Übergriffe erleiden mußten, spricht man vorzugsweise von Überlebenden und nicht von Opfern.) Wenn Sie nachfühlen können, wie schwer es für diese Frauen war, das Geheimnis zu enthüllen, das sie Zeit ihres Lebens verfolgt hatte, werden Sie verstehen, wieviel Mut dazu gehörte, der Veröffentlichung ihrer Schicksale in einem Buch zuzustimmen. Bitte, senden Sie ihnen ein geistiges Dankeschön.

Diagramm Nr. 6 auf Seite 128 stammt von einer Klientin, die ich einmal vor mehreren Jahren in New York beriet. Wie sie mir erzählte, fragte ich sie damals, ob ihre Probleme in Liebesbeziehungen nicht vielleicht etwas mit einer schwierigen Beziehung zu einem Bruder zu tun hätten, aber zu jenem Zeitpunkt habe sie gesagt: „Nein, nein, es war alles in Ordnung“. Es vergingen mehrere Jahre, wir übersiedelten beide nach San Francisco, und sie suchte mich Ende 1983 ein zweites Mal auf. Ich warf einen Blick auf ihren schwierigen Saturn im Skorpion (im dritten Haus als Teil eines T-Quadrates mit Venus und Mars) und stellte fest, daß sie in nächster Zeit einen rückläufigen Saturntransit haben würde. Ich konnte mich nicht an das erinnern, was wir in der ersten Sitzung besprochen hatten und sagte wiederum zu ihr, daß der Grund ihrer Beziehungsprobleme in einer sehr schwierigen Beziehung mit einem Bruder zu suchen sei und fügte hinzu, daß dieser Saturntransit der geeignete Zeitpunkt sei, um sich mit diesen Schwierigkeiten zu konfrontieren. Daraufhin sagte sie mir, daß ihr älterer Bruder sie von ihrem siebenten bis zu ihrem fünfzehnten Lebensjahr sexuell mißbraucht hatte. (Das Geburtsdatum ihres Bruders ist der 25. 11. 1944 – falls Sie mit dem Radixvergleich arbeiten möchten.)

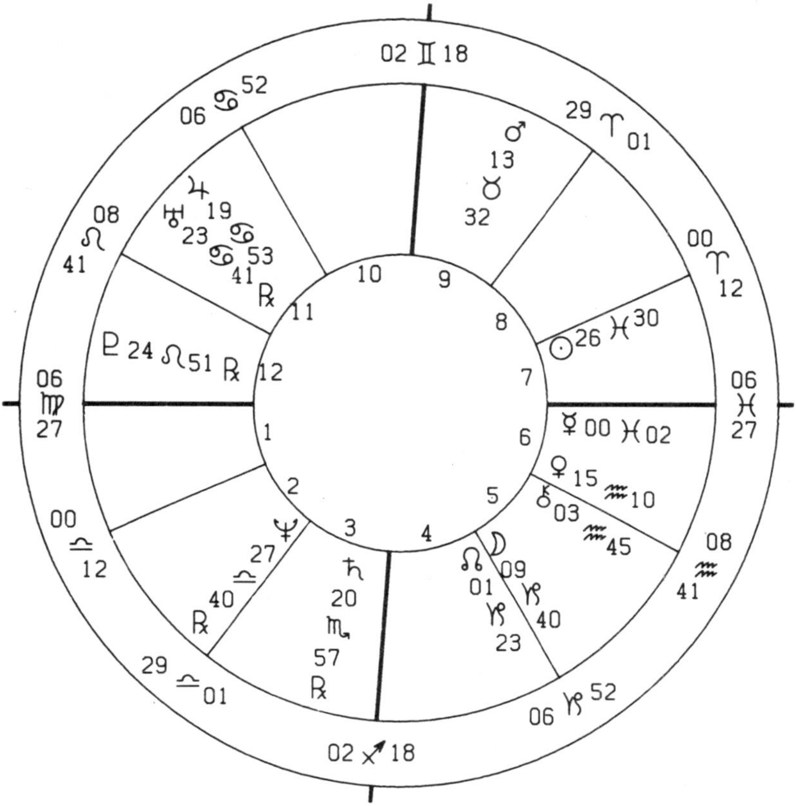

Diagramm Nr. 6. Weiblich, geboren in New York, NY, 17. März, 1955, 16.18 Uhr EST, tropical, Placidus. Horoskop einer Frau, die jahrelang von ihrem Bruder sexuell mißbraucht wurde. Veröffentlichung der Daten mit Genehmigung.

Dieser Verlauf der Geschehnisse zeigt einen wichtigen Faktor auf, den der Astrologe unbedingt beachten muß. Als ich zum erstenmal ihr Horoskop untersuchte, war sie noch nicht bereit, ihr Geheimnis zu enthüllen, das aus dem Horoskop ganz klar erkennbar ist, wenn man es zu lesen versteht. Saturn im Skorpion im dritten Haus kann für sich allein schon auf Mißbrauch durch einen Verwandten hinweisen, wenn er aber mit Venus, Herrscher des dritten Hauses und Mars, Herrscher des achten, verbunden ist, weist dies darauf hin, daß ein Mißbrauch sexueller Natur ist. (Venus und Mars haben von Natur aus mit Beziehungen bzw. mit Sexualität zu tun.)

Hinzu kommt noch ein stark betonter Pluto im zwölften Haus, weniger als zehn Grad vom Aszendenten, als eingeschlossener Herrscher des dritten Hauses und in Opposition zu Merkur, der auf einen Bruder oder eine Schwester hindeutet. Ein weiterer Hinweis könnte in der Stellung des Neptun an der Spitze des dritten Hauses bestehen, als Herrscher des siebenten Hauses, was ohne die anderen Aspekte nur eine Tendenz zu idealisierter Liebe zu einem Bruder aufzeigen würde.

Wenn ein Klient nicht bereit ist, über ein Geheimnis zu sprechen, so ist es von größter Bedeutung, ihn nicht zu drängen. Eine allgemein gehaltene Diskussion über Geheimnisse und ihre vergiftende Wirkung zu einem anderen Zeitpunkt innerhalb der Beratung könnte jedoch eine Vorbereitung für zukünftige Gespräche sein. Als diese Frau zum zweitenmal zu mir kam, um sich beraten zu lassen, war sie infolge schwerwiegender Beziehungsprobleme bereit, sich zu öffnen. Vielleicht kam es auch dazu, weil ich ebenfalls bereit war, sie anzuhören. Ich hatte in der Zwischenzeit viel mit Inzestopfern gearbeitet und genügend Erfahrung im Heilen gesammelt, um ihr etwas bieten zu können. Außerdem stimmte die Atmosphäre: *Something About Amelia* war im Fernsehen ausgestrahlt worden. Pluto war in den Skorpion eingetreten und bildete ein Trigon zu ihrem Merkur, und ihr starker Pluto spürte, daß die Menschheit jetzt eher bereit war, ihr zu helfen.

Es gelang ihr, sich zu heilen: Wir arbeiteten nicht nur mit den in diesem Buch beschriebenen Blütenessenzen und Meditationen, sie las auch die Bücher aus der Bibliographie, machte Körpertherapie und schloß sich einer Gruppe von Inzestüberlebenden an. Sie machte eine tiefgreifende seelische Läuterung durch, war monatelang zutiefst aufgewühlt, wie es für einen solchen Prozeß typisch ist, und arbeitet heute im Sozialbereich mit anderen Inzestopfern. Sie konnte sich aus einer Beziehung lösen, in der sie emotional mißbraucht wurde, und lebt jetzt in einer neuen, glücklichen Partnerschaft. (Genauere Informationen über den Heilungsprozeß folgen im nächsten Abschnitt.)

Auch beim zweiten Fallbeispiel (siehe Diagramm Nr. 7 auf Seite 130) handelt es sich um eine Klientin meiner Privatpraxis, die sehr intensiv an ihrer Heilung arbeitet und zwar mit Hilfe von Meditationen, Blütenessenzen, Körpertherapie und einer Gruppe von Inzestüberlebenden. Ihr Vater hatte sie von ihrem siebenten Lebensjahr an sexuell mißbraucht. Als sie vierzehn Jahre alt war,

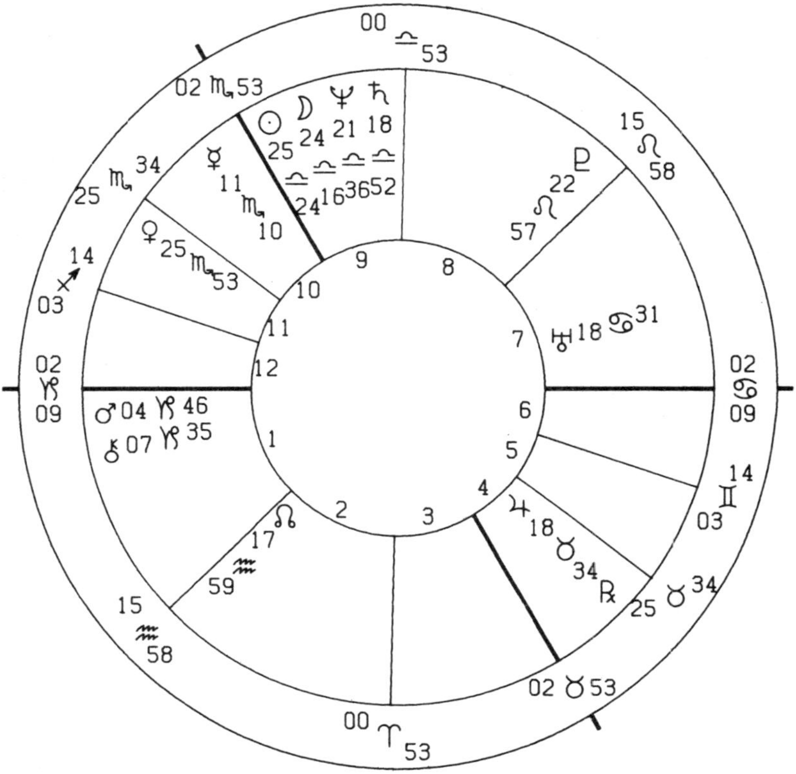

Diagramm Nr. 7. Weiblich, Geboren in Seattle, Washington, 18. Oktober 1952, 12.23 Uhr PST, tropical, Placidus. Diese Frau wurde von ihrem Vater von ihrem siebenten bis zum vierzehnten Lebensjahr sexuell mißbraucht (Siehe auch Diagramm Nr. 8). Veröffentlichung der Daten mit Genehmigung.

ging sie zu ihrer Mutter und konfrontierte diese mit dem, was vor sich ging. Ihr Vater wurde in eine Anstalt eingewiesen und sie selbst mußte in ein Heim.

Der Mißbrauch ist im Geburtshoroskop in mehrerer Hinsicht erkennbar. Die Stellung des Pluto als Herrscher des Medium Coeli im achten Haus deutet auf eine Verbindung zwischen einem Elternteil und der Sexualität des Kindes hin. Aus dieser Stellung allein würde ein Astrologe aber nicht auf Inzest schließen. Es ist die Konjunktion mit dem absteigenden Mondknoten im achten Haus und

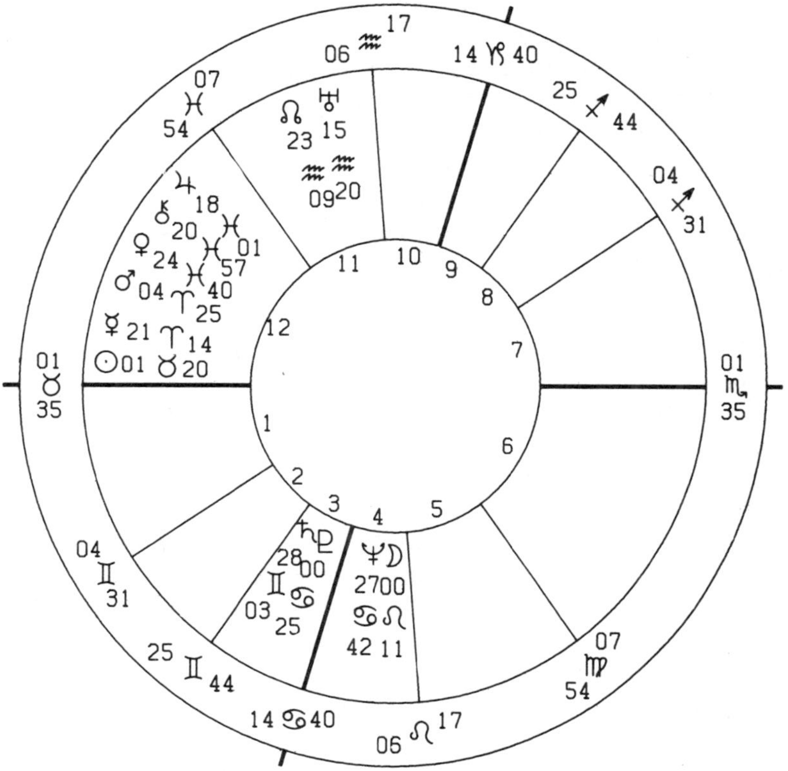

Diagramm Nr. 8. Solarhoroskop eines Vaters, der seine Tochter sexuell mißbrauchte (Siehe Diagramm Nr. 7). Er wurde am 22. April 1915 geboren.

das T-Quadrat mit Venus (Herrscher des vierten Hauses) und Jupiter im vierten Haus. Durch diese Aspekte wird ein Elternteil näher mit Sexualität in Verbindung gebracht. Auf eine schmerzliche Enttäuschung im Zusammenhang mit den Eltern könnte die Konjunktion von Sonne, Mond, Neptun und Saturn hinweisen. Der Mars am Aszendenten bedeutet sexuelle Belästigung. (Beachten Sie auch, daß Chiron in Konjunktion zu beiden steht.)[22] Die Geburtszeit ihres Vaters ist nicht bekannt, Diagramm Nr. 8 zeigt jedoch sein Solarhoroskop – falls Sie mit dem Radixvergleich arbeiten möchten.

Der sexuelle Mißbrauch nahm seinen Anfang im Jahre 1959, als Neptun vor- und rückläufig über ihren Medium Coeli im Skorpion lief. Im Herbst 1966, als Neptun im Transit in ihrem T-Quadrat stand, und sie zu verzweifelt war, um noch weiter durchzuhalten, gelang es ihr, dem Mißbrauch ein Ende zu setzen. Wenn man nach den Ereignissen in ihrem Leben geht, erscheint ihr Medium Coeli etwas früher als hier angegeben, etwa auf 1 Skorpion 30. Im Januar 1984, als Pluto über ihren Medium Coeli ging, begann sie mit mir aktiv an ihrer Heilung zu arbeiten. (Sowohl individuell als auch kollektiv löst Pluto die Tendenz aus, sich der Vergangenheit zuzuwenden und das aufzuarbeiten, was der Neptuntransit einst mit sich gebracht hatte.)

Wege zur Heilung von Inzestopfern

Pluto im Skorpion weist nicht nur auf Geheimnisse hin, die ans Licht kommen, sondern auch auf die Entwicklung von Methoden, um diese traumatischen Erfahrungen zu heilen. Während der Pluto/Saturn Konjunktion 1982-83 wurde eine große Selbsthilfebewegung für Inzestüberlebende gegründet, die jetzt, wo Pluto durch den Skorpion geht, ständig an Bedeutung gewinnt. Inzest stellt vielleicht das destruktivste aller tiefen, finsteren Geheimnisse dar, am stärksten mit Scham und Stigma behaftet, und damit auch jenes Geheimnis ist, bei dem der Betroffene am dringendsten einer Gruppe bedarf, in der er offen über diese Geheimnisse sprechen kann. Durch die Unterstützung der Gruppe ist besonders wirkungsvolle Heilung möglich.

In diesen Selbsthilfe- und Therapiegruppen wird Inzestopfern die Gelegenheit geboten, über ihr Geheimnis zu sprechen und verschiedene Aspekte ihrer Gefühle mit anderen Menschen zu diskutieren, die das gleiche durchgemacht haben. Dieses Erlebnis der Gemeinsamkeit wirkt stark heilend. Viele Gruppen empfehlen den Überlebenden, das Geheimnis innerhalb der Familie zur Sprache zu bringen und unterstützen ihn dabei, wobei man in vielen Fällen auch

22 Chiron ist in allen Horoskopen in diesem Buch berücksichtigt. Die Funktion dieses zwischen Saturn und Uranus gelegenen Planetoiden ist im Augenblick – zum Zeitpunkt der Drucklegung – noch nicht ausreichend erforscht. Die Untersuchungen verschiedener Astrologen lassen jedoch vermuten, daß das Konzept des „verwundeten Heilers“ beteiligt sein könnte.

eine Konfrontation mit dem Täter befürwortet. Dadurch werden andere Familienmitglieder ebenfalls ermutigt, über ihre Geheimnisse zu sprechen – sehr oft ist es mehr als eine Generation, die von Mißbrauch betroffen ist.

In der Bewegung findet sich interessanterweise die skorpionische Neigung, vom Täter irgendeine Wiedergutmachung zu fordern. Der angerichtete Schaden kann mit keiner noch so hohen Summe wiedergutgemacht werden, aber oft wird die Forderung gestellt – und auch akzeptiert – daß der Täter für die Kosten der Therapie aufkommen solle. Dieser Austausch hat eine heilende Wirkung auf den Betroffenen. Mitunter besteht man auch darauf, daß sich der Täter selbst einer Therapie unterzieht. Die beiden Frauen, deren Horoskope in den Diagrammen 6 und 7 abgebildet sind, hielten Familienkonferenz ab und bestanden darauf, daß man ihre Therapie bezahlte, aber beide sagten, daß sie dies ohne die Unterstützung der Gruppe nicht fertiggebracht hätten. (Konnten die Kosten für die Therapie auf diese Weise nicht aufgebracht werden, so wurden sie aus den Hilfsprogrammen für Verbrechensopfer bezahlt, selbst wenn der Inzestfall niemals offiziell gemeldet wurde.)

Die Körperarbeit stellt einen weiteren, wesentlichen Heilungsfaktor für Überlebende dar. Die wiederholte Vergewaltigung kann eine Isolierung vom eigenen Körper zur Folge haben und auch emotionale Rückstände (Angst, Wut, Traurigkeit) im Muskel- und Körpergewebe hinterlassen. Die Körperarbeit setzt angestaute Emotionen frei und ermöglicht es damit den Überlebenden, die Freude an ihrem eigenen Körper wieder zurückzugewinnen. Natürlich könnte es ihnen schwerfallen, mit männlichen Therapeuten zu arbeiten, und es kann auch unklug sein, sich einigen der mehr schmerzhaften Formen der Körperarbeit zu unterziehen, wie zum Beispiel Rolfing oder Postorale Integration, da der Schmerz emotional nur als eine neue Phase des Mißbrauchs empfunden werden könnte.

Auch Bücher können sehr heilsam sein, besonders für Menschen, die glauben, daß sie mit ihrem schrecklichen Geheimnis allein auf der Welt stehen. Manchmal müssen diese Frauen Bücher, wie die in der Bibliographie angegebenen, lesen, um zu erkennen, daß sie kein Ausnahmefall sind. Diese Erkenntis durchbricht die Isolierung und ermöglicht es ihnen, der Arbeit mit einer Gruppe positiver gegenüberzustehen und mit anderen Menschen darüber zu sprechen. Die Bücher erfüllen noch einen weiteren Zweck: Sie lösen eine Katharsis verdrängter Gefühle aus.

Eine Zeit der Katharsis, eine intensive Version der in Kapitel drei beschriebenen Heilungskrise, scheint für den Großteil der Inzestopfer unumgänglich zu sein, wenn sie sich an die Bewältigung ihres Problems machen. Tränen, Wut und Angst kommen an die Oberfläche, Gefühle, die vielleicht jahrelang unterdrückt wurden. (Klingt beinahe schon nach einem Plutotransit, nicht wahr?) Eine Zeitlang wird der Weg recht steinig und mühsam sein. Es gibt keine Möglichkeit, ihn zu umgehen, aber es bedeutet eine Erleichterung, endlich etwas dagegen zu tun, und wenn dieses schreckliche Geheimnis mit jemandem geteilt wird, entsteht die Hoffnung, daß nach der Aufarbeitung eine schönere Zukunft wartet. Es folgt dann eine Phase, in der man mit jedem Menschen über das Geheimnis spricht, von dem man weiß, daß er genug Anteilnahme besitzt, um zuzuhören. Überlebende finden auch andere, geeignete Gelegenheiten um darüber zu sprechen, wie zum Beispiel geschulte Ansprechpartner für Inzestopfer. Darüber zu sprechen und immer wieder zu sprechen ist ein Teil des Heilungsprozesses, denn das Gefühl des Isoliertseins verringert sich mit jedem einzelnen Gespräch.

Auch wenn die Aussprache hilft, so muß der Heilungsprozeß doch auf mehreren Ebenen gleichzeitig vor sich gehen. So können die in diesem Buch beschriebenen Blütenessenzen und geführten Meditationen eine wichtige Rolle bei der Beseitigung der Schäden spielen. Die Bach-Blüten scheinen in diesem Fall die wichtigeren zu sein: Star of Bethlehem für alte Traumata, Honeysuckle für das Loslassen von der Vergangenheit, Holly gegen den Haß und Willow gegen Aggressionen sind in diesen Fällen angebracht. Centaury gegen die Passivität und das Sich-Ausnutzen-Lassen hilft gegen die Konditionierung zum Opfer. Von den Kalifornischen Blüten könnten bei fortschreitender Heilung die Essenzen für Sexualität eingesetzt werden: Sticky Monkeyflower gegen die Angst vor der Intimität und für die Integration sexueller Energien oder vielleicht auch Fig für Vertrauen zwischen Paaren, Manzanita für Verwurzelung und gegen zwiespältige Gefühle gegenüber dem eigenen Körper und Fuschia, um starke Emotionen zu integrieren.

Ein Fall von Kindesmißhandlung

Der im folgenden beschriebene Fall von Kindesmißhandlung begegnete mir vor einigen Jahren, als ich eine Beratungskolumne für astrologische Zeitschriften verfaßte. Ich leitete damals die Fürsorgeabteilung eines Krankenhauses. Als ich für den Mitarbeiterstab eine Reihe von Ausbildungsprogrammen im Zusammenhang mit Kindesmißhandlung organisierte, stellte ich verblüfft fest, wie plutonisch die Beziehungen waren: Machtkämpfe, Rachsucht, das tiefe, finstere Geheimnis. In dem hier geschilderten traurigen Fall kommt diese ganze Dynamik zum Tragen. Die Geschichte selbst riecht förmlich nach Pluto, schon bevor Sie sich die betreffenden Diagramme ansehen.

Kenntnis vom Fall selbst und den jeweiligen Geburtsdaten erhielt ich von der Großmutter, aber Namen und Daten werden hier aus Gründen der Vertraulichkeit nicht veröffentlicht. Die Geschichte wird aus dem Blickwinkel der Großmutter geschildert. Ich bin mit den betreffenden Menschen nie zusammengetroffen, da sie in einem anderen Staat lebten. Die Großmutter machte jedoch am Telefon den Eindruck einer stabilen Persönlichkeit und schien mir eine verläßliche Informationsquelle zu sein.

Die Familie bestand aus vier Mitgliedern: Ein mißhandelnder Vater und eine mißhandelnde Mutter, ein mißhandeltes älteres Kind und ein heißgeliebtes jüngeres Kind, das nicht mißhandelt wurde. Wir werden sowohl die einzelnen Horoskope als auch die Composite (Halbsummen-Vergleich) überprüfen, womit sich die seltene Gelegenheit bietet, alle Horoskope und nicht nur jenes des mißbrauchten Menschen zu studieren. Kindesmißhandlung stellt ein familiäres Problem dar, bei dem alle Mitglieder eine Rolle spielen. Dem mißhandelten Kind wird dabei eine besondere Rolle zugewiesen. Wir wollen den Knaben hier Jeremy III. nennen. Beachtenswert ist, daß sein Großvater Jeremy Senior und sein Vater Jeremy II. hieß. Allein die Namensgebung könnte darauf hinweisen, daß durch die Schläge irgendein fehlgeleiteter Haß auf sowohl den Großvater als auch den Vater abreagiert wurde.

Der Knabe war das Produkt einer erzwungenen Eheschließung infolge der Schwangerschaft der Mutter, die wir hier Alice nennen wollen. Die Vermutung liegt nahe, allein schon auf Grund des Horoskops, daß sie absichtlich schwanger wurde, um den Vater zu einer Heirat zu zwingen. (Pluto steht im fünften Haus des Vaters, was oft auf eine „Mußheirat" hindeutet, und im Horoskop der Mutter findet sich ein starker Pluto- und Skorpioneinfluß, wie wir später sehen werden.) Ihr Horoskop könnte auch darauf hindeuten, daß sie es aus Verzweiflung tat, um der Mißhandlung in ihrem eigenen Elternhaus zu entkommen. Unmittelbar nach der Heirat nahm sie eine illegale Abtreibung vor. Der Versuch schlug jedoch fehl, und sie haßte das Kind vom Augenblick seiner Geburt an. Der Vater lehnte sich verbittert gegen Ehe und Elternschaft auf, er wollte ein Medizinstudium absolvieren und war noch nicht bereit, Verantwortung zu tragen. Er studierte schließlich auch und war zu dem Zeitpunkt, als mich die Großmutter anrief, als Chirurg in einem Krankenhaus beschäftigt. (Schon einmal etwas vom hippokratischen Eid gehört, Bursche, möchte mein Pluto fragen!)

Beide Elternteile schlugen das Kind vom Säuglingsalter an. Es kam zu schweren physischen und psychischen Verletzungen: Ein gebrochener Arm, Hoden, die so übel zugerichtet waren, daß man einen chirurgischen Eingriff vornehmen mußte. Eine Zeitlang konnte das Kind nicht gehen und mußte es nach der Genesung wieder erlernen. (Hoffentlich gibt es heute kein Krankenhaus mehr, in dem man derartige Verletzungen behandelt, ohne dabei den geringsten Verdacht zu schöpfen.) Die emotionale Schädigung war ganz offensichtlich, das Kind zitterte ständig, zog sich oft aus der Realität zurück und sprang von hohen Mauern etc. herab. Zwischen den Eltern bestand ein eigenartiges, sadomasochistisches Verhältnis. Die Mutter ging wahllos sexuelle Beziehungen ein, und das Kind beobachtete sie oft beim Sex mit anderen Männern. Einmal überraschte sie der Vater mit einem anderen Mann im Bett und dieser hielt dann ihn und die Kinder mit einer Pistole in Schach. Nach diesem Zwischenfall ließen sich die Eltern scheiden, lebten aber nach wie vor zusammen.

Das Ehepaar hatte noch ein zweites, drei Jahre jüngeres Kind, das wir Charles nennen wollen. Im krassen Gegensatz zum ersten Kind wurde Charles angebetet und mit Aufmerksamkeit und Geschenken überschüttet. Die Eltern scheinen ihre zwiespältigen Gefühle über Elternschaft genau in der Mitte gespalten zu haben. Es ist in solchen Familien keineswegs unüblich, nur eines der Kinder zu mißhandeln – das mißhandelte Kind ist irgendwie anders, verlangt vielleicht mehr Aufmerksamkeit, kommt in einer kritischen Phase auf die Welt, in der die Eltern nicht fähig sind, die Anforderungen, die ein Kind stellt, zu erfüllen, oder es ähnelt vielleicht irgendeinem Menschen, den ein Elternteil haßt.

Die Großeltern machten sich große Sorgen um Jeremy III. Als das Kind einmal bei ihnen zu Besuch war, gingen sie mit ihm zu einem Kinderarzt, der den Fall den Sozialbehörden meldete. Ihre Bemühungen waren jedoch vergebens, die Eltern machten gemeinsam Front gegen alle Personen, die den Fall untersuchen wollten. Ihr nach außen hin gewinnendes und recht intelligentes Verhalten schützte sie, ebenso wie die Position des Vaters als angehender Arzt. Ärzte nehmen ein solches Problem bei einem Kollegen nur sehr widerwillig zur Kenntnis und sind außerdem berüchtigt dafür, einander Rückendeckung zu geben. Das einzige Resultat war, daß man den Großeltern ein Jahr lang nicht erlaubte, die Kinder zu besuchen, und den Jungen aus Rache noch schwerer mißhandelte. Verständlicherweise zögerten die Großeltern, weitere Schritte zu unternehmen, sie hatten Angst, das Kind und die verwandtschaftlichen Beziehungen noch mehr in Gefahr zu bringen. Zu dem Zeitpunkt, als die Großmutter mir schrieb, ließen sowohl die Geburtshoroskope als auch die Transite Schlimmes befürchten, so daß ich ihr riet, das Kind mit gesetzlicher Hilfe von den Eltern zu entfernen. Ein Ergebnis ist mir nicht bekannt.

Dem Studenten, der erst am Anfang seiner astrologischen Studien steht, werden die folgenden Interpretationen sehr fachspezifisch erscheinen. Leider läßt sich dies kaum vermeiden, ohne dem praktizierenden Astrologen wichtige Informationen vorzuenthalten, die er eines Tages brauchen könnte. Versuchen Sie, so viel wie möglich von den psychologischen Erklärungen zu profitieren, oder gehen Sie gleich zu den allgemeiner gehaltenen Kapiteln über.

Jeremy III: Das mißhandelte Kind

Diagramm Nr. 9 weist stark plutonische Züge auf: Eine Pluto/Uranus Konjunktion im achten Haus, die ein T-Quadrat mit einer Mars/Saturn Konjunktion und einer Jupiter Quadratur bildet. Jeder dieser Aspekte – Mars/Uranus, Mars/Saturn und Mars/Pluto – kann auf einen brutalen Elternteil hinweisen, und alle drei gleichzeitig zu haben, ist außergewöhnlich schwierig. Die Stellung dieses sehr schwierigen Pluto als Herrscher des Medium Coeli im achten Haus könnte auch auf die Möglichkeit sexuellen Mißbrauchs hinweisen, denn bei einigen Inzestfällen finden sich ähnliche Signaturen. Die Medium Coeli, der die Eltern als Autoritätspersonen zeigt,

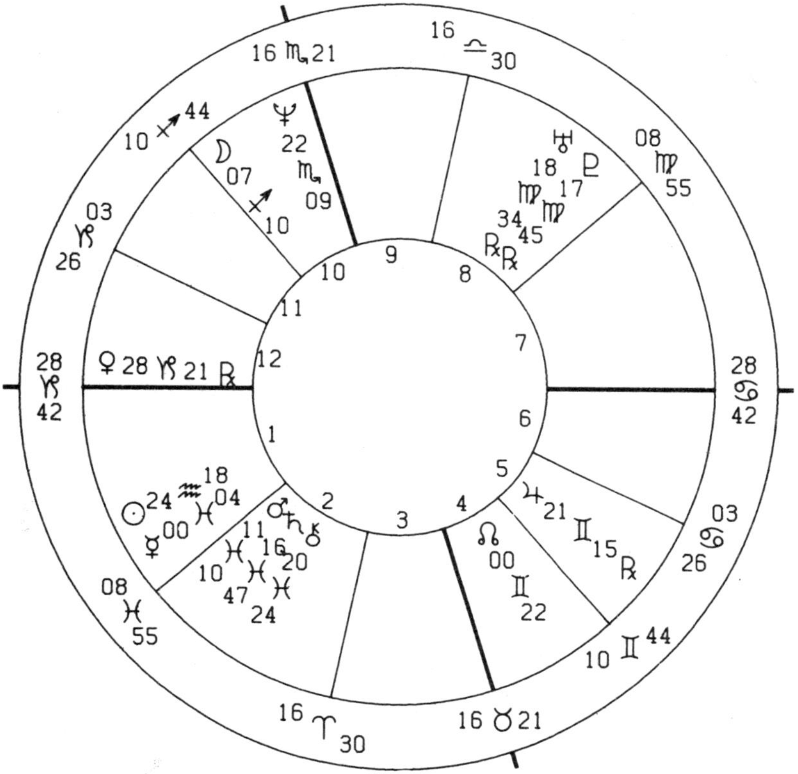

Diagramm Nr. 9. Jeremy III, ein mißhandeltes Kind. Die Geburtsdaten können aus Gründen der Vertraulichkeit nicht veröffentlicht werden.

steht im Skorpion, in Konjunktion mit Neptun, und beide bilden ein Quadrat mit seiner Sonne. Neptun an dieser Stelle weist auf emotionale Störungen auf Seiten der Eltern hin, aber auch auf ihre Fähigkeit, eine gemeinsame, falsche Front zu errichten. Alkohol und Drogen könnten bei der Gewaltanwendung innerhalb dieser Familie eine Rolle spielen. Die extrem schwierigen Aspekte in diesem Horoskop überwiegen die hilfreichen bei weitem, aber Jupiter im fünften Haus, im Trigon zur Sonne, deutet darauf hin, daß durch die Schule und gesetzliche Institutionen Hilfe gefunden werden könnte. Venus im Stier am Aszendenten, als Herrscher des neunten und vierten Hauses, deutet ebenfalls darauf hin, daß der Knabe durch ein von den Großeltern veranlaßtes, gesetzliches Eingreifen gerettet werden könnte. Trotz allem ist der durch das T-Quadrat und die Neptun-Sonne Quadratur angedeutete Schaden beträchtlich. Ohne ausgedehnte Psychotherapie könnte er – wie es so oft der Fall ist – als Erwachsener selbst gewalttätig werden. Pluto nimmt eine starke Stellung im Horoskop ein, so daß eine Heilung vorstellbar wäre, aber nur mit ernsthafter und ausdauernder Arbeit.

Alice: Die mißhandelnde Mutter

Von den Diagrammen der beiden Elternteile enthält jenes von Alice wesentlich stärkere Hinweise auf Gewalttätigkeit. (Siehe Diagramm Nr. 10) Sie wurde mit der recht berüchtigten Pluto/Saturn Konjunktion im Löwen geboren, die wiederum in Konjunktion mit ihrem MC im Löwen steht und sie als eine Person kennzeichnet, die um jeden Preis dominieren muß. Diese Konstellation weist auch darauf hin, daß sie selbst als Kind Mißbrauch und Herrschsucht von einem Elternteil erfuhr, und daß sie Jeremy III möglicherweise mißhandelte, um ihren Haß und ihre Rachsucht gegen jenen Elternteil abzureagieren. Die Jupiter-Quadratur im Skorpion im ersten Haus verstärkt ihren Machthunger noch. Sie hat ihren Aszendenten im Skorpion, ebenso wie Venus und Merkur. Ihr starker Sexualtrieb könnte auf diese Konzentration plutonischer Energie zurückzuführen sein, die Konzentration auf das erste bzw. zehnte Haus läßt jedoch vermuten, daß sie selbst im frühen Kindesalter durch Ereignisse im Zusammenhang mit ihren Eltern übermäßig stimuliert wurde. Deutlicher als das Horoskop des Vaters illustriert ihr Horoskop die These, daß ein mißhandeltes Kind zu einem gewalttätigen Erwachsenen heranwachsen kann. (Die Großmutter – ihre Schwiegermutter – wußte nichts Genaueres über Alices Kindheit.)

Genau wie bei ihrem Sohn, weist auch Alices Diagramm ein schwieriges T-Quadrat mit einer Mars/Uranus Opposition aus dem achten Haus im Quadrat mit einem Planeten im fünften Haus, dem Haus der Kinder auf. In ihrem Fall handelt es sich dabei um ihren Fische-Mond und man kann vermuten, daß die Pflicht, für andere sorgen zu müssen, bei ihr ein Gefühl ohnmächtiger Wut auslöste. Dieselben Grade der wandelbaren Zeichen sind auch in Jeremys Diagramm zu finden, und damit ergibt sich aus dem Radixvergleich,

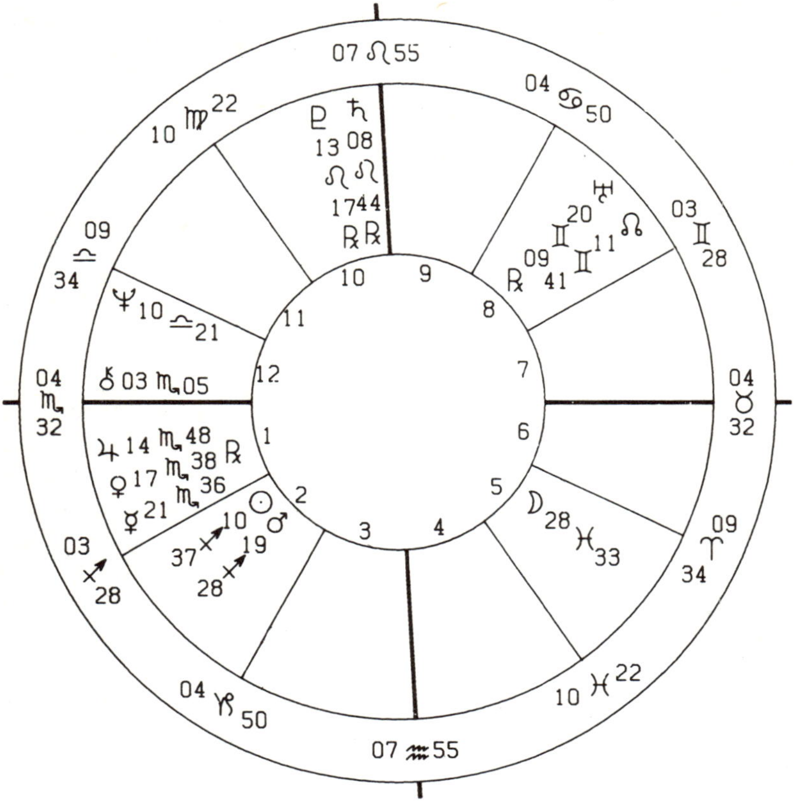

Diagramm Nr. 10. Alice, die mißhandelnde Mutter von Jeremy III. Zum Horoskopvergleich siehe Diagramm Nr. 9. Die Geburtsdaten sind aus Gründen der Vertraulichkeit nicht verfügbar.

daß er sehr wohl zu einem Objekt für ihren explosiven Ärger werden könnte. Der vom Mars aspektierte Uranus im achten Haus könnte darauf hinweisen, daß Gewalt und Sexualität für sie verknüpft sind, so könnte bei den Mißhandlungen auch unterschwellige Sexualität im Spiel gewesen sein, eine S & M – Komponente.

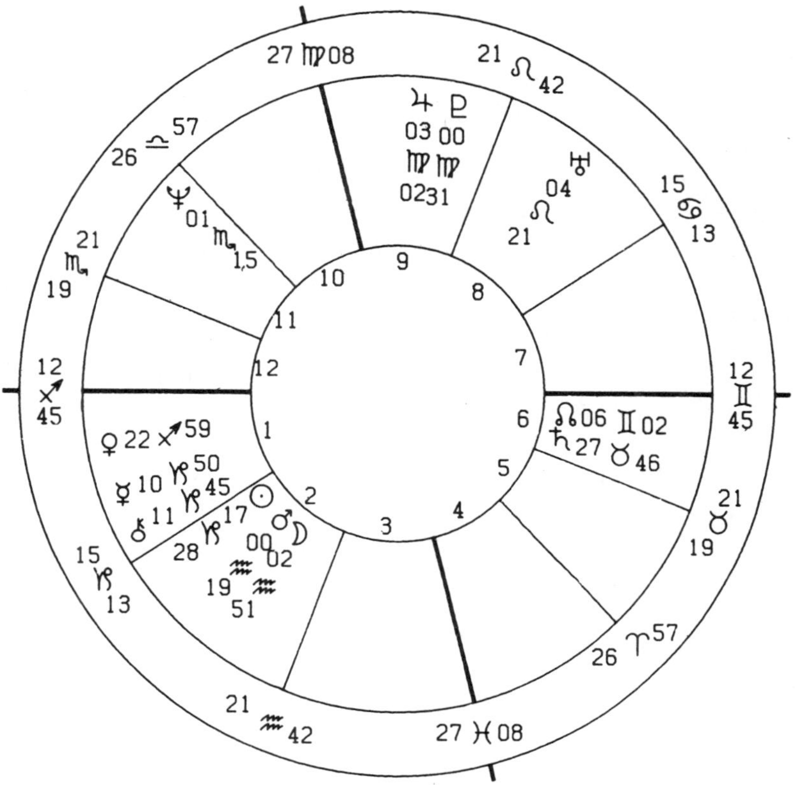

Diagramm Nr. 11. Compositihoroskop von Alice (Diagramm Nr. 10) und ihrem Sohn Jeremy III (Diagramm Nr. 9)

Compositihoroskop Alice und Jeremy III

Die mathematischen Prinzipien eines Compositihoroskops besagen, daß, wenn zwei Menschen *irgendeinen* Aspekt zwischen zwei gegebenen Planeten aufweisen, auch das Composit irgendeinen Aspekt zwischen diesen beiden gleichen Planeten zeigen muß. Sowohl im Horoskop von Jeremy als auch in dem von Alice erscheint eine Mars/Uranus Opposition vom achten zum zweiten Haus, und so findet sich im Composit (Diagramm Nr. 11) der gleiche Aspekt, wieder in einem T-Quadrat, diesmal mit Neptun, mit einer Mond/Mars

Konjunktion. Das T-Quadrat ist in fixen Zeichen, die in ihrem Verhalten stärker festgelegt sind und sich Änderungen wiedersetzen. Der Mond steht im Wassermann, ein manchmal recht explosiver Mond, besonders im Hinblick auf die schwierigen Mars/Uranus Aspekte.

Auch Pluto nimmt eine herausragende Stellung ein, eine enge Jupiter/Pluto Konjunktion bildet eine Quinkunx zu Mond und Mars im Wassermann, ein Anderthalbquadrat zur Sonne und ein Quadrat zum Saturn. Die Pluto/Saturn Quadratur im Composithoroskop widerspiegelt die Pluto/Saturn Konjunktion der Mutter und Jeremys Pluto/Saturn Opposition. Pluto und Jupiter stehen im neunten Haus, was wiederum Hilfe von gesetzlicher Seite andeutet.

Jeremy II: Der mißhandelnde Vater

Das Horoskop des Vaters von Jeremy III ist in Diagramm Nr. 12 auf Seite 143 abgebildet. Auch bei ihm sind schwierige Konstellationen in den wandelbaren Zeichen zu finden, manchmal im gleichen Grad, aber kein T-Quadrat. Mars und Uranus bilden eine Konjunktion. Die Stellung von Mars und Uranus in den Zwillingen an der Spitze des dritten Hauses (Brüder und Schwestern) im Quadrat zum Mond könnte darauf hinweisen, daß seine ärgerlichen Ausbrüche auf eine Art Rivalität mit seinem Sohn zurückzuführen sind. Auch die starke Besetzung des fünften Hauses, einschließlich der Sonne, vermittelt dieses Bild. Viele Menschen mit einem starken fünften Haus möchten lieber selbst verwöhnte Kinder sein als Kinder versorgen zu müssen.

Mars und Uranus bilden mit seinem Fischemond im zwölften Haus ein Quadrat. Dieser wiederum bildet eine Opposition mit Jupiter und steht nahe beim Fischemond von Alice. Dies könnte bedeuten, daß er von ihr stark negativ beeinflußt wird, und daß sich in seinem Verhalten gegenüber dem Sohn der Haß auf seine Frau entlädt. Unbewußt wird sie als Mutterfigur gesehen, und sein Haß richtet sich gegen sein frustriertes Abhängigkeitsbedürfnis. Wiederum legt die starke Neptun-Komponente die Vermutung nahe, daß Drogen oder Alkohol die Mißhandlungen auslösen könnten.

Pluto ist in diesem Horoskop weniger stark betont, fällt aber in das Haus der Kinder, das fünfte Haus. Er ist praktisch nicht aspektiert, was in sich schon einen Hinweis auf Schwierigkeiten darstellen

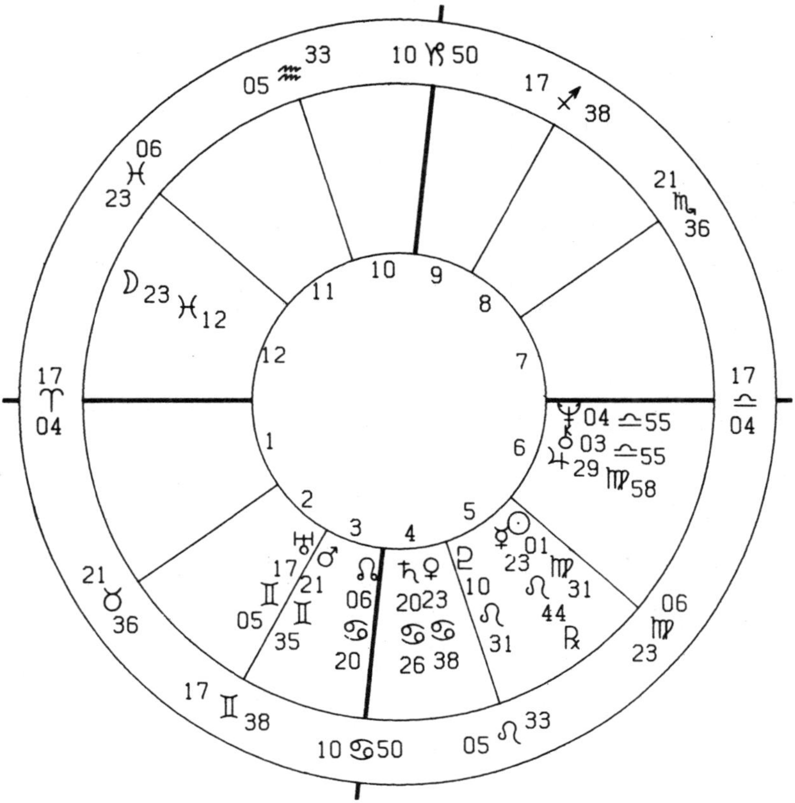

Diagramm Nr. 12. Jeremy II, der mißhandelnde Vater. Dem Leser wird empfohlen, dieses Horoskop mit Diagramm Nr. 9 zu vergleichen, um die Verbindungen zwischen Vater und Sohn zu prüfen. Die Geburtsdaten sind aus Gründen der Vertraulichkeit nicht verfügbar.

kann, diese Energie im Leben zu integrieren. (Paradoxerweise kann ein nicht aspektierter Planet dominant werden.) Es existiert ein ungenaues Anderthalbquadrat zum Fischemond, vielleicht ein weiterer Hinweis, daß er sich an seiner Frau, möglicherweise auch an seiner Mutter rächen will.

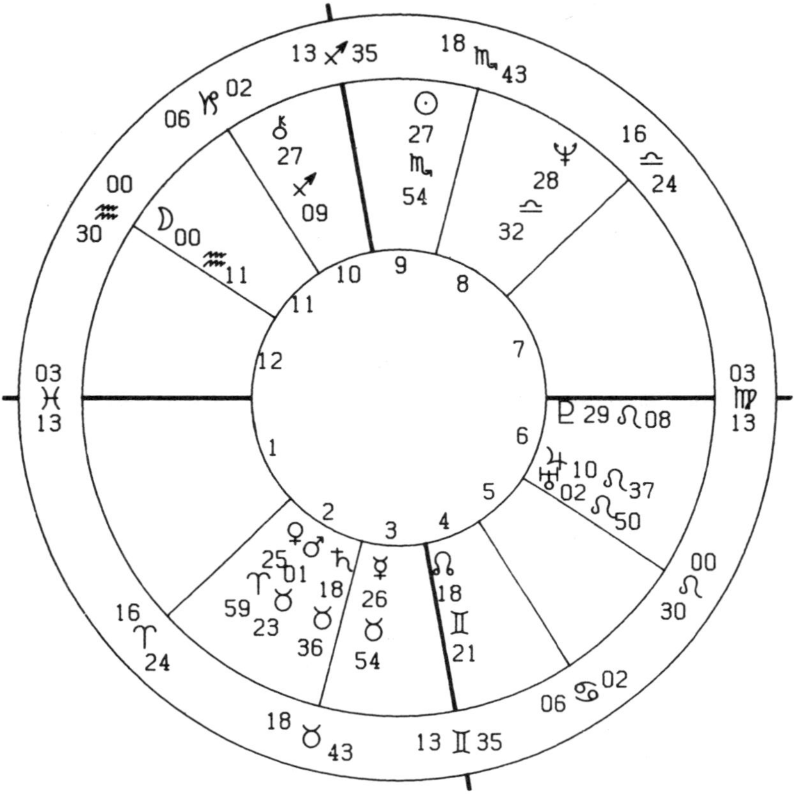

Diagramm Nr. 13. Compositħoroskop von Jeremy II (Vater/Diagramm 12) und seinem Sohn Jeremy III (Diagramm Nr. 9)

Compositħoroskop: Jeremy III und sein Vater

Diagramm Nr. 13 zeigt ein Composit, welches noch problematischer als der Vergleich zwischen Jeremy und seiner Mutter ist. Anstelle eines T-Quadrates findet sich ein großes Kreuz über die fixen und Kardinalzeichen. Wiederum sind Mond, Mars, Uranus und Neptun beteiligt, dazu kommt hier noch Venus. Auch das achte Haus und Pluto spielen wiederum eine Rolle. Pluto bildet ein Quadrat mit der Skorpion-Sonne und eine Quinkunx mit dem Mond, Pluto ist aspektiert und steht nahe am Deszendenten.

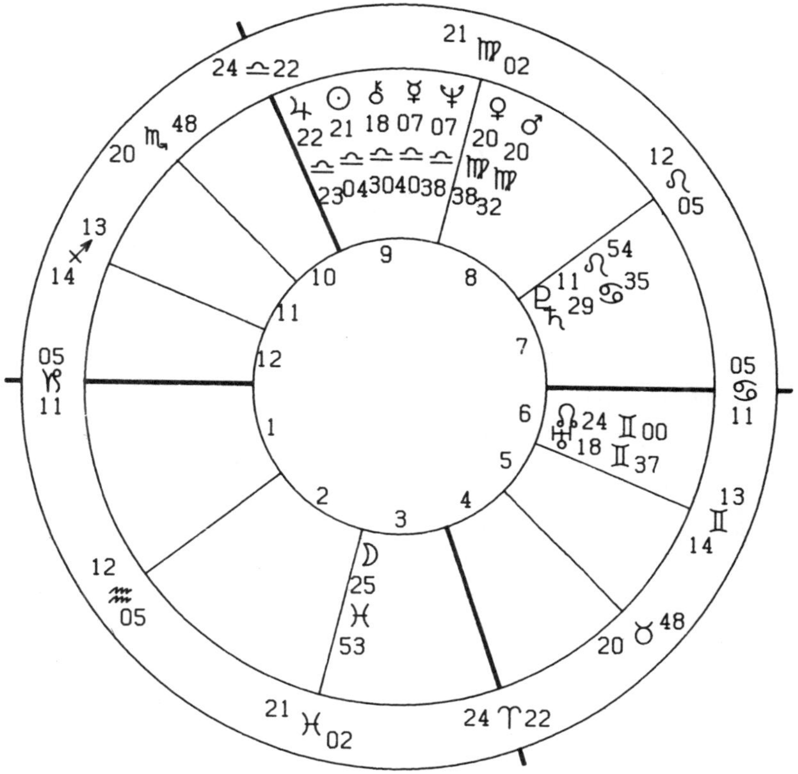

Diagramm Nr. 14, Compositihoroskop für die Eltern, Alice und Jeremy II. (Siehe auch Diagramm Nr. 10 und 12.)

Compositihoroskop: Eltern

Da beide Elternteile einen Fischemond mit disharmonischen Aspekten zu Mars und Uranus aufweisen, findet sich diese Konstellation auch in ihrem Halbsummenhoroskop (vergleiche Diagramm Nr. 14), bildet aber zusätzlich noch ein bewegliches T-Quadrat mit Venus und den Mondknoten. Das achte Haus ist wichtig, es bildet mit Venus ein Ende des T-Quadrates, Pluto steht nahe der Spitze des achten Hauses in einem Anderthalbquadrat zum Mond. Zweifellos sind für dieses Paar Gewalt und Sexualität eng miteinander verknüpft, und ihre Beziehung ist sadomasochistischer Natur. Vier Planeten im neunten Haus deuten auf Schwierigkeiten mit dem Gesetz hin, die Sonne/Jupiter Konjunktion zeigt jedoch, daß sie daraus lernen könnten.

Charles: Der bevorzugte Sohn

Diagramm Nr. 15 zeigt ein Horoskop, das alles andere als einfach ist. Es steckt voller Quinkunxen, einschließlich einer „Auge-Gottes-Konstellation“ mit der Sonne im Apex. Eine Quinkunx bedeutet Unvereinbarkeit oder Schwierigkeiten, die eigenen Bedürfnisse miteinander in Einklang zu bringen. Sonne und Saturn stehen im Widder in Konjunktion mit dem Medium Coeli, was zusammen mit seinem Löwe-Aszendenten bedeutet, daß Charles Aufmerksamkeit verlangt und braucht, aber es ist ein unsicherer Thron, auf dem er sitzt. Die Quinkunxen zu Neptun und Pluto zeigen die Täuschungen und unterschwelligen Emotionen, die ihm wahrscheinlich das unbehagliche Gefühl vermitteln, daß die Liebe, die man ihm entgegenbringt, nicht echt ist, daß er gut daran täte, perfekt zu sein, da sonst möglicherweise er als nächstes an der Reihe wäre.

Mit dem Aszendenten im Löwen, dem „Auge Gottes“ in der Sonne und all seinen erhöhten Planeten, wuchs Charles in der Meinung auf, etwas ganz Besonderes zu sein. (Er könnte buchstäblich überzeugt davon sein, daß das „Auge Gottes“ auf ihm ruht.) Aber ohne jegliche Quadrate oder Oppositionen, um ihn zur Tat anzuspornen, weiß er nicht recht, womit er diese übergeordnete Position erreichen oder verdienen soll, die ihm in den Augen seiner Eltern zusteht. Das Auge Gottes wiederholt sich im Composit von Charles und seinem Vater, welches als Diagramm Nr. 16 abgebildet ist.

Wir haben nun bei einem Fall schwerer Kindesmißhandlung die Horoskope aller vier Familienmitglieder überprüft, ebenso die Compositkoroskope zur Illustration der komplexen Beziehungen zwischen den Beteiligten. Es wurde auf bestimmte gemeinsame Themen oder sogar gemeinsame Grade hingewiesen. Die an den Mißhandlungen beteiligten Personen wiesen schwierige Aspekte in den wandelbaren Zeichen auf, allen gemeinsam waren disharmonische Mars/Uranus und Mars/Mond Aspekte. Sowohl in den Geburtshoroskopen als auch in den Vergleichen zeigten sich Quadrate

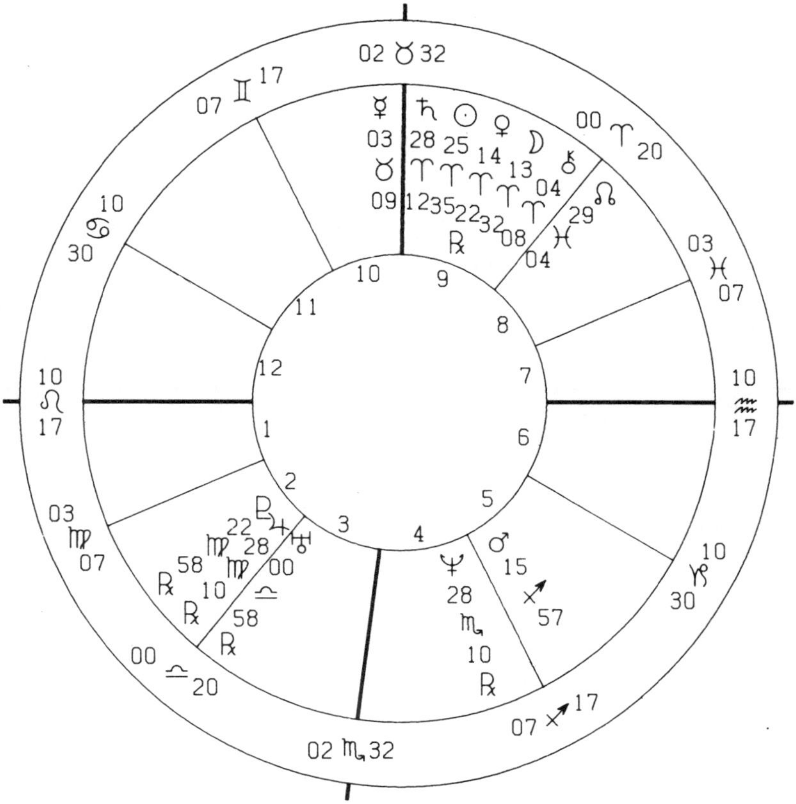

Diagramm Nr. 15, Charles, das bevorzugte Kind, Geburtsdaten stehen aus Gründen der Vertraulichkeit nicht zur Verfügung.

mit diesen Zeichen. Das achte Haus war stark betont, ebenso Pluto, was auf die Verknüpfung von Gewalt und Sexualität und auf fehlgeleitete Macht- und Herrschsucht hinweist. Wir sollten daraus nicht den Schluß ableiten, daß eine dieser Konstellationen allein schon zu Kindesmißhandlungen führt, aber die extreme Häufung schwieriger Aspekte in den Horoskopen der Familienmitglieder zeigte sich tatsächlich in schweren Mißhandlungen.

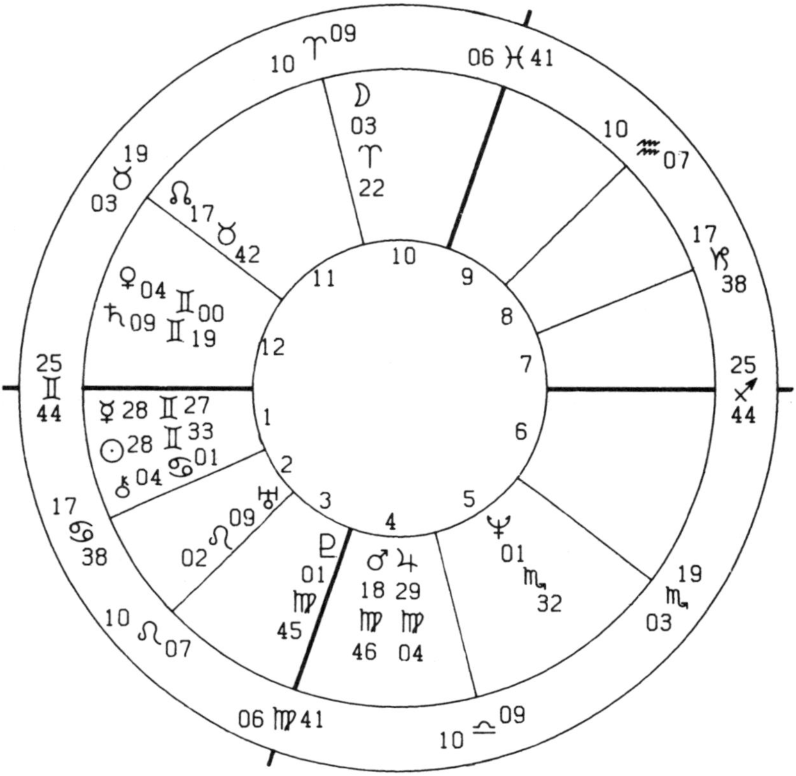

Diagramm Nr. 16, Compositphoroskop für Charles und seinen Vater, Jeremy II. (Siehe auch Diagramme Nr. 12 und 15.)

Einige Grundideen für die Heilung

Wenn Sie mißhandelt oder mißbraucht wurden, würde es heilsam für sie sein, selbst eine Gruppe zu gründen. Einige der in diesem Buch beschriebenen Mittel und Wege könnten heilend wirken, wie zum Beispiel die Übungen gegen Schuldgefühle und Aggressionen. Gegen die Überreste von Angst und Furcht wäre die gleiche Übung wie gegen Aggressionen empfehlenswert, wobei jedoch die Farbe blau eingesetzt werden sollte. SANFTE Körpertherapie, wie beispielsweise Massage, keinesfalls jedoch schmerzhafte, wie Rolfing, kann zur Lösung der angestauten Emotionen beitragen und Ihnen zu einem angenehmen Körpergefühl verhelfen. Geeignete Bachblüten wären Star of Bethlehem (gegen alte Schocks und Traumata), Honeysuckle (um sich von der Vergangenheit zu lösen), Willow (gegen Aggressionen und Bitterkeit), Holly (gegen Haß, Argwohn und Rachsucht) und Centaury (um gegen die Rolle des Opfers in Zukunft gewappnet zu sein). Christina Crawford, die Autorin von *Mommy Dearest* gründete eine bedeutende Selbsthilfebewegung für Erwachsene, die als Kinder körperlich mißhandelt wurden. Ihre Kontaktadresse lautet: The Survivors Network, 186563 Ventura Boulevard # 143, Tarzana, CA 91356.

Abschließende Bemerkungen zum Mißbrauch

Wahrscheinlich haben Sie dieses Kapitel ziemlich deprimierend gefunden, wenn Sie aber Astrologie praktizieren, werden Ihnen derartige schwere Fälle begegnen und Sie werden imstande sein müssen, sowohl die astrologische als auch die psychologische Seite von Kindesmißhandlung und Kindesbelästigung zu verstehen. Wenn es schon auf Sie so deprimierend wirkt, können Sie sich vorstellen, was für einen Alptraum es für die betroffenen Personen bedeutet, und deswegen ist Ihr Verständnis und Ihre Anteilnahme so wichtig, deswegen müssen Sie fähig sein, dem anderen zuzuhören, ohne über seinen Bericht schockiert zu sein. Während Pluto im Skorpion steht, werden mehr und mehr Menschen zu Ihnen oder anderen Personen in einer heilenden Funktion kommen und enthüllen, daß Sie Mißbrauch und Mißhandlung verschiedenster Art erleben mußten. Die in der folgenden Bibliographie angeführten Bücher helfen Ihnen, sich darauf vorzubereiten, ermöglichen es Ihnen, dem Opfer Verständnis und echte Hilfe bieten zu können und informieren Sie über verfügbare Therapiemöglichkeiten zur Heilung der Nachwirkungen.

Bücher über Inzest und sexuelle Belästigung

Armstrong, Louise, *Kiss Daddy Goodnight,* Hawthorne, N. Y. 1978.

Brady, Katharine. *Father's Day: A True Story of Incest.* Seaview Books, N. Y. 1979.

Butler, Sandra, *Conspiracy of Silence: The Trauma of Incest.* Volcano Press, San Francisco, 1978.

Morris, Michelle. *If I Should Die Before I Wake.* Dell, N. Y. 1982

Rush, Florence. *The Best Kept Secret: Sexual Abuse of Children.* McGraw Hill, N. Y. 1980.

Bücher über Vergewaltigung

Brownmiller, Susan, *Against Our Will: Men, Women, and Rape.* Simon and Schuster, N. Y. 1975.

Bücher über Gewalt in der Familie

Martin, Dell. *Battered Wives,* Pocket Boods, N. Y. überarbeitete Auflage 1983.

McNulty, Faith. *The Burning Bed, Harcourt Brace Jovanovich,* N. Y. 1983.

Walker, Lenore E. *The Battered Woman,* Harper and Row, N. Y. 1979.

KAPITEL SECHS

Der Tod und die transformative Kraft der Trauer

Die Gedanken, die wir in diesem Kapitel aufgreifen werden, gelten nicht nur für die Trauer um einen verstorbenen Menschen, sondern auch für Trauergefühle, die durch den Verlust einer Beziehung, einen beruflichen Rückschlag, eine nicht mehr vorhandene Fähigkeit, und besonders durch das Ende eines Traumes oder einer Hoffnung ausgelöst werden, die einen Teil unseres Lebens ausmachte. Der Tod ist ein klareres Ereignis, leichter zu fassen, aber es ist ebenso wichtig, auch andere Verluste zu betrauern. Wenn wir diesen schwierigen Bereich untersuchen, werden wir sehen, welch stark plutonische Züge das Trauern aufweist. Oft spielen Schuldgefühle dabei eine Rolle, Aggressionen, Anklammern, der Wunsch, die Situation unter Kontrolle zu haben und das Verlangen nach Rache. Pluto herrscht sowohl über den Tod als auch über Transformation, und der Tod eines nahestehenden Menschen bedeutet oft eine Phase der Transformation – vorausgesetzt wir lassen unsere Trauergefühle zu. Heilungsmöglichkeiten zur Bewältigung der Trauer werden am Ende dieses Kapitels vorgestellt.

Obwohl es der angeborenen Verschlossenheit meiner Pluto/Aszendent-Konjunktion widerstrebt, dies öffentlich mitzuteilen, bin ich ein Medium. Es wurde mir nicht nur ein Teil meines Materials auf diese Weise mitgeteilt, ich habe auch die Fähigkeit, mit verstorbenen Menschen zu kommunizieren, als unweigerliche Folge des engen Kontaktes mit dem Tod. Ich setze meine Fähigkeiten als Medium nicht für die breite Öffentlichkeit ein, die neugierig ist und wissen möchte, wie es der Oma im Jenseits gefällt, aber ich stelle mich gerne zur Verfügung, wenn meine medialen Fähigkeiten im Laufe einer Therapie nutzbringend eingesetzt werden können, wenn etwa Menschen – vorwiegend Plutonier – tiefe Verzweiflung empfinden und unfähig sind, einen Todesfall zu bewältigen. In diesen Fällen stellen mediale Sitzungen eine geeignete Therapie und eine Form der Heilung dar. Ein diesbezügliches Fallbeispiel wird an späterer Stelle angeführt.

Angesichts dieser ganz entschiedenen unprofessionellen Einstellung sind meine Erfahrungen als Medium zwar beschränkt aber recht konstant. Berücksichtigen Sie bitte, daß es sich nur um die Erfahrung einer Einzelperson handelt, erweitert durch Studien und Gespräche mit professionellen Medien. Während dieses Kapitel entstand, griff das Universum – nicht unbedingt rein zufällig – helfend ein, indem es einen Aufenthalt in London bei einem berühmten europäischen Medium arrangierte, das mich zu Zeremonien der Spiritualist Church mitnahm und mir eine Menge über klassische Medien erzählte. Das Universum sorgte auch für die Konfrontation mit einigen Todesfällen, es fiel mir jedoch schwer, für diese spezielle Art der Unterstützung dankbar zu sein.

Als Trauergefühle aus der Mode kamen

Mit dem Mond im Wassermann im Horoskop der Vereinigten Staaten, können wir mit Trauergefühlen einfach nicht umgehen. Man erwartet von uns, gleichgültig zu sein, so zu tun, als ob uns der Verlust nichts ausmachen würde. „Er ist sehr gefaßt“ wird für ein Kompliment, nicht für einen Grund zur Besorgnis gehalten. Wenn Sie so linkisch sind und länger als ein paar Monate um einen Verlust trauern, kommen die Transformationsjünger und fragen, wenn schon nicht wörtlich, so doch sinngemäß: „Was bringt es dir, daran festzuhalten?“ Da wir alle jetzt spirituell ein wenig bewußter leben, fügen wir unserer Sammlung von Argumenten gegen das Trauern noch oberflächliche Informationen über das Leben nach dem Tod hinzu. „Du hältst sie nur zurück, wenn du so weitermachst, mein Lieber. Siehst du nicht ein, daß du sie loslassen mußt, damit sie hinübergehen kann?“ Solche Bemerkungen sind nicht Weisheit sondern Sophisterei und ein Vorwand, dem zu entkommen, was Psychotherapeuten die Therapie des Trauerns nennen.

Auch mit einem anderen Fluchtweg ist man schnell bei der Hand: Man bagatellisiert den Verlust (besonders den eines anderen Menschen) und glorifiziert den Tod als augenblickliche Erlösung und wunderschöne Erleuchtung. „Wie wunderbar, daß er jetzt erlöst ist.“ Die Verstorbenen sind oft haargenau so unerleuchtet wie sie es als Lebende waren. Ihre Heilung erfolgt NICHT augenblicklich – es kann bis zu zwei Jahren dauern, bis der Astralkörper ausgebildet ist. Im Moment des Todes ist es möglicherweise so, wie es in Forschungsberichten beschrieben wird – mit Licht und überwältigenden spirituellen Erscheinungen und so weiter – aber nach den Flitterwochen braucht die Anpassung an den neuen Zustand Zeit, besonders bei Menschen unseres Kulturkreises, die so wenig darauf vorbereitet sind.

In alter Zeit gab es Trauerbräuche, die dem Überlebenden halfen, seine Trauer zu verarbeiten, und die zweifellos auch den Verstorbenen halfen, das Geschehene zu verstehen und zu akzeptieren. Viele dieser Bräuche, auch die vor dem Hintergrund der traditionellen Religionen ausgeübten, beruhten instinktiv auf fundierten okkulten Grundsätzen und okkultem Wissen um das, was nach dem Tod geschieht. Schwarz wirkt zum Beispiel als psychischer Schutzschild und bewahrt den Trauernden davor, von medialen Kontakten mit den Verstorbenen überwältigt zu werden. Es scheint ungefähr ein Jahr zu dauern, bis der Verstorbene zu einer zweiten Ebene mit größerem Abstand von unserer irdischen übergeht, und auch die traditionelle Trauerzeit dauerte ein Jahr. Man las Messen für den Verstorbenen, und die Trauernden wurden von sozialen Verpflichtungen ferngehalten. Die intensivste Phase eines Plutotransits dauert ein oder zwei Jahre, und oft wird der Tod eines nahestehenden Menschen oder ein schwerwiegender Verlust anderer Art von einem Plutotransit begleitet. (Nicht jeder Pluto-Transit bedeutet einen Todesfall, aber jeder bedeutet, daß irgend etwas Wesentliches zu Ende geht.)

Die Pluto-im-Löwen-Generation und der Tod

Pluto bringt oft das Thema des Verlassenwerdens mit sich und wir modernes, selbstsüchtiges Volk (die Pluto-im-Löwen-Mannschaft) lassen die Sterbenden im Stich, überlassen sie ihrem Schicksal, anstatt uns mit unseren Gefühlen gegenüber dem Tod auseinanderzusetzen. Auch die Toten und jene, die sie betrauern, lassen wir selbstsüchtig im Stich. Zumindest am Anfang können uns die Toten ebenso schmerzlich vermissen wie wir sie, und sie fühlen sich oft ohne unsere liebevolle Trauer einsam und isoliert. Und was ist mit Ihrer lieben alten Mutter und Ihrem Lieblingsonkel Bill, die Sie drüben schon erwarten und begrüßen, wenn Sie sterben? Sie sind kein vollwertiger Ersatz für die innige Beziehung mit den geliebten Menschen, die Sie zurückgelassen haben und die jetzt nicht mehr mit Ihnen sprechen, weil sie nicht wissen wie oder – noch schlimmer – nicht wissen, daß Sie überhaupt noch existieren. Der Tod hat eine gewisse Ähnlichkeit mit einer Übersiedlung – bloß daß Sie nicht so viele Briefe von Ihren Freunden bekommen.

Die Pluto-im-Krebs-Generation hatte mehr Begabung, sich um trauernde Menschen zu kümmern, aber die Pluto-im-Löwen-Generation sieht nur, wie lähmend die Anwesenheit eines Trauernden ist: „Es ist ganz einfach zu anstrengend. Ich muß auf mich selbst achtgeben." Wenn die Generation mit Pluto-in-der-Jungfrau und Neptun-im-Skorpion die Verantwortung tragen wird, werden diese Menschen zweifellos in liebevoller und aufopfernder Weise für die Sterbenden und Hinterbliebenen sorgen. Da Neptun mit psychischen und Skorpion (ebenso wie Pluto) mit medialen Fähigkeiten zu tun hat, könnte dies eine Generation mit natürlicher medialer Begabung werden, ein Abschnitt der Geschichte, in dem die Kommunikation mit dem Jenseits selbstverständlich und allgemein akzeptiert wird.

Um ein gerechtes Urteil über die Pluto-im-Löwen-Menschen fällen zu können, muß man bedenken, warum sie den Tod so abgestumpft gegenüberstehen. Der Grund ist zweifellos, daß sie so viel davon gesehen haben. Ihre Geburt fiel in einen verheerenden Weltkrieg oder in die Nachkriegszeit, kurz darauf kam Korea. Zusätzlich entstand kurz nach ihrer Geburt die ständige Drohung atomarer Vernichtung. Als junge Menschen oder Teenager wurden sie mit Vietnam konfrontiert, mit dem sinnlosen Massensterben für einen Krieg, mit dem sie sich nicht identifizieren konnten. Im US-Fernsehen werden pro Stunde durchschnittlich sieben brutale Morde gezeigt, und damit wird signalisiert, daß Leben billig ist. Es kommt der Augenblick, da wir es nicht mehr aushalten – wir haben so viele Verluste erlitten oder waren so oft selbst in Gefahr, daß wir uns verschließen. Wie La Rochefoucauld sagte: „Der Tod und die Sonne sind etwas, dem man nicht ständig ins Auge blicken kann." Dieses Leben unter der ständigen Androhung der Vernichtung könnte auch zum Teil die Ursache für den Hedonismus der Pluto-im-Löwen-Generation sein: „Iß, trink und sei lustig, denn morgen bist du vielleicht schon tot."

Bei dieser Generation bildet der durch den Skorpion gehende Pluto ungefähr im Alter von 42 Jahren ein Quadrat zu ihrem Geburts-Pluto. Diese Generation hegt außergewöhnlich starke Aggressionen gegen ihre Eltern, und der Tod der Eltern kann unter Umständen eine intensive Krise und Läuterung auslösen. Durch die Konfrontation mit der Sterblichkeit sollte sich der Narzißmus, für den diese sogenannte „Ich-Generation" bekannt ist, zu einem größeren Verantwortungsbewußtsein für das Ganze wandeln.

Elisabeth Kübler-Ross und die Befreiung der Sterbenden

Die Sechziger Jahre waren von einer Konjunktion von Uranus und Pluto im Zeichen der Jungfrau gekennzeichnet, eine Konstellation, die zu einer Reihe von sozialen Reformen und Befreiungsbewegungen führte. Eine der schönsten war jene von Elisabeth Kübler-Ross für das Recht der Sterbenden auf liebevolle und verständnisvolle Behandlung. Ebenso wie viele andere plutonische Lebensbereiche ist auch der Tod oft ein tabusiertes Thema, und ihre Arbeit wirkte bahnbrechend auf dem Gebiet der Kommunikation mit sterbenden Menschen. Elisabeth war – wie so viele andere Plutonier – deprimierenden und hinterhältigen Angriffen von Seiten des Establishments ausgesetzt, das den Status Quo aufrechterhalten wollte. Die Medizinerschaft versuchte immer wieder Skandale anzufachen und zu beweisen, daß sie verrückt sei. Auf Grund ihrer heilenden Funktion sind Ärzte Plutonier und haben als solche Schwierigkeiten mit dem Tod, der ihnen ihre eigene Machtlosigkeit vor Augen führt.

Selbst heute noch gerät Elisabeth Kübler-Ross immer wieder in Konflikte mit den Machthabern. Die psychische und mediale Öffnung, die sie in den letzten Jahren durchmachte, führte zu neuerlichen Gerüchten über Geistesgestörtheit. Ihre Erfahrung mit Sterbenden und Patienten, die nach dem Tod Verbindung aufnahmen, verstärkte ihren unerschütterlichen Glauben an ein Leben nach dem Tod und an die Reinkarnation. Im Epilog zu ihrer Biographie heißt es:

Ich durfte jede mystische Erfahrung machen, deren menschliche Wesen fähig sind. Ich bin zu den höchsten Höhen emporgeschwebt ohne jemals Drogen genommen zu haben. Ich habe das Licht gesehen, das meine Patienten in ihrer Todeserfahrung erblicken, und ich war von jener unglaublichen, bedingungslosen Liebe umgeben, die wir alle an jenem Übergang erfahren, den wir Tod nennen.[23]

Wie Sie dem Diagramm Nr. 17 auf Seite 157 entnehmen können, zählt Elisabeth Kübler-Ross zu den Plutoniern. Sie weist eine Konjunktion von Pluto mit ihrer Krebssonne und ihrem aufsteigenden Mondknoten auf, in ungenauer Konjunktion auch mit ihrem Krebsmond. Welche höhere Verwirklichung dieser Konstellation könnte man sich vorstellen als die Pflege und Fürsorge der Sterbenden? Wenn Sie mir dieses Diagramm in die Hand geben, würde ich Ihren Beruf als Medium erraten, auch ohne sie zu kennen, so stark sind die Hinweise darauf. Das gradgenaue Quadrat zwischen Mars im Widder im ersten Haus und Pluto bzw. der Sonne ist schwierig, sie verwirklicht es jedoch in seiner höchsten Ausdrucksform, als Kämpfer und Führer für die Rechte der Sterbenden. (Es ist jedoch durchaus möglich, daß sie den einen oder anderen Kampf mit den Machthabern selbst provozierte.) Sonne und Pluto bilden mit Saturn im Skorpion im achten Haus ein Trigon und zeigen, daß sie dies als berufliche Verantwortung anerkennt und auf diesem Gebiet heilend wirkt.

23 Derek Gill, *Quest: The Life of Elisabeth Kübler-Ross,* Harper & Row, NY, 1980, S. 378.

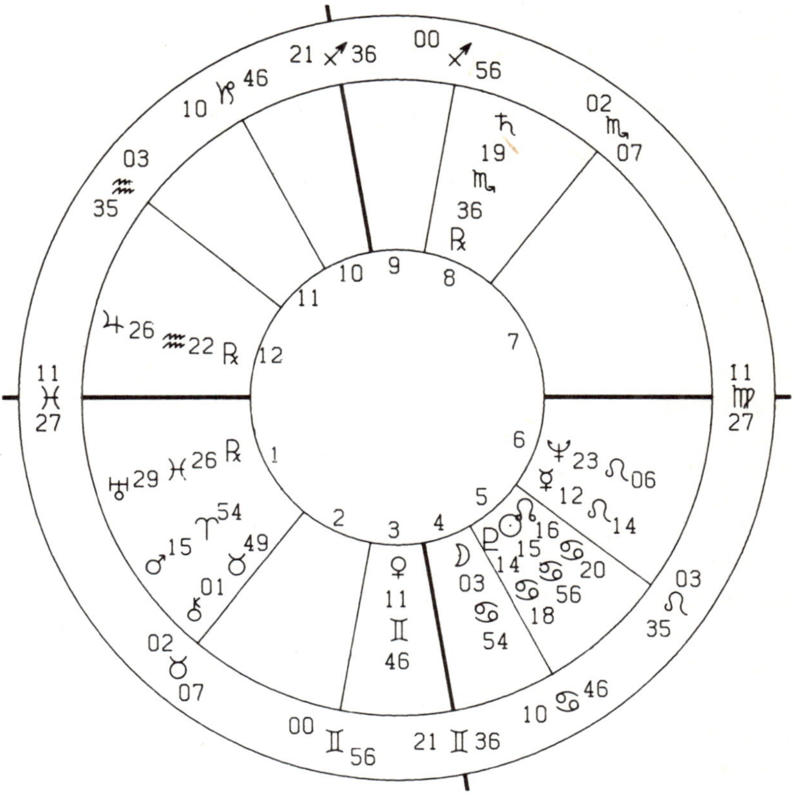

Diagramm Nr. 17. Elisabeth Kübler-Ross. Geboren in Zürich, Schweiz, am 8. Juli 1926, 22.45 Uhr, tropical, Placidus. Daten aus Louis Rodden (auf Grund von neueren Angaben als die in ihrem Buch genannten), *Profiles of Women* (AFA, Tempe, AZ, 1979)

Was wir von Trauer erwarten können

Es wäre vielleicht gut, zu beschreiben, was Trauer eigentlich ist, so daß Sie diesen Zustand bei einem Menschen erkennen können. Es ist eine sehr plutonische Geisteshaltung, denn trauernde Menschen bemühen sich, ihre Gefühle nach außen hin nicht zu zeigen, weil andere Menschen sie meiden könnten, wenn sie sich ihrer Trauer zu sehr hingeben. Oft spielt Einsamkeit eine bedeutende Rolle: Witwen müssen zum Beispiel erkennen, daß die früheren Freunde des Ehepaares eine alleinstehende Frau nicht mehr bei sich haben wollen. Oft kreisen die Gedanken in zwanghafter Weise um den Verstorbenen und, wie wir später sehen werden, auch Schuldgefühle und Aggressionen sind beteiligt. Manchmal existiert ein starker Wunsch zu sterben. Oft fühlt sich der Mensch im Stich gelassen – vom Verstorbenen, von den Freunden und von Gott.

Die erste Phase ist von Stumpfheit und Schock gekennzeichnet. Trauernde Menschen durchleben oft das Begräbnis und die Wochen unmittelbar danach in einem tranceartigen Zustand („Sie hält sich so tapfer.") Ärzte und Freunde mit wohlbestückten Medizinschränken oder privaten Vorräten tragen noch zu dieser Stumpfheit bei, indem sie dem Trauernden Sedativa aufdrängen. Man könnte argwöhnen, daß dies weniger aus Besorgnis um die Hinterbliebenen geschieht (die ihre Gefühle durchleben müssen, um den Trauerprozeß abzuschließen) sondern eher um sich nicht selbst solch unangenehmen Gefühlen aussetzen zu müssen. Diese Gewohnheit ist höchst unklug, denn Trauergefühle werden leicht ins Unterbewußtsein abgeschoben. Außerdem wird Trauer zum Zeitpunkt des Verlustes eher sozial anerkannt als Wochen, Monate oder sogar Jahre später, wenn die Gefühle schließlich an die Oberfläche kommen. (Wenn die Beziehung plutonischer Natur war, geheim bleiben mußte oder von der Gesellschaft nicht akzeptiert war, können solche Menschen überhaupt kaum auf soziale Anerkennung hoffen – etwa im Falle gleichgeschlechtlicher Liebe, einer langjährigen Beziehung mit einem verheirateten Mann oder beim Tod eines alkoholkranken Vaters, den alle Welt schon vor Jahren abgeschrieben hat.)

Trauer ist ein sehr mächtiges Gefühl, vielleicht das intensivste überhaupt. Die Intensität hängt davon ab, wie stark die Verbundenheit war (im positiven oder negativen Sinn), wie plutonisch die Beziehung war, in welchem Maß Sie auf den Tod vorbereitet waren und wie akzeptabel oder plutonisch die Todesart war (wobei Selbstmord, Krebs und Mord stärker plutonische Züge tragen). Im Stadium akuter Trauer wachen Sie möglicherweise mitten in der Nacht auf, Nacht für Nacht, mit einem Gefühl angstvoller Verzweiflung, und wen, bitte, kann man um diese Zeit anrufen? (Schlaflosigkeit scheint viele Pluto-Transite zu begleiten, vermutlich, weil man zu diesen Zeiten einen Tod oder eine Wiedergeburt betrauert.)

Zu Schlaflosigkeit und tiefem Trübsinn können noch körperliche

Symptome wie Appetitlosigkeit, Schwindel, Schmerzen oder ein bleiernes Gefühl in der Brust kommen. Dieses Gefühl in der Brust läßt manche Menschen befürchten, selbst ebenfalls sterben zu müssen, ist aber auf die Verletzung des Herzchakras zurückzuführen, die bei schmerzlichen Verlusten eintritt. Das Herzzentrum ist ein Teil der Aura und reguliert das Schenken und Empfangen von Liebesenergie. Wenn das Herzzentrum verwundet wird, verschließt es sich für eine Weile, so daß trauernde Menschen Liebe oft nicht aufnehmen können, selbst wenn andere versuchen, sie ihnen zu schenken, und damit die Isolierung noch verstärken. Mit Hilfe der Übung in Kapitel drei kann man in diesem Fall an der Wiederöffnung des Herzchakras arbeiten. (Wenn der Tod infolge einer Herz- oder Lungenkrankheit eintrat, können sich die Symptome auch in medialer Weise auf den Überlebenden übertragen.)

Trauergefühle scheinen zu kommen und zu gehen. Manchmal vergessen wir sie und stürzen uns mitten ins Leben. Dann, plötzlich, bringt die kleinste Kleinigkeit – ein Gegenstand, der dem Verstorbenen gehörte, ein Lied, das er liebte, ein Anblick, den er genoß – mit einem Schlag alles zurück. Sich mit den persönlichen Gegenständen auseinanderzusetzen ist das Allerschwerste. Es trotzdem zu tun und dabei die Trauer bei jeder Kleinigkeit hervorbrechen zu lassen, wirkt tatsächlich heilend. Ferien und andere, besondere Ereignisse können den Kummer augenblicklich zurückbringen. Psychotherapeuten wohlvertraut ist die Jahrestags-Reaktion: Jahr für Jahr können sich im Todestag des geliebten Menschen Depressionen einstellen, und oft ist uns unsere Trauer nicht einmal bewußt. (Pluto kann ein Jahr später in ungefähr derselben Position stehen.)

Am allerschlimmsten ist die Einsamkeit, denn von niemandem wird man wirklich verstanden und niemand möchte in Wirklichkeit mehr als einen Anstandsbesuch machen, um sein schlechtes Gewissen zu beruhigen. Trauernde Menschen möchten berührt und festgehalten werden, und wenn der geliebte Mensch der Ehepartner war, bleibt dem Hinterbliebenen dieser Trost versagt, wenn nicht andere feinfühlige Menschen dafür sorgen. Manchmal kann sich auch ein starkes Verlangen nach sexuellem Kontakt ergeben, denn der Tod verstärkt das Bedürfnis, am Physischen festhalten zu wollen. Wir haben jedoch ein schlechtes Gewissen und kommen uns treulos vor, wenn wir solche Bedürfnisse verspüren. (Im Zustand des Trauerns scheinen alle Themen des Pluto in Erscheinung zu treten, nicht wahr?)

Wenn ein Todesfall oder ein anderer Verlust nicht hinreichend betrauert wurde, kann ein neuerlicher Verlust die eingeschlossene Trauer wieder aktivieren. Ein Pluto-Transit kann – muß jedoch nicht – zeitlich mit einem Verlust zusammenfallen. Manchmal kommt es vor, daß Menschen unter einem Pluto-Transit durch bestimmte Lebensumstände gezwungen werden, einem früheren Verlust gegenüberzutreten und diesen dann aufs neue zu durchleben und zutiefst dabei zu leiden. Obwohl diese Phasen außerordentlich schmerzlich sind, bieten sie doch Gelegenheit, einen Todesfall oder Verlust zu bewältigen und das Leben wieder dort fortzuführen, wo es unterbrochen wurde. Im Verlauf dieses Prozesses kann es notwendig werden, all die Gefühle des Verlassen- und Verratenwerdens, der Schuld und Auflehnung, oder all die anderen Emotionen neu aufzurollen, die zum Zeitpunkt des Verlustes oder Todesfalls nicht aufgearbeitet worden waren.

An der Harvard-Universität wurde eine eingehende Studie über den Trauerprozeß durchgeführt und in dem Buch *Recovery From Bereavement* veröffentlicht. Diese Studie vermittelt weitere Einblicke in plutonischen Verhaltensweisen, denn im Falle einer extremen Abhängigkeit symbiotischer Natur hatten die Personen weit größere Schwierigkeiten, den Verlust zu bewältigen. Der Bericht weist auch darauf hin, daß manche Menschen unfähig waren, allein zurechtzukommen und der Zukunft mit Hoffnungslosigkeit entgegensahen. Bei einer unglücklichen Ehe hatte der zurückgebliebene Partner außerordentliche Schwierigkeiten, über den Tod hinwegzukommen und litt jahrelang verzweifelt darunter. Der Tod bedeutete unter diesen Umständen nicht nur den Verlust jeder Hoffnung auf eine Besserung der Beziehung, sondern hier kamen zur Trauer noch überwältigende Schuldgefühle und Aggressionen.[24]

Aggressionen als Bestandteil der Trauer

Psychotherapeuten haben beobachtet, daß Trauergefühle um einen Verstorbenen oft mit Vorwürfen gemischt sind, von ihm so im Stich gelassen worden zu sein. Irgendwo in unserem Inneren begreifen

24 Cunningham, Donna. *An Astrological Guide to Self-Awareness,* CRCS Publishing, Reno, NY, 1978.

wir, daß die Seele des Individuums den Zeitpunkt und die Todesart selbst gewählt hat und sind wütend über ihre Entscheidung, uns zu verlassen, obwohl diese Wahl meistens nichts mit uns zu tun hat. Wir lassen diesen Zorn nicht zu – so etwas fühlt man schließlich nicht! Nichtsdestoweniger macht er sich schließlich Luft, nicht gegenüber dem Verstorbenen, aber gegenüber den anderen Hinterbliebenen. Wir übertragen unseren Ärger über die Toten auf die Lebenden. Das Totenbett ist ein furchtbarer Nährboden für Familienfehden – manchmal werden die Hinterbliebenen so wütend aufeinander, daß sie bis zum nächsten Begräbnis kein Wort mehr miteinander sprechen. Der Streit bietet auch eine Möglichkeit, sich an den Verstorbenen zu klammern und den Tod nicht zu akzeptieren. Je zentraler die Rolle des Verstorbenen war (Mutter, Vater), desto eher kommt es anscheinend zu Streitigkeiten. Wir brauchen einen Sündenbock und können dann denjenigen hassen, den wir für verantwortlich erklärt haben. Wir streiten um Besitztümer und Erbschaften, nicht aus reiner Habgier, sondern um damit den Verstorbenen festzuhalten. Wenn ich schon die Mutter nicht haben kann, will ich wenigstens ihr Hochzeitsporzellan. (Es paßt alles so sehr zum achten Haus!)

Wir haben auch das Bedürfnis, auf irgendeinen anderen Menschen loszugehen – gleichgültig auf wen – um die Wut in unserem Inneren abzureagieren, so strengen wir eine Klage gegen den Arzt an, der den geliebten Menschen irgendwie für immer am Leben hätte erhalten sollen, und wir zürnen Gott, weil er die Menschen nicht als unsterbliche Wesen erschaffen hat. Derartige Vendettas entstehen aus dem Wunsch heraus, sich für den Tod zu rächen, aber das eigentliche Objekt unserer Empörung – der Verstorbene – ist nicht mehr greifbar. Nicht alle Menschen werden diese Art des Ärgers verspüren, der Berater sollte jedoch wissen, daß er im Gefühlskomplex des Trauerzustandes eine Rolle spielen kann. Es fördert den Heilungsprozeß, wenn diese Form des Schmerzes anerkannt wird und trauernde Menschen bestärkt werden, diese Gefühle zuzulassen und auszudrücken. Wie jedes Gefühl, das voll ausgelebt wird, gehen sie schließlich in eine andere Form über, wie zum Beispiel in Liebe, werden sie jedoch nicht verarbeitet, bleiben sie im Inneren in unbewältigter Form bestehen.

Wir alle kennen Menschen, die nach dem Tod eines geliebten Menschen verbittern. Sie hassen Gott, hassen das Leben und hassen jene die es wagen, weiterzuleben und glücklich zu sein. Das Leben wird für sie zu einem Trauerspiel und sie warten anscheinend nur mehr auf ihren eigenen Tod. Hier handelt es sich um eine plutonische Reaktion, die sich aus zwei plutonischen Ursachen entwickeln kann. Der Hauptgrund liegt darin, daß dieser Mensch seine Trauergefühle nicht in ausreichendem Maß zuließ und sich diese in Aggressionen verwandelten. Je mehr wir ihn liebten, desto mehr können wir auch den geliebten Menschen hassen, wenn er uns verläßt. Wenn wir uns diesen Haß nicht gestatten, wird er zu allgemeiner Verbitterung. In ähnlicher Weise kann auch der Tod eines Menschen, gegen den wir einen Groll hegten, eine Welle von Haß hervorrufen und gleichzeitig den sozialen Druck, von diesem Groll abzulassen, jetzt wo er oder sie tot ist.

Aber auch wenn Menschen es verstehen, richtig zu trauern, kann mangelndes Wissen über das Weiterleben nach dem Tod (oder der fehlende Glaube daran) Verbitterung auslösen. Wie anders doch das Leben aussieht, wenn wir wissen, daß der Tod nicht das Ende ist! Dieser Glaube ergibt sich am einfachsten aus direkten medialen Erfahrungen oder über ein Medium, das einen überzeugenden Beweis des Weiterlebens liefern kann. So gesehen wirken Medien heilend, und sie können unter bestimmten Umständen wirklich helfen, den Schmerz zu lindern. Auch wenn wir wissen, daß der geliebte Mensch weiter existiert, auch wenn wir direkt mit ihm in Verbindung stehen, verspüren wir Leid und Bitterkeit, genau wie bei jeder anderen zerbrochenen Beziehung, aber der Tod hat ein wenig von seiner Macht verloren.

Schuldgefühle gegenüber dem Verstorbenen

Schuldgefühle gegenüber dem Verstorbenen sind weit leichter zu akzeptieren als Ärger, sie sind auch weit stärker verbreitet und werden immer wieder aufs neue durchlebt. Wir werfen uns vor, den Verstorbenen nicht besser behandelt zu haben, nicht angerufen oder geschrieben zu haben, am Ende nicht dagewesen zu sein, seinen Erwartungen nicht entsprochen zu haben – und so weiter und so fort. Ähnliche Schuldgefühle können auch den Verlust einer Beziehung oder einer anderen wichtigen Verbindung begleiten. „Hätte ich doch nur ...“ Schuldgefühle und Aggressionen sind siamesische Zwillinge. Bevor wir nicht die Aggressionen zulassen und aufarbeiten, werden wir auch die Schuldgefühle nicht los.

Die Hinweise in Kapitel vier können vielleicht jenen Menschen helfen, die im Zusammenhang mit dem Tod eines anderen von Schuldgefühlen verfolgt werden. Schuldgefühle stehen oft mit dem Wunsch in Zusammenhang, eine Situation unter Kontrolle zu haben, ihr Ergebnis durch das, was wir tun oder nicht tun, bestimmen zu können. So klammern wir uns an die Illusion, daß wir den Tod hätten verhindern können, wenn wir nur etwas Bestimmtes nicht gesagt oder getan hätten.

Im Zuge meiner Heilungstätigkeit arbeitete ich einige Monate lang mit einer Frau, die ein extremes Beispiel für Schuldgefühle nach einem Todesfall darstellte. Ihr Vater hatte Selbstmord begangen und noch zwei Jahre später verzehrte sie sich vor Schuldgefühlen. Ein Freitod, bei dem sich ein Mensch freiwillig und bewußt dazu entschließt, uns im Stich zu lassen, scheint die Verknüpfung des Schmerzes mit Schuldgefühlen und Aggressionen noch zu intensivieren. Diese Klientin quälte sich Tag für Tag mit Selbstvorwürfen (wäre sie doch nur liebevoller gewesen, hätte sie ihn doch nur öfter besucht, wäre sie doch nur an jenem Tag dort gewesen). Ihr tatsächliches Verhalten war ihrer Beschreibung nach recht aufmerksam und liebevoll, aber ihr Vater war offensichtlich überzeugt davon, Krebs zu haben und entschied sich, seinem Leben ein Ende zu bereiten, um nicht leiden zu müssen. Ich weiß leider nicht mehr, wo ich sie erreichen könnte, und kann sie daher nicht mehr um die Erlaubnis bitten, ihr Horoskop an dieser Stelle abbilden zu dürfen, sie wies jedoch einen sehr starken Pluto im achten Haus auf, dem Haus der Toten, und dieser Pluto bildete mit ihrer Sonne im Stier und ihrer Venus im fünften Haus eine Quadratur. Menschen mit der Sonne im fünften Haus verspüren oft den Wunsch, für immer das verwöhnte Kind zu bleiben, und damit wäre auch unter normalen Umständen für sie der Verlust ihres Vaters ein Trauma gewesen.

Ihre Schuldgefühle schienen im wesentlichen mit zwei Reaktionen auf den Tod zusammenzuhängen: Wut darüber, so im Stich gelassen worden zu sein und der Wunsch nach Kontrolle über die damalige Lage, um das Geschehene zu verhindern. Es deutete auch einiges darauf hin, daß ihre Trauergefühle teilweise auch ihrer in Auflösung begriffenen Ehe mit einem dominierenden Plutonier galten (Sonne Konjunktion Pluto). Ihr Ehemann war ein mächtiger und erfolgreicher Mann, der sie wie ein Kind behandelte, aber eher auf züchtigende als auf liebevolle Weise. Sie lehnte sich innerlich stark dagegen auf, schreckte aber vor einer Veränderung zurück. Im Leben jedes Menschen kann der Tod des Vaters eine Beziehungskrise zu Männern und Autoritätspersonen auslösen, indem er uns auf neue Weise ins Erwachsenendasein katapultiert. Wir sind kein kleines Mädchen oder kein kleiner Junge mehr und fühlen, daß wir das Recht haben, über unser Leben selbst zu bestimmen und unsere Entscheidungen selbst zu treffen. Dieser innere Wachstumsprozeß, heraufbeschworen durch den Tod ihres Vaters, ließ die Ehe meiner Klientin unerträglich werden. Sie wollte jedoch den Status Quo um jeden Preis aufrechterhalten. Auf diese Weise waren Schuldgefühle, Aggressionen und Trauer eng miteinander verwoben und ließen sie nicht zur Ruhe kommen.

Unsere gemeinsame Arbeit bestand darin, ihre wahren Gefühle ihrem Vater und ihrem Ehemann gegenüber zu ergründen, sowohl anhand des Horoskops als auch im Gespräch. Wir arbeiteten mit den Mediatationen gegen Schuldgefühle und Aggressionen (siehe Kapitel vier) und nahmen Tonbänder auf, die sie zwischen den Konsultationen benutzen konnte. Sie bekam auch mehrere Blütenessenzen, darunter die Bachblüten Star of Bethlehem (gegen Nachwirkungen eines Schocks), Pine und Crab Apple (beide gegen Schuldgefühle) und Willow (gegen inneren Groll). Damals stand mir die Pegasus Essenz Eucalyptus gegen Trauer oder die Kalifornische Essenz Bleeding Heart gegen schmerzliche emotionale Bindungen noch nicht zur Verfügung, beide wären jedoch von großem Nutzen gewesen. Wir hielten auch eine spiritistische Sitzung mit ihrem Vater ab, in der er sie bat, sich nicht für seinen Tod verantwortlich zu fühlen, sondern sich ihrem eigenen Leben zuzuwenden. Am Ende unserer gemeinsamen Arbeit war zwar keine Wunderheilung erfolgt, aber sie konnte sich etwas von den Schuldgefühlen lösen, und es wurde ihr bewußt, daß sie den sehr realen Konflikten in ihrer Ehe und ihrem Leben insgesamt ins Auge blicken mußte.

Für Menschen, die Schuldgefühle im Zusammenhang mit dem Tod eines Menschen mit sich herumtragen, wäre die im Kapitel über Schuld und Aggressionen angeführte Vorgangsweise außerordentlich heilsam, ebenso wie die oben angeführten Blütenessenzen. Schuldgefühle sind unter Hinterbliebenen weit verbreitet, besonders im Falle eines gewaltsamen Todes oder des Todes junger Menschen. Wir haben das Gefühl, daß es eigentlich uns an ihrer Stelle hätte treffen sollen. Manche Menschen beschließen, zu einem lebendigen, menschlichen Mahnmal zu werden und den Tod des Betreffenden mit ihrem eigenen Leben zu sühnen, indem sie zum Beispiel Suchtprobleme entwickeln. Diese Manifestation der Schuldgefühle ist in höchstem Maß destruktiv (weist somit auf starke zugrundeliegende Aggressionen hin) und kann mit Hilfe der bereits beschriebenen Therapiemöglichkeiten gebessert werden.

Konsequenzen unterdrückter Trauergefühle

Schmerz und Trauer löst tatsächlich eine seelische Läuterung aus, und nur wenn wir dieses Leid zulassen, können wir auch transformiert werden. Erstarrte Trauergefühle liegen wie ein Eisklumpen in der Psyche. Wenn wir nicht trauern, können wir von dem betreffenden Menschen oder dieser Situation nicht ablassen, und ein Teil von uns bleibt darin verhaftet. Erstarrte Trauer läßt auch andere Gefühle erstarren, wie zum Beispiel Freude und die Fähigkeit, für andere etwas zu empfinden. In unbewältigter Form kann sie leicht zur chronischen, unterschwelligen Depression werden, und uns unserer Lebensenergie berauben. In dem Maß, in dem trauernden Menschen in unserer Gesellschaft immer weniger Verständnis und Unterstützung zuteil wird, nehmen Statistiken zufolge Depressionen mehr und mehr zu.

Es kommt nicht von ungefähr, daß Krebs und andere tödliche Krankheiten stetig im Zunehmen begriffen sind, wenn Trauerrituale zeitlich immer mehr beschnitten und gesellschaftlich immer weniger anerkannt werden. Eine psychologische Studie an Krebspatienten hat ergeben, daß viele von ihnen einen schweren Verlust oder Rückschlag im Zeitraum zwischen zwei Jahren bis sechs Monaten vor Ausbruch der Krankheit erlitten hatten. Diese Menschen haben offensichtlich ihren Verlust nicht betrauert, sondern ihn in den Krankheitszustand übertragen. Pluto herrscht sowohl über Trauer als auch über degenerative Krankheiten wie Krebs, und ich habe das Gefühl, daß die steigende Anzahl der Krebserkrankungen weniger auf Nahrungsmittelzusätze und chemische Umweltverschmutzung zurückzuführen ist, sondern eher auf unser kulturell verfügtes Trauerverbot.

Transformation der Lebenden als Folge eines Todesfalls

Trauer ist ein Prozeß, den man nicht leugnen, verkürzen oder mit Beruhigungsmitteln aus der Welt schaffen kann. Er dauert in etwa so lange wie der Plutotransit, der ihn eingeleitet hat. Wir müssen Schmerz und Trauer voll zulassen, um zur nächsten Stufe persönlichen Wachstums übergehen zu können. Ich habe schon oft bei Leuten tiefgreifende und positive Transformationen nach dem Tod eines ihnen nahestehenden Menschen feststellen können. Damit soll keineswegs der Schmerz geleugnet werden, aber oft treten nach dem intensivsten Leid auch die intensivsten seelischen Veränderungen ein. Vielleicht müssen wir alle mit Pluto im Skorpion die Lektion der Trauer lernen und werden alle in der Folge tiefgreifende Heilung erfahren.

Jeder von uns hat schon erlebt, wie selbst die Konfrontation mit dem Tod eines uns weniger nahestehenden Menschen, wie zum Beispiel eines Schulfreundes, eines Nachbarkindes oder eines Fernsehlieblings, uns das Leben ernster nehmen läßt. Die zwei plutonischen Übergänge, Geburt und Tod, sind die Türen des Lebens, und die direkte Erfahrung des einen oder anderen kann uns mehr über ein erfülltes und bewußt gelebtes Leben lehren als es irgendeine andere Erfahrung vermag. Durch die Konfrontation mit der Sterblichkeit fassen wir den Entschluß, mehr aus den Jahren zu machen, die uns zur Verfügung stehen, und wir beginnen an dem zu arbeiten, was uns daran hindert. Wenn schon der Tod eines entfernt Bekannten auf uns einen solchen Eindruck macht, welch tiefgreifende Auswirkungen muß dann erst der Tod eines nahestehenden Menschen haben. Dem Tod nur knapp zu entrinnen, kann ähnliche Folgen nach sich ziehen. Die Forschungen von Dr. Kenneth Ring, Präsident der International Association for Near-Death Studies (Internationale Gesellschaft für die Erforschung von Todeserfahrungen) ergaben, daß die Erfahrung des nahen Todes Menschen in dramatischer Weise zum Besseren verändert, ihnen die Chancen, die das Leben bietet, vor Auge führt und neue Zuversicht verleiht.

Der Tod von Vater oder Mutter kann ganz besonders dramatische Veränderungen in unserem Leben auslösen. Eine ganz Reihe von Alkoholikern, mit denen ich arbeitete, hörte mit dem Trinken auf, als ein alkoholkranker Elternteil oder auch nur ein Zechgenosse starb. Dies ist zum Teil psychisch bedingt. Wir stehen mit unseren Eltern in sehr enger psychischer Verbindung, gleichgültig wie weit sie auch räumlich von uns entfernt sein oder wie entschieden wir sie auch aus unserem Leben verbannen mögen. Wenn ein Elternteil stirbt, wird dieses psychische Band zerrissen und wir können uns von unseren Ängsten, Neurosen und Zwängen lösen. Meine Mutter war Hobby-Astrologin und ich war erst nach ihrem Tod fähig, ohne einen Anfall von Panik eine astrologische Beratung durchzuführen. Der Tod von Vater oder Mutter stellt einen schmerzlichen Übergang dar, er kann es uns jedoch auch ermöglichen, ein Leben frei nach unseren Vorstellungen zu führen, wenn uns dies vorher Probleme bereitet hatte.

Wenn wir den Elternteil oder den Ehepartner liebten, trifft uns der Verlust tief, und wenn wir ihn haßten, kann die Mischung aus Haß und Trauer überwältigend sein. Den meisten Menschen fällt es sehr schwer, unter solch „haßerfüllten" Umständen Trauergefühle zuzulassen, denn die bewußte Reaktion lautet: „Ich bin froh, daß dieses Ekel tot ist!" Auch unsere Freunde können die Trauer um einen verhaßten Elternteil nicht verstehen. Wir trauern um die verlorene Hoffnung, jemals zu bekommen, was wir brauchen, wir trauern, weil wir niemals mehr Gelegenheit haben werden, unsere Differenzen beizulegen. Schließlich – wo Haß ist, war meistens auch einmal Liebe. Sozialarbeiter auf dem Gebiet der Kinderfürsorge haben beobachtet, daß selbst schwer mißhandelte Kinder ihre Eltern lieben und mit ihnen zusammen sein möchten, sie wollen nur nicht mehr mißhandelt werden. Wenn wir es ablehnen, uns mit dem Tod eines verhaßten Elternteils oder Ehepartners auseinanderzusetzen, können wir gravierende Probleme schaffen und uns chronische Depressionen oder eine vergrämte, verbitterte Lebenseinstellung einhandeln.

Der Abgang eines plutonischen Elternteils oder Ehepartners kann tatsächlich den Weg für eine außerordentlich positive Transformation ebnen. Zwei Schwestern, deren alkoholkranker Vater sie sexuell mißbraucht hatte, waren beide stark übergewichtig. Ein Jahr nach dem Tod des Vaters erfolgte bei beiden eine drastische Gewichtsabnahme. Sie lebten auf verschiedenen Kontinenten und standen miteinander nicht in Verbindung. Trotzdem reagierten beide auf identische Weise, als die Bedrohung durch die Existenz des Vaters und der vergiftende Einfluß seiner verbitterten, gestörten Persönlichkeit wegfielen. Wenn Vater oder Mutter nicht mehr da sind und nicht mehr reagieren können, geben viele Menschen selbstzerstörerische Verhaltensweisen auf, die der Rache an den Eltern dienten – jene Versagen-als-Trotz Verhaltensmuster, die manche Leute kultivieren. Nicht jeder Mensch reagiert auf diese Art und Weise, der Berater sollte jedoch berücksichtigen, daß auch diese Art der Transformation möglich ist.

Wie man trauernden Menschen als Freund beisteht

Es gibt kein leichtverständliches Rezept für den Umgang mit trauernden Menschen, und so sind wir durch das Aussterben gesellschaftlich anerkannten Brauchtums oft ratlos, wie wir uns verhalten sollen. Tod und Trauer verursachen uns solches Unbehagen, daß wir ihre Anwesenheit nur schwer ertragen können, und dieses unbehagliche Gefühl hindert uns auch daran, richtig zu reagieren. Wir konzentrieren uns eher auf uns selbst als auf die Bedürfnisse der Trauernden (Pluto im Zeichen des Löwen!). Wir wollen nicht daran erinnert werden, daß es uns ebenso ergehen könnte, daß es uns unweigerlich ebenso ergehen wird.

Menschen, die selbst bereits Schmerz und Trauer erlitten haben, sind am ehesten in der Lage, den Trauernden zur Seite zu stehen. Bevor wir selbst einen Elternteil oder einen Partner verlieren, ist dieser Verlust für uns eine abstrakte Vorstellung, etwas, das nur den anderen passiert. Nach dem Tod eines nahestehenden Menschen können wir andere Trauernde besser verstehen. Wenn wir unsere eigene Trauer verdrängt haben, ist uns die Gegenwart trauernder Menschen vielleicht trotzdem unangenehm, aber wir können sie immerhin verstehen, und wenn wir die Erinnerung an unseren eigenen Kummer zulassen, können wir wichtige Aspekte teilen. (Sprechen Sie nicht über Einzelheiten Ihrer eigenen Gefühle, denn jemand, der einen Trauerprozeß durchmacht, ist unfähig, auf Ihre Bedürfnisse einzugehen.) Es tröstet den Trauernden sehr, wenn ein anderer sagt: „Ja, auch bei mir ist es immer wieder zurückgekommen. Manchmal habe ich alles fast vergessen, und ganz plötzlich war alles wieder da, genauso schlimm wie an dem Tag, als er starb. Das ging über ein Jahr lang so.“ Als Ausgleich dafür können wir unseren eigenen Trauerprozeß ein wenig weiter vollenden, ein Prozeß, der – bei abnehmender Intensität – anscheinend jahrelang andauert.

Wie können wir anderen helfen, wenn wir seit Kindheitstagen keinen schweren Verlust mehr erlitten haben? Denken Sie an den schmerzlichsten Verlust, den Sie je erfahen mußten (eine zerbrochene Beziehung, ein zerstörter Traum) und versuchen Sie, sich in diesen Schmerz einzufühlen. Einfühlsamkeit und das altbewährte Zuhören sind das beste Rezept. Bücher über Trauer und den Tod können uns dabei helfen, den Trauerprozeß besser zu verstehen (siehe Bibliographie). Fragen Sie den Trauernden, wie er sich fühlt. Hören Sie zu. Reden Sie nicht viel. Eine Berührung hilft viel mehr als Worte, trauernde Menschen brauchen den Trost, festgehalten zu werden. Wenn sie den Partner verloren haben, ist körperlicher Kontakt besonders wichtig für sie, da dieser natürliche Bereich des Lebens dann wegfällt.

Fühlen Sie sich nicht verpflichtet, irgendwelche Antworten zu geben, denn es gibt keine. Seichte Phrasen und Gemeinplätze machen trauernde Menschen nur wütend. Denken Sie daran, daß trauernde Menschen voller Ärger über ihren Verlust sind, so daß sich ihr Ärger leicht gegen die Lebenden richtet. Oft sind sie bis zum Äußersten angespannt, nehmen Sie daher solche Attacken nicht persönlich, halten Sie auch die andere Wange hin. Ebenso wie alle anderen plutonischen Gemütszustände sind auch Trauergefühle hartnäckig. Sie sollten sich also darauf gefaßt machen, die gleichen, verzweifelten Gedanken und Gefühle immer und immer wieder zu hören. Manche Menschen brauchen das, um die Konflikte und Emotionen verarbeiten und lösen zu können. Es trägt auch wesentlich dazu bei, den Tod in seiner ganzen Unfaßbarkeit etwas realer werden zu lassen.

Präsentieren Sie keine psychologischen Erkenntnisse, metaphysische Sophisterei oder Ratschläge, was der Betreffende mit seinem Leben anfangen soll. Er will nicht hören, daß Charly wirklich ein nichtsnutziger Kerl war, oder wie gut es für ihn war, sterben zu können und nicht mehr leiden zu müssen. Vielleicht sagt er selbst etwas in dieser Richtung, aber er muß es nicht von einem anderen hören. Bleiben Sie einfach bei der Tatsache, daß er traurig ist und daß es Ihnen weh tut, ihn so leiden zu sehen. Das ist alles, was Sie für ihn tun können. Und glauben Sie nicht, daß er darüber hinweg ist oder es ihm nicht mehr so viel ausmacht, wenn er nicht mehr darüber spricht, denn Trauer nimmt einen lückenhaften Verlauf. Er kann ein halbes oder ganzes Jahr später heftig von ihr erfaßt werden und dann dringend einen Menschen brauchen, der ihm zuhört. Trauer ist ein Prozeß, den man nicht vorzeitig beenden kann, ohne dabei

Schaden zu nehmen. Sie nimmt einen ganz individuellen Verlauf und richtet sich danach, wie nahe der Verstorbene dem Betreffenden stand, wie komplex die Beziehung zu diesem Menschen war und welche anderen Verluste er bereits erlitten hat. Er braucht keine Empfehlung, wie dieser Prozeß zu verlaufen hat oder wann er beendet sein sollte.

Was, schließlich, können Sie für den geliebten Verstorbenen tun? Auch er braucht Ihre Liebe und Aufmerksamkeit, also könnten Sie ihn so behandeln, wie einen guten Freund, der übersiedelt ist und sich jetzt einsam fühlt. Sprechen Sie ab und zu in Gedanken mit ihm und sagen Sie ihm, daß Sie ihn vermissen. Sagen Sie ihm all das, was Sie ihm nicht mehr sagen konnten, weil Sie nicht wußten, daß der Tod Sie beide trennen würde. Seien Sie nicht überrascht oder erschrocken, wenn der andere antwortet oder wenn Sie von ihm träumen. Diese Art der Kommunikation ist wirklich genauso freundschaftlich und natürlich wie jede andere, die Sie im Leben miteinander führten. Seien Sie jedoch auch nicht entttäuscht, wenn Sie *keine* Antwort erhalten, denn Tote treten manchmal für ein Jahr oder länger in eine Phase heilenden Schlafes ein.

Die Ebene, auf der Verstorbene leben, ist mentalemotionaler Natur, wahrscheinlich ein Teil der Astralebene, und Gedanken Blumen für meine dort lebenden geliebten Menschen. Ungefähr neun Monate nach dem Tod meines Vaters empfing ich eine Mitteilung von ihm: Es sei Decoration Day (In den USA: Heldengedenktag) und er wünsche, daß man sein Grab schmücke. Durch diese Formulierung war ich mir sicher, daß die Nachricht authentisch war und nicht nur Wunschdenken meinerseits dastellte. Zu diesem Zeitpunkt bedeutete der Memorial Day, der Gedenktag, für mich nicht mehr als ein Picknick. Es wäre mir auch nicht eingefallen, für den Memorial Day den altmodischen Ausdruck Decoration Day zu verwenden, er paßte aber zweifellos in den Wortschatz und die Wunschstruktur einer altmodischen Person vom Schlage meines Vaters. Da ich 500 Meilen von seinem Grab entfernt lebte und wir dort keine Familienangehörigen besaßen, gab es keine Möglichkeit, seinem Wunsch zu entsprechen. So erschuf ich liebevoll in meinen Gedanken einen großen Strauß Pfingstrosen und stellte sie auf sein Grab. (Es war das, was wir früher am Decoration Day in Iowa gemacht hatten: Wir stellten Pfingstrosen auf die Gräber und schauten dann der Ehrenparade der Legionären und Pfadfinder zu). Diese Vorgangsweise schien meinen Vater zufriedenzustellen, und auch ich hatte ein gutes Gefühl dabei.

Was nun Ihre geliebten Verstorbenen betrifft, so könnten sie möglicherweise an einigen der alten Bräuche hängen und sie tröstlich finden. Ich bin nicht katholisch, aber ich habe schon für Verstorbene in einer Kirche eine Kerze angezündet. Sie unterscheiden sich eigentlich gar nicht so sehr von den Lebenden oder davon wie sie als Lebende waren. Sie wollen eigentlich nur, daß man an sie denkt, genau wie jeder andere. Sie könnten vielleicht irgend etwas Bestimmtes, das sie mochten, im Andenken an sie tun. Denken Sie daran, daß sich die Verstorbenen auf der Astralebene aufhalten und daß es buchstäblich der Gedanke ist, der zählt. Es ist eigentlich gar nicht so schwer, wirklich – seien Sie sich einfach ein Freund!

Ein Beispiel: In Würde sterben – trotz allem

Diagramm Nr. 18 veranschaulicht viele der psychologischen und astrologischen Prinzipien, die in den vorangehenden Abschnitten erläutert wurden. Es ist das Horoskop eines jungen Mannes namens Philipp, der im August 1984 an AIDS starb. Die Diagnose erfolgt im April, fünf Monate vor Philipps Tod, als ein Grippeanfall bereits über einen Monat angedauert hatte und sein Zustand sich ständig verschlechterte. Die Krankheit war zweifellos schon seit längerer Zeit vorhanden, man hatte seltsame und unerklärliche Hautveränderungen und andere Symptome beobachtet. Philipp und sein Freund waren einige Jahre zuvor in den Heimatort des jungen Mannes übersiedelt und dort suchten die Ärzte nicht nach AIDS, ebensowenig wie sie sich um Homosexualität kümmerten.

Als die Grippe begann (am 9. April 1984), stand Saturn im Skorpion bereits seit einiger Zeit auf seinem Geburts-Saturn (rückläufig). Neptun war schon einige Jahre lang über seinen Aszendenten gegangen, was auf eine allmähliche Schwächung seiner Widerstandskraft hinweisen könnte, und war zum Zeitpunkt seines Todes in der Nähe des Aszendenten feststehend. In seinem Geburtshoroskop stand Uranus an der Spitze des für Sexualität und Tod zuständigen Hauses, und Pluto hatte im Transit mehrmals dazu eine Quadratur gebildet. Zum Zeitpunkt des Todes stand Pluto ziemlich nahe am Uranus. (Der Geburtspluto steht im achten Haus, so daß er sowohl seiner inneren Bedeutung nach als durch seine Funktion

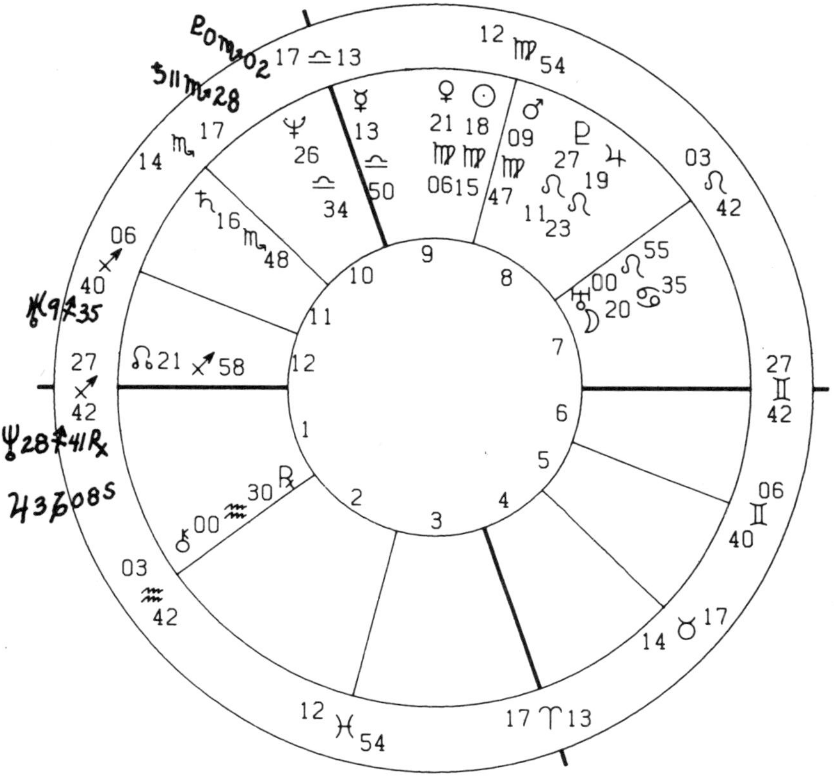

Diagramm Nr. 18, Philipp. Er starb am 29. August 1984 an AIDS. Die Transite an seinem Todestag wurden am äußeren Kreis vermerkt. Seine Geburtsdaten sind aus Gründen der Vertraulichkeit nicht verfügbar. Veröffentlichung genehmigt.

in Philipps Horoskop auf den Tod hinweist). Uranus war seit ungefähr einer Woche vor dem Zeitpunkt des Todes feststehend, bildete ein gradgenaues Quadrat zu Mars im achten Haus und stand zur Todesstunde am Horizont. Menschen können viele dieser Transite haben, ohne an AIDS zu sterben, das Zusammentreffen aller dieser Transite, zusammen mit der starken Betonung des achten Hauses im Geburtshoroskop, weist jedoch auf die Möglichkeit seines Todes hin.

Die letzten fünf Monate seines Lebens teilte ich mit Philipp in

Form häufiger Telefongespräche. Niemals war ein Aussetzen der Symptome zu beobachten, immer nur eine Verschlimmerung. Das Paar mußte eine Menge Ablehnung und Isolierung von den Menschen ihrer Umgebung ertragen, die die Begleitumstände der Krankheit nicht akzeptieren konnten. Mehr Mitgefühl und praktische Hilfe bei seiner hingebungsvollen Pflege wurde Philipps Freund von vergleichsweise fremden Menschen zuteil, wie zum Beispiel den Mitgliedern einer AIDS-Hilfe-Gruppe. Philipps Familie ignorierte anfangs den Ernst der Lage und verheimlichte die wahre Natur der Erkrankung vor anderen. Sein Bruder und seine ältere Schwester besuchten ihn nicht ein einziges Mal im Krankenhaus, und kein Mitglied der Familie gewährte ihm emotionale Unterstützung oder Hilfe bei den medizinischen Problemen. Während des ganzen Endstadiums der Krankheit mußte Philipps Freund Bosheiten und rachsüchtige Handlungen erdulden. Er diente den aufgebrachten Eltern als Zielscheibe, denn Philipp war homosexuell und starb in den Augen der Eltern auf skandalöse Weise. Beim Begräbnis weigerten sie sich, mit Philipps Freund zu sprechen und wiesen andere an, sich ebenso zu verhalten. Sie ließen auch den Strom in der Wohnung ein oder zwei Tage nach dem Begräbnis abschalten, da die Stromrechnung auf Philipps Namen lief.

Es war für mich eine aufwühlende Erfahrung, mitzuerleben, wie diese beiden die einzelnen Stadien der tödlichen Krankheit in einem hohen Grad des Bewußtseins durchlebten. Philipps Freund hatte als professionelles Medium in England gearbeitet und beide hatten die Kabbala studiert, einschließlich der Abschnitte über den Tod. Auf diese Weise konnte Philipps Freund ihm sagen, was er zu erwarten hatte, und ihn in liebevoller Weise durch die verschiedenen Phasen geleiten. Auch die Schwierigkeiten, die sich in ihrer Beziehung ergeben hatten, konnten besprochen und bereinigt werden, so daß die Atmosphäre von Liebe erfüllt war.

Als Philipp starb, sah sein Freund den Todesengel, ein hochaufragendes Wesen aus Licht, keine furchterregende Erscheinung, sondern eine gütige. Auch ein Schüler seiner Klasse für psychisches Bewußtsein sah den Engel im Traum und empfing zusätzlich klare und spezifische Botschaften von Philipp im Zusammenhang mit Dingen, von denen nur die beiden Männer etwas wußten. In der Woche nach seinem Tod am 29. August 1984 empfing eine Reihe von Personen, darunter auch ich, Zeugnisse seiner geistigen Anwesenheit. So tragisch die Umstände auch waren, so erfuhren doch sowohl Philipp und sein Freund, als auch alle Menschen, die in ihrer Nähe geblieben waren, einen inneren Wachstums- und Reifungsprozeß. In einem so hohen Bewußtheitsgrad zu sterben ist in unserer Zeit selten, aber Pluto im Skorpion sollte eine Epoche sein, in der mehr Bewußtheit, Wissen und Heilung im Zusammenhang mit dem Tod und dem Trauerprozeß verfügbar sein wird.

Hinweise auf mediale Fähigkeiten

Mediale Fähigkeiten können auf verschiedene Weise in Erscheinung treten. Manche Menschen haben die Fähigkeit, Botschaften von verstorbenen Menschen zu empfangen oder mit ihnen zu kommunizieren. Oft werden im Traum Gespräche mit geliebten Verstorbenen geführt. Die physischen Merkmale der Krankheit, an welcher der Betreffende starb, werden manchmal auch bei den Hinterbliebenen sichtbar, was darauf hinweist, daß der Verstorbene noch präsent ist und sich mitteilen möchte. Andere Menschen wiederum kommunizieren nicht mit Verstorbenen, sondern stehen mit geistigen Führern in Verbindung. Dies ist etwas ganz Natürliches, die Betreffenden sind sich aber oft der Inspiration nicht bewußt, zum Beispiel, wenn sie aus einer Eingebung heraus etwas niederschreiben. Diese Form der medialen Veranlagung kommt außerordentlich häufig vor, wird jedoch meist von der jeweiligen Person nicht als Hilfe ihres Führers erkannt.

In unserem Kulturkreis gibt es viele Menschen mit medialen Fähigkeiten, die nichts davon ahnen, denn von der Kirche wird ein Weiterleben nach dem Tod und die Reinkarnation heute nicht in dem Maß anerkannt, wie es in den Anfängen des Christentums der Fall war. Viele Weltreligionen akzeptieren aber das Leben nach dem Tod als Tatsache und sehen Zeremonien und Rituale vor, um die Kommunikation zu erleichtern. Die Spiritualist Church zum Beispiel, entstand in den Vereinigten Staaten im Jahre 1848 während der Pluto/Uranus Konjunktion im Widder und bedeutete einen kraftvollen und erregenden neuen Durchbruch. Danach folgte eine Phase der Seancen, Materialisationen und Schalltrichter, aus denen Geister sprachen. Obwohl einige dieser Manifestationen durchaus echt waren, war es für das Medium außerordentlich anstrengend, sie aufrechtzuerhalten, und die Bewegung erlitt durch

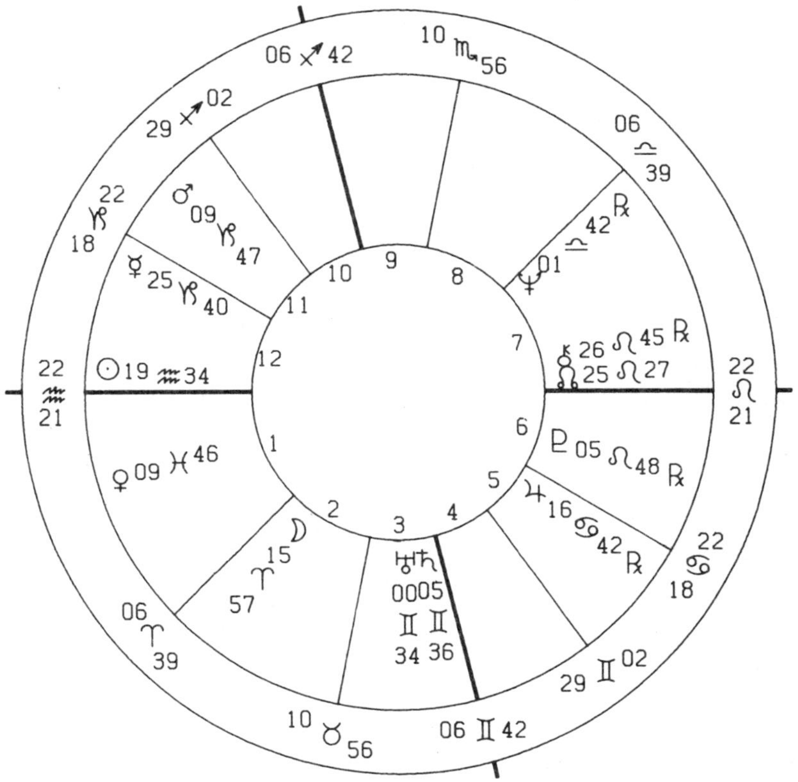

Diagramm Nr. 19, Andreas Vasilou, eines der berühmtesten europäischen Medien. Geboren in Famagusta, Zypern, am 9. Februar 1943, um circa 6.50 Uhr, tropical, Placidus. Die Geburtsdaten wurden mir von Vasilou zur Verfügung gestellt. Veröffentlichung genehmigt.

Betrüger großen Schaden. In den Vereinigten Staaten sind diese Praktiken fast vollkommen ausgestorben, in England haben sie jedoch überlebt.

Englische Medien sind infolge der wissenschaftlichen Forschungsarbeit der British Society for Psychical Research gut geschult und peinlich genau in ihrer Suche nach beweiskräftigem Material für das Leben nach dem Tod. Sie sind nicht bereit, vage Feststellungen zu akzeptieren, die man solange drehen und wenden kann, bis sie die erwünschte Bedeutung erhalten, sondern bestehen auf konkretem nachprüfbarem Material. Der Spiritualismus ist auch in den latein-

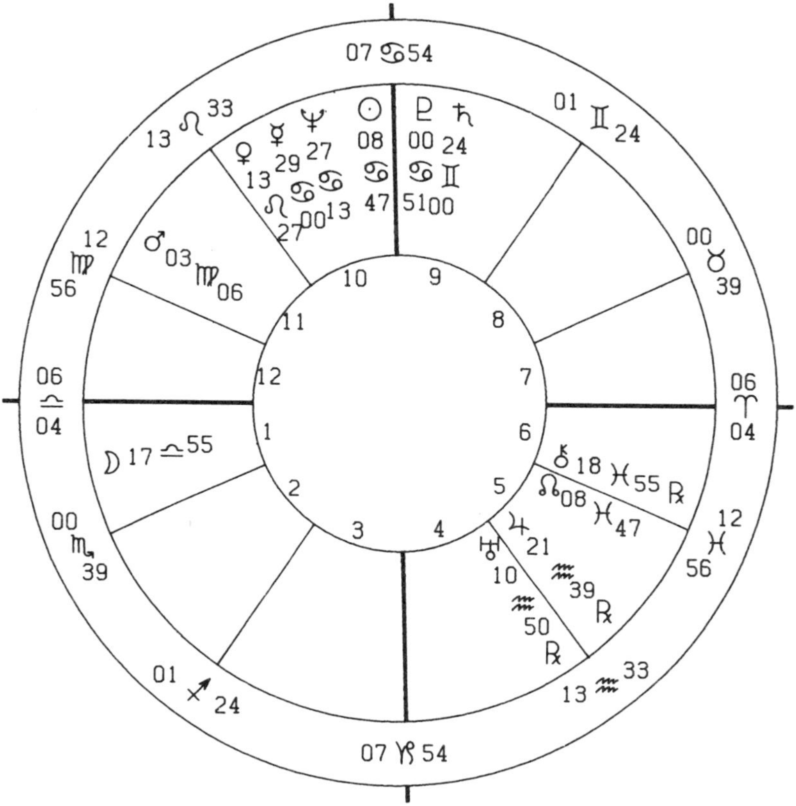

Diagramm Nr. 20. Frau Jesse Mason. War viele Jahre hindurch als weithin bekanntes Medium in England tätig. Geborgen in London, England (51N31, 0W06), 1. Juli 1914 zur Mittagszeit. Die Daten wurden mir von Frau Mason zur Verfügung gestellt. Veröffentlichung genehmigt. Frau Mason ist inzwischen im Dezember 1984 gestorben.

amerikanischen Ländern stark verbreitet, in einer um vieles gefühlsbetonteren Form, und er ist vermischt mit Praktiken und Ritualen alter Religionen der Eingeborenen und Afrikaner.

Astrologische Hinweise auf mediale Fähigkeiten können in einem stark gestellten Pluto oder Skorpion oder einer Betonung des achten Hauses bestehen. Ein stark gestellter Neptun hingegen weist eher auf hellseherische Fähigkeiten hin. Zur Erläuterung sind in diesem Buch die Horoskope von zwei der bedeutendsten Medien Englands abgebildet, Andreas Vasilou und Frau Jesse Mason.

Andreas Vasilou (Diagramm Nr. 19) auf Seite 175 hat einen stark gestellten Pluto sechsten Haus. Frau Mason (Diagramm Nr. 20 auf Seite 176) hat Pluto im Medium Coeli, dem nach Gauguelins Forschungen einflußreichsten Punkt. Er steht in Konjunktion sowohl mit dem MC als auch mit ihrer Sonne. Ein professionelles Medium hätte vermutlich Pluto oder Skorpion im sechsten oder zehnten Haus, nahe einem Aspekt.

Wahrscheinlich sind jedoch alle Menschen mit einem stark gestellten Pluto medial veranlagt, auch wenn sie sich dessen nicht bewußt sind. Mediale Fähigkeiten können sogar ein Grund dafür sein, warum Plutonier dazu neigen, sich von der Gesellschaft zurückzuziehen. Ob Sie nun Ihr Talent entwickeln wollen oder nicht, es wäre in jedem Fall gut zu wissen was Sie erwartet und wie Sie sich psychisch absichern und erden können: Es könnte Ihnen passieren, daß Sie jedesmal, wenn Sie mit dem Tod in Berührung kommen, die Gefühle oder Krankheitssymptome des Verstorbenen oder der Überlebenden empfangen, ohne daß Sie begreifen, was mit Ihnen geschieht. Es ist wichtig, daß Sie es erkennen, wenn ein Verstorbener versucht, sich mitzuteilen oder wenn sein emotionaler Zustand Sie psychisch beeinflußt, so daß Sie sich einerseits selbst schützen und andererseits auch dem Betreffenden helfen können. Ein ausgezeichnetes Buch über dieses Thema ist *The Medium Touch* von Joey Crinita (siehe Bibliographie).

Das Medium als Werkzeug zur Heilung

Wie bereits zu Beginn dieses Kapitels erwähnt, bin ich ein Medium, ich benütze diese Gabe jedoch nur im äußersten Notfall. In letzter Zeit wurde offensichtlich, daß die Arbeit mit einem Medium eine Form der Heilung darstellt. Manchmal bieten mediale Verbindungen die einzige Möglichkeit, eine Schwierigkeit zu bewältigen, etwa im Falle eines extrem traumatischen oder schwer zu akzeptierenden Verlustes. Zu wissen, daß der geliebte Mensch über den Tod hinaus weiterexistiert, kann äußerst trostreich sein, denn viele Menschen fühlen sich bei dem Gedanken, daß es für den Menschen, den sie so sehr vermissen, nur mehr ein „Nichts“ gibt, noch elender.

Um die Heilwirkung übersinnlicher Fähigkeiten und ihre vielen Querverbindungen zum Planet Pluto besser zu verstehen, wollen

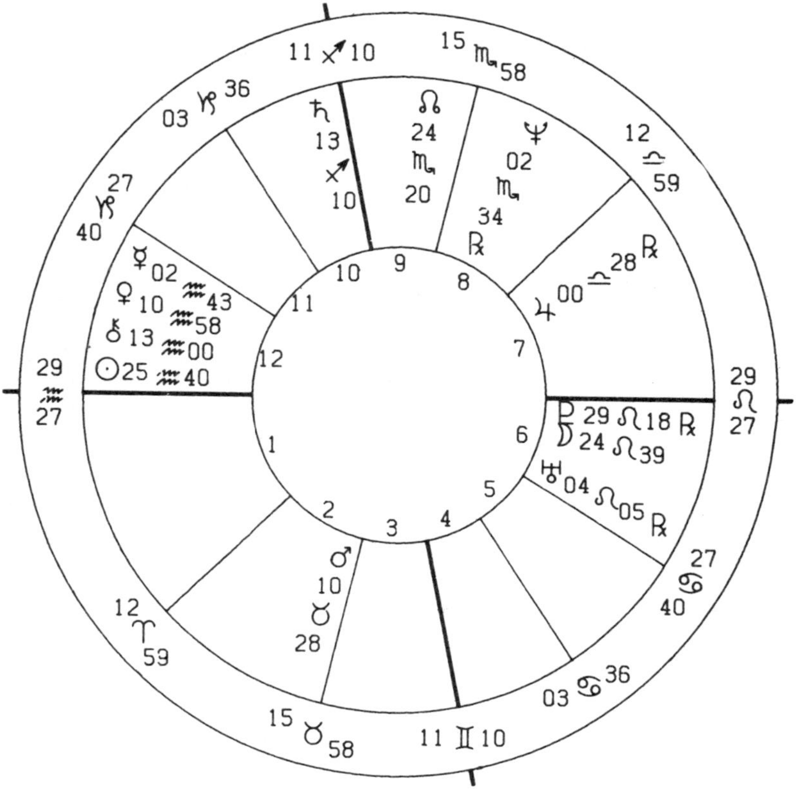

Diagramm Nr. 21. Linda. Geboren in Encino, Kalifornien, am 14. Februar 1957, 6.55 Uhr PST, tropical, Placidus. Veröffentlichung genehmigt.

wir ein Fallbeispiel untersuchen: Linda war ein Mitglied meiner Heilungsgruppe, 25 Jahre alt und arbeitete an der Bewältigung ihrer früheren Drogen- und Alkoholsucht. Sie kam dann zu einer Einzelkonsultation wegen ihrer Identifizierung mit einer heißgeliebten Tante, die vor vier Jahren als junge Frau Selbstmord begangen hatte. Linda hatte sich von ihren alkoholkranken Eltern und von ihren Bekannten nie geliebt gefühlt, diese Tante gehörte zu den wenigen Menschen, die ihr nahestanden. Im Alter von 19 Jahren hatte Linda einen nur knapp fehlgeschlagenen Selbstmordversuch begangen, der sie mit Drogen- und Alkoholheilungsprogrammen in Berührung brachte, und seit diesem Zeitpunkt ist sie frei von diesen

Suchtgiften. Sie bemüht sich sehr um ihre Wiedereingliederung – durch die Programme der Anonymen Alkoholiker, individuelle Psychotherapie und Arbeit mit anderen Süchtigen. Trotz allem verspürte sie weiterhin den starken Wunsch, Selbstmord zu begehen und war zutiefst überzeugt davon, daß sie wie ihre Tante sterben würde.

Lindas Horoskop ist in Diagramm Nr. 21 abgebildet. Es weist stark plutonische Züge auf, was bei Alkoholikerkindern häufig der Fall ist. Pluto steht genau am Deszendenten und bildet eine Konjunktion mit ihrem Mond und eine Opposition zu ihrer Wassermann-Sonne und dem Wassermann-Aszendenten. Menschen mit Planeten im Wassermann in Opposition zu Pluto rebellieren auf noch fixiertere und selbstzerstörerische Weise als der durchschnittliche Wassermann. Sie sind fest entschlossen, sich nie mehr von jemandem so kontrollieren zu lassen, wie ihre Eltern es versuchten. Neptun steht im Skorpion im achten Haus – eine Konstellation, die auf Selbstmord hinweisen kann. Sie läßt die Verwendung von Drogen vermuten, um damit den Tod herauszufordern und auch die Tendenz, den Tod als Fluchtweg zu betrachten. Ein Uranus/Neptun Quadrat ähnelt dem Wassermann/Pluto Thema in bezug auf die Tendenz zu selbstzerstörerischer Rebellion. Nach dem Studium ihres Horoskops hatte ich das Gefühl, daß ihre Selbstmordphantasien einer trostlosen, plutonischen Isolierung entstammten und daher ernstzunehmen waren.

Wir beschlossen, an Lindas Identifizierung mit ihrer Tante zu arbeiten. Ich hatte in diesem Fall keinerlei Hemmungen, als Medium zu fungieren, denn die Notwendigkeit war ganz offensichtlich gegeben. Auch vermutete ich, daß die Konfrontation mit den Nachwirkungen eines Selbstmordes Linda davon abhalten würde, ihre eigenen Phantasien über den Tod in die Tat umzusetzen. Wir errichteten in Gedanken einen Schutzkreis um uns und ich fiel in Trance. Innerhalb dieses Kreises war die Präsenz der Tante ebenso wie ihr tiefes Leid und ihre Reue deutlich spürbar. Linda selbst war voll und ganz fähig, die Gefühle ihrer Tante wahrzunehmen. (Lindas starker Pluto weist darauf hin, daß sie selbst medial veranlagt ist.)

Wir erfuhren, daß der Selbstmord der Tante aus ganz anderen Motiven erfolgte als Lindas Selbstmordversuch, es bestand kein Zusammenhang zwischen der Problematik. Linda war lesbisch und hatte sich von der traditionellen Frauenrolle losgesagt. Die Tante wiederum hatte nur geheiratet, um den Konventionen zu entsprechen, sie wollte niemals Kinder, konnte sich aber keine andere Lebensform vorstellen. Als sie ein Kind bekam, wurde ihre Wut und Auflehnung gegen die Ansprüche des Säuglings und gegen die Rolle, in der sie gefangen war, übermächtig. Sie tötete sich schließlich im Affekt, um nicht das Kind zu töten.

Obwohl ihr Selbstmord bereits vier Jahre zurücklag, wurde die Verstorbene offensichtlich noch immer von tiefer Reue gequält. Sie war noch immer eng mit der irdischen Ebene verbunden und ein Teil von Lindas Kummer und Selbstmordgedanken könnten durchaus darauf zurückzuführen sein, daß sie den Zustand ihrer Tante auf mediale Weise spürte. Die Tante war überzeugte Katholikin, was ihre Schuldgefühle noch verstärkte, da die katholische Kirche den Selbstmord verbietet. Sie ersuchte Linda, in einer Kirche eine Kerze für sie anzuzünden. Linda, selbst ehemals katholisch, erfüllte ihr die Bitte und fand Trost darin. (Der Leser sollte daraus nicht den Schluß ziehen, daß jeder Selbstmord langes Leid dieser Art nach sich zieht – das ist von Fall zu Fall unterschiedlich.)

Obwohl diese Sitzung zweifellos zu den „harten" gehörte, war Linda weniger mitgenommen, als es ein anderer an ihrer Stelle vielleicht gewesen wäre, denn Plutonier weichen vor der Konfrontation mit „harten" Themen nicht zurück. Die Heilwirkung war außerordentlich. Die Mitteilungen, die wir empfangen hatten, ermöglichten es Linda, sich von ihrer Identifikation mit ihrer Tante zu lösen. Und was noch ausschlaggebender für den Heilungsprozeß war: Sie begriff, daß man sich nicht durch einen Selbstmord einer unglücklichen Phase des Lebens entziehen kann, denn durch den Freitod wird man nur noch länger in dieser festgehalten. Sie gab es auf, Selbstmord als Problemlösung in Betracht zu ziehen. Lindas Leben erfuhr durch ihren Mut eine große Veränderung, sie akzeptierte nicht nur ihre Trauergefühle, sondern erkannte auch ihre mediale Veranlagung.

Wir wissen nichts Genaues über den weiteren Effekt unserer Sitzung auf Lindas Tante, aber viele Medien bezeichnen diese Art des Kontaktes als „Rettungsarbeit": Wir gaben der Tante Gelegenheit, ihre Geschichte zu erzählen und befreiten sie damit, so daß sie sich von ihren Schuldgefühlen lösen und anfangen konnte, sich wirklich an die neuen Umstände anzupassen. Dieses Ritual, das schuldbeladene Geheimnis zu bekennen, stellt eine wirkungsvolle plutonische Heilungsmethode dar, gleichgültig auf welcher Ebene sich der

Betreffende gerade aufhält. Wenn der Tod eines Menschen besonders plutonische Züge aufweist, wie etwa im Fall von Selbstmord, Mord, Verrat oder geheimer Schuld, kann sein Geist Schwierigkeiten haben, sich von der irdischen Ebene zu lösen. Diese Unruhe des Toten kann unter solchen Umständen den Hinterbliebenen Probleme bereiten, wenn sie über mediale Fähigkeiten verfügen, seien diese auch noch so ungeschult. Hier kann ein geschultes Medium den Hinterbliebenen helfen, sich vom Toten zu lösen.

Heilmethoden im Trauerprozeß

Das beste Heilmittel gegen Trauer ist das Trauern, es gibt keinen Ersatz für die aktive Auseinandersetzung mit den Gefühlen, die der Verlust in Ihnen auslöst. Erinnerungen, persönliche Gegenstände oder Lieblingslieder werden den Schmerz wieder hervorrufen und es ist wichtig, daß Sie die Trauer zulassen. Andere raten Ihnen vielleicht davon ab, Ihren Kummer aufzurühren und meinen, daß Sie versuchen sollten, zu vergessen. Aber der Trauerprozeß braucht seine Zeit, es gibt keine Möglichkeit, durch ihn hindurchzuhasten, also haben Sie Geduld mit sich selbst.

In der Bibliographie dieses Kapitels sind eine Reihe von Büchern angeführt. Sie können Ihnen sehr helfen, aber bedenken Sie bitte, daß Sie vielleicht nicht fähig sein werden, alle auf einmal zu lesen. Da die Menschen in unserem Kulturkreis dazu neigen, Trauernde sich selbst zu überlassen, stellt es einen wirkungsvollen Trost dar, Bücher von anderen zu lesen, die genau wissen, wie Ihnen zumute ist, und zu fühlen, daß Sie nicht allein mit Ihren intensiven und manchmal unerklärlichen Reaktionen sind. Auch die Bücher über das Leben nach dem Tod und die Reinkarnation können Sie in Ihrem Schmerz trösten, auch wenn Sie bereits daran glauben, denn Ihr inneres, jüngeres Selbst muß in dieser Zeit an diese tröstliche Tatsache erinnert werden.

Blütenessenzen, die geeignet sind, diesen Prozeß zu unterstützen, wurden bereits erwähnt. Eucalyptus ist eine spezifische Essenz für Trauer, ebenso wie Helleborus und Hyssop (alle von Pegasus). Prüfen Sie mit einem Pendel oder einem Muskelreflextest, welche davon für Sie richtig sind. Bleeding Heart (von den Kalifornischen

Blütenessenzen) hilft, sich von schmerzlichen emotionalen Bindungen zu lösen. Die Heilungskrise bei Bleeding Heart kann sehr heftig sein, unterbrechen Sie die Einnahme, wenn zuviel Schmerz an die Oberfläche kommt. Wenn Schuldgefühle und Aggressionen im Spiel sind, wären die vertrauten Bachblüten Pine und Willow äußerst wichtig. Hegten Sie gegen den Verstorbenen stark negative Gefühle, zum Beispiel im Fall eines plutonischen Elternteils, wäre möglicherweise Holly angebracht. Auch die Bachblütenessenz Honeysuckle – gegen nostalgische Gefühle und Verhaftetsein in der Vergangenheit – kann zu einem bestimmten Zeitpunkt angebracht sein, der Trauerprozeß erfordert jedoch auch teilweise, die mit dem Verstorbenen verbrachten Jahre noch einmal in Gedanken zu durchleben.

Wenn Schuldgefühle, Aggressionen oder Schwierigkeiten, von der Vergangenheit loszulassen, bei Ihren Trauergefühlen eine Rolle spielen, könnten Sie mit den in Kapitel vier angegebenen Übungen arbeiten. Die in Kapitel drei angegebene Übung zur Öffnung des Herzchakras hilft, die durch den Verlust entstandene Wunde zu heilen. Die Heilung des Herzchakras ist etwas sehr Wohltuendes und Liebevolles, das Sie für sich selbst tun können. Sie bereinigt den Kummer und befähigt Sie, die Menschen Ihrer Umgebung zu lieben und ihre Liebe aufzunehmen. Die Arbeit mit dieser Übung stellt somit einen Weg dar, aus der, durch den Trauerprozeß bewirkten Isolierung herauszufinden.

Affirmationen für den Trauerprozeß

Ich bin stark genug, um alle notwendigen Trauergefühle zuzulassen.
Ich bin von liebevollen Menschen umgeben, die sich in meinen Verlust einfühlen können.
Die Liebe zwischen mir und ... währt über den Tod hinaus.
Liebe und höhere Führung umgibt ... und mich, während wir beide daran arbeiten, unsere Trennung zu akzeptieren.
Ich segne und lasse ... zu seinem (ihrem) höheren Besten los.
Genau wie sein (ihr) Leben, so trägt auch sein (ihr) Tod zu meinem Wachstum bei.
Meine Trauer verwandelt mich und gibt meinem Leben einen neuen Sinn.

Ein Trauergesang

Wenn es Ihnen schwerfällt, Trauergefühle an die Oberfläche kommen zu lassen, gibt es einen Gesang, der Ihnen helfen könnte. Es ist der Gesang an Pluto, der zu einem System von auf medialem Weg empfangenen Planetengesängen gehört. Der Gesang an Pluto nimmt insofern eine Sonderstellung ein, als er *ausschließlich* im Trauerfall verwendet wird und nicht für all die anderen Themen des Planeten.[25]

Am besten singen Sie zuerst den Gesang der Sonne, um Ihren Mittelpunkt zu finden, dann den Gesang der Erde, um einen Schutzkreis um sich selbst zu errichten, und dann erst den Gesang des Pluto. Sorgen Sie sich nicht darum, ob Sie die Laute richtig aussprechen. Sie wurden so geschrieben, wie sie gesprochen werden, und wenn Sie sie aus Ihrem Herzen heraus singen, können Sie nichts falsch machen. Wenden Sie zuerst eine der bereits beschriebenen meditativen Techniken an, um in einen höheren Bewußtseinszustand zu gelangen. Sie könnten auch eine Kerze vor sich hinstellen und Ihr Höheres Selbst bitten, Ihnen bei der Bewältigung Ihrer Trauer zu helfen.

Der Gesang der Sonne:

OH HAY YAH
OH HAY YAH
OH HAY YAH
OH HAY YAH
OH.

Der Gesang der Erde/des Mondes:

SI IDRIAH
SI IDRIAH
SI IDRIAH
SI IDRIAH
NEH HEH MAH SET.

Der Gesang des Pluto:

TI YAH
TI YAH
TI YAH
TI YAH
OH.

25 Informationen über die ganze Serie sind in Form einer Kassette und einer Broschüre mit dem Titel *A Solar System of Healing Chants* erhältlich. Von Donna Cunningham und Andrew Ramer. Bestellungen über RKM Publishing, Box 23042, Euclid, OH, 44123.

Wenn Sie sich beim Singen dieser Gesänge merkwürdig vorkommen: Sie sind nicht der (oder die) Einzige. Am Anfang stand ich diesen Gesängen mit Hemmungen und Skepsis gegenüber, aber die Laute scheinen mit wichtigen Stellen Ihres Gehirns und Ihres Energiekörpers im Einklang zu schwingen und dort ihren Widerhall zu finden. Der Gesang des Pluto scheint aufgestauten Kummer zu aktivieren, selbst Kummer, der bereits seit langer Zeit verdrängt war. Sie müssen die Gesänge nicht laut intonieren, um eine Wirkung zu erzielen.

Können – und sollen – wir den Tod mit astrologischen Mitteln vorhersagen?

Ein Thema, das unter Astrologen seit Jahr und Tag diskutiert wird, ist die Frage, ob man den Tod vorhersagen soll. Im allgemeinen scheint jetzt die Überzeugung vorzuherrschen, daß wir es nicht tun sollten – eine solche Vorhersage ist unter Astrologen tabu. Wenn Klienten diese Frage stellen, weichen wir ihr normalerweise aus, indem wir erklären, daß wir keine Hellseher sind und daß sich die Astrologie nicht sehr gut dazu eignet, diese Frage zu beantworten. Wir erläutern vielleicht auch lang und breit, daß Pluto sowohl für Tod als auch für Heilung steht, so daß ein Plutotransit ebensogut auch eine Heilung bedeuten könnte. Dabei spielt auch immer die Angst vor einer sich erfüllenden Prophezeiung eine Rolle, denn wenn wir den Tod vorhersagen, könnten wir den Lebenswillen der betreffenden Person untergraben.

Zu diesem Thema muß allerdings festgestellt werden, daß dem durchschnittlichen westlichen Astrologen die für eine einigermaßen verläßliche Vorhersage des Todes erforderlichen Methoden nicht zur Verfügung stehen. Astrologen anderer Kulturkreise können es jedoch und tun es auch mit einem hohen Exaktheitsgrad. Michael Lutin erzählte von einem Inder, der ihn aufsuchte. Der Klient leitete die Konsultation mit den Worten ein: „In Indien suchen wir einen Astrologen auf, um drei Dinge zu erfahren: Den Tag der Geburt, den Tag der Heirat und den Tag des Todes. Mein Geburtsdatum kenne ich bereits, ebenso mein Heiratsdatum, können Sie also erraten, warum ich hier bin?“

Hindu-Astrologen sind für äußerst genaue Vorhersagen bekannt, und obwohl wir Amerikaner sonst begierig alles übernehmen, was funktioniert, bedienen wir uns dieser Techniken zur Voraussage nicht und schrecken sogar vor astrologischen Vorhersagen zurück. Ich habe den Verdacht, daß dies auf unsere Kultur und deren Werte zurückzuführen ist. Wir möchten um jeden Preis an den freien Willen des Menschen glauben, auch angesichts der offensichtlichen Tatsache, daß so viele menschliche Handlungsweisen nur allzu oft automatisch wie bei einem Roboter ablaufen. Die Menschen unseres Kulturkreises wollen vor allem dem Tod nicht ins Auge sehen – wir wollen nicht wahrhaben, daß er uns oder jemand, den wir lieben, jemals treffen könnte und stecken den Kopf in den Sand. Wir haben große Schwierigkeiten, mit unheilbar kranken Menschen über den Tod zu sprechen, er ist für uns ganz allgemein ein tabuisiertes Thema. Unter diesen Umständen ist es nicht verwunderlich, daß amerikanische Astrologen vor einer Voraussage des Todes zurückschrecken. Wir möchten unsere Klienten vor schlechten Nachrichten bewahren, und auch wir selbst wollen vom Tod nichts wissen, selbst auf diese Entfernung.

Die Studien von Elisabeth Kübler-Ross haben jedoch gezeigt, daß ein unheilbar kranker Patient, der auf sein aktives Ersuchen die Wahrheit über seinen Zustand erfährt, durch diese Hilfe wichtige unerledigte Punkte durcharbeiten und seine Angelegenheiten regeln kann. Angenommen, ein Astrologe könnte den Tod mit einem hohen Exaktheitsgrad voraussagen, könnte er damit nicht auch einem Klienten einen guten Dienst erweisen, der fragt, ob jemand, den er liebt, bald sterben wird? Als die medizinische Wahrscheinlichkeit, daß meine Mutter sterben würde, auch astrologisch bestätigt wurde, erfüllte dies für mich einen wichtigen Zweck (Pluto stand in Opposition zu meinem Mond). Dieses Wissen um den ungefähren Zeitpunkt veranlaßte mich, Konflikte in unserer Beziehung aufzuarbeiten, plutonische Themen wie Schuldgefühle und Aggressionen, so daß ich, als meine Mutter dann tatsächlich starb, nicht so vollkommen am Boden zerstört war, wie ich es wahrscheinlich ohne die bewußte Aufarbeitung dieser Konflikte gewesen wäre. Die Frage, ob Astrologen den Tod vorhersagen sollen oder nicht, ist sehr komplex, aber ich glaube doch, daß eine solche Voraussage manchmal einem Menschen helfen kann. Wir Astrologen sollten uns darüber im klaren sein, daß unsere Weigerung, den Tod vorherzusagen, hauptsächlich auf unsere eigenen Schwierigkeiten zurückzuführen sein dürfte, auf unser Unbehagen, der Existenz des

Todes ins Auge zu sehen und sie zu akzeptieren. Es ist uns unangenehm, dem Klienten potentiell negative Informationen mitteilen zu müssen. Weniger ausschlaggebend dürfte dabei echtes Verständnis für die bei manchen Klienten gegebene Notwendigkeit sein, die Wahrheit zu wissen und sich damit zu konfrontieren.

Nehmen wir zum Beispiel an, Sie hätten einen Klienten mit Sonne und Mond im Krebs im siebenten Haus, was darauf hinweist, daß er sehr an seinen Eltern hängt. Nehmen wir weiter an, daß dieser Klient im Alter von fünfunddreißig Jahren noch immer bei den Eltern lebt, die in ihren Siebzigern stehen und deren Gesundheit zu wünschen übrig läßt. Sie sehen nun, daß im Laufe des kommenden Jahres Pluto und Saturn im Transit eine Konjunktion zum MC und ein Quadrat zur Krebs-Sonne bzw. zum Mond bilden werden. Die Wahrscheinlichkeit ist groß, daß einer oder beide Elternteile in diesem Jahr sterben werden, und Sie können sich vorstellen, daß dieser Verlust für den Klienten einen vernichtenden Schlag bedeuten würde.

Wäre es hier nicht angebracht, den Klienten behutsam auszufragen, wie weit er auf ein derartiges Ereignis vorbereitet ist? Während ich nicht für eine klare und definitive Aussage plädieren würde – trotz allem könnte ich mich schließlich irren – so würde ich doch dem Kunden sagen, daß innerhalb der nächsten beiden Jahre die Möglichkeit besteht, einen Elternteil zu verlieren, und daß es vielleicht angebracht wäre, über ein Leben ohne diesen Elternteil nachzudenken. Ein solches Gespräch wird notgedrungen den Klienten aufs äußerste beunruhigen, man müßte also sehr behutsam und andeutungsweise vorgehen. Wenn jedoch der Klient bereits beim Gedanken daran die Fassung verliert, können Sie sich vorstellen, was für einen Schock der tatsächliche Tod der Eltern für ihn bedeuten würde. Manchmal sage ich auch, daß ich mir nicht ganz sicher sei, aber nichtsdestoweniger würde der Zeitpunkt irgendwann kommen, an dem die Eltern sterben müßten und so wäre es sicherlich gut, darüber allmählich nachzudenken. Mit diesen Worten habe ich den Grundstein für die Zukunft gelegt, ein Forum für das Aussprechen des Unaussprechlichen geschaffen, und den Klienten so ein wenig auf das Unvermeidliche vorbereitet. Wäre es nicht Feigheit seitens des Astrologen, eine derartige Konstellation zu sehen und das Thema nicht in irgendeiner Weise zur Sprache zu bringen?

Noch einen Schritt weiter ...

Vielleicht ist es das, was man unter dem Schatten des Todes versteht. Der Tod ist ein endloses Thema und in diesem langen Kapitel konnten wir nur die Oberfläche streifen. Es fehlt uns hier der Raum, um auf plutonische Todesarten wie Selbstmord, Mord oder Krebs einzugehen, aber in derartigen Fällen kann eine beträchtliche Menge an negativer plutonischer Energie freigesetzt werden. Für alle Leser, deren Interesse hier geweckt wurde oder für jene, die traurige persönliche Gründe für dieses Interesse haben, stellen die in der Bibliographie angeführten Bücher über Tod, Trauer und das Leben nach dem Tod eine ergiebige Informationsquelle dar. Sollten die Bücher in Ihrem Umkreis nicht erhältlich sein, so sehen Sie unter dem Stichwort „Trauer" im Katalog Ihrer örtlichen Bibliothek nach, Sie werden bestimmt andere Bücher zu diesem Themenkreis finden.

Wenn Sie den Tod eines nahestehenden Menschen bewältigen müssen, sollten Sie dies am besten nicht allein tun, sondern lesen, was andere Menschen Ihnen zu sagen haben, die über diesen Prozeß Bescheid wissen. Dadurch werden Sie auch weitgehend dem öffentlichen Druck, Ihre Gefühle abzuwürgen, entgegenwirken können. Am besten wäre eine Trauergruppe, in der Sie Verständnis und Unterstützung finden. In ähnlicher Weise kann auch der Schmerz über Verluste anderer Art qualvoll sein, wie etwa das Ende einer Ehe oder die operative Entfernung einer Brust, und auch in solchen Fällen werden diese Bücher Ihnen den Ablauf des Trauerprozesses bewußter machen.

Bücher über Trauer

Brothers, Dr. Joyce. „How We Face Sorrow and Grief", *Good Housekeeping,* Januar, 1971, S. 33.

Caine, Lynne. *Widow,* Bantam, N. Y. 1975.

Kreis, Bernadise und Alice Pattis. *Up From Grief: Patterns of Recovery,* Seabury Press, N. Y. 1969.

Shepherd, Martin, MD. *Someone You Love Is Dying,* Charter Communications, N. Y. 1969

Bücher über den Tod und das Leben danach

Crinita, Joey, *The Medium Touch: A New Approach to Mediumship.* The Donning Company, Norfolk, VA, 1982. (Über den Verlag zu bestellen, 5659 Virginia Beach Blvd., Norfolk, VA, 23502)

Ebon, Martin. *Death and Life After Death,* Signet Books, N. Y. 1977. Der Autor verfaßte auch ein weiteres Buch: *The Evidence for Life after Death* (im gleichen Verlag).

Kübler-Ross, Elisabeth, *Was können wir noch tun?* GTB, Gütersloh, 1987.

Moody, Raymond, *Leben nach dem Tod, Nachgedanken über das Leben nach dem Tod.* Beide Titel Rowohlt Verlag, Reinbeck, 1977.

Ossis, Karlis und Haraldsson Erlender. *Der Tod – ein neuer Anfang,* Bauer Verlag, Freiburg 1987.

Bücher über Reinkarnation

Cerminara, Gina. *Karma und Wiedergeburt,* Bauer Verlag, Freiburg, 1963 und *The World Within.* Morrow, N. Y., 1975.

Montgomery, Ruth. *A World Beyond,* Fawcett Books, N. Y. 1971.

Steiger, Brad und Loring Williams, *Other Lives,* Hawthorn Books, Inc., N. Y. 1969.

KAPITEL SIEBEN

Transite: Wenn das Transformation ist, warum tut sie so weh?

Dieses Kapitel könnte man als Überlebenshandbuch für Plutotransite bezeichnen, denn wir werden hier nicht nur auf die Schwierigkeiten und deren Ursachen eingehen, sondern auch Heilungsvorschläge unterbreiten. Sie werden sehen, daß praktisch jeder plutonische Charakterzug, jedes Thema, jede Emotion, im Laufe eines Plutotransits in einem bestimmten Bereich Ihres Lebens in Erscheinung treten werden. Wenn Pluto bei Ihnen im Transit einen Aspekt zu einem Geburtsplaneten oder einem der Winkel bildet, verhalten Sie sich vorübergehend so, als hätten Sie diesen Aspekt in Ihrem Geburtshoroskop. Sie werden hartnäckig über die Vergangenheit grübeln, aggressiv, düster oder tief bekümmert sein oder sich zurückziehen. Es können Ereignisse in Verbindung mit den grundlegenden Themen des achten Hauses eintreten; Geld, Tod, Sexualität und Geburt. Sie werden in diesen Lebensbereichen plötzlich in Machtkämpfe verwickelt und sind mit einem Mal von Skorpionen umgeben. Oh ja, es kann sehr wohl zu einer Transformation kommen – was bleibt Ihnen schließlich anderes übrig? Mit Hilfe dieses

Kapitels sollen Sie verstehen lernen, was vor sich geht, und Mittel und Wege finden, um nicht gegen die Energie des Transits sondern mit ihr zu arbeiten.

Ein Plutotransit stellt einen Prozeß dar; Pluto bewegt sich vor- und rückwärts, direkt, retrospekt und direkt über einen Punkt. Sie können nach dem ersten Durchgang, der meistens der intensivste ist, noch keine Aussagen über die Auswirkung des Transits machen. Dieser wird nach seinem Endergebnis, nach zwei oder drei Jahren beurteilt. Empfindsame und bewußtere Menschen können einen Transit auf einer subtileren Ebene sehr wohl schon drei bis fünf Grade vorher spüren. Oft kommen Klienten zu einer Konsultation und Sie sehen, daß Pluto zwei Grade entfernt ist und sagen: „In diesem Sommer werden Sie dieses oder jenes verspüren". Worauf sie prompt die verblüffende Antwort erhalten: „Daran arbeite ich schon seit zwei Jahren." Plutonier auf dem Pfad persönlichen Wachstums sagen solche Dinge oft, denn Sie prüfen und beobachten sich selbst sehr genau und scheinen ein Gefühl für die Richtung zu besitzen, in die sie gehen.

„Hier muß irgendwo ein Pony sein!"

Eine metaphysische Sicht der Dinge kann äußerst wertvoll sein, es scheint jedoch, als hätte die Metaphysik selbst in den letzten Tagen von Neptun im Wassermann eine übertriebene, unrealistische und unfundierte Entwicklung genommen. Besonders ungeduldig machen mich jene Menschen – ich nenne sie „die Wunderland-Metaphysiker" – die genügend von dem populären „Macht des Positiven Denkens"-Blabla aufgenommen haben, um Ihnen weiszumachen, daß es keinen schlechten Transit gibt, nur Herausforderungen und Gelegenheiten zu persönlichem Wachstum. Herzlichen Glückwunsch! Sie haben einen Plutotransit und das bedeutet, daß Sie diesen Bereich Ihres Lebens jetzt vollkommen transformieren werden. Diese Auffassung erinnert mich an die Geschichte von dem Optimisten, der zur Hölle fährt und sich dort bis zum Hals im Mist wiederfindet. Erfreut taucht er darin unter und beginnt darin umherzuwaten. Der Pessimist fragt ihn, was ihn daran so glücklich macht, und der Optimist antwortet: „Bei all diesem Mist muß hier irgendwo ein Pony sein!"

Ein Kunde, der in einer Konsultation im Zusammenhang mit einem Plutotransit nur auf die Aspekte der Transformation und des Neubeginns hingewiesen wird, bekommt leicht das Gefühl, irgend etwas völlig falsch zu machen, denn seine Gefühle gleichen keineswegs der positiven, wachstumsorientieren Erfahrung, die ihm der Astrologe vorhersagte. Wunderland-Metaphysiker erwähnen mit keinem Wort, daß Sie während eines Plutotransits manchmal das Gefühl haben können, eine Knochenmarktransplantation ohne Narkose durchmachen zu müssen. Sie erwähnen auch mit keinem Wort, daß Ihre Gedanken plötzlich zwanghaft um Menschen und Ereignisse der Vergangenheit kreisen, die Sie am liebsten für immer aus Ihrem Gedächtnis verbannt hätten. Sie trauern plötzlich um jemanden, der Sie vor zehn Jahren verließ und sind wütend über etwas, daß Ihr Chef vor einer halben Ewigkeit machte. Sie sagen Ihnen auch nichts davon, so daß Sie Gefahr laufen, sich von den Menschen, den Sie am meisten lieben, zu entfremden, da diese Menschen nicht verstehen, warum Sie all das nicht einfach vergessen, da es ja in ihren Augen keinerlei Bezug mehr zur Gegenwart hat.

Es *kann* auch irgendwo ein Pony sein, aber im Verlauf eines Plutotransits müssen Sie den Mist Schicht um Schicht entfernen, um es zu finden. Der Mist *selbst* stellt einen Teil des Problems dar – die meisten von uns produzieren eine ganze Menge davon, um sich vor ihren Gefühlen verstecken zu können. Ein Plutotransit bedeutet, daß Sie sich nicht mehr verstecken können, aber jetzt müssen Sie mit all diesen angehäuften Schichten von Mist fertig werden. Sie graben sich im Bereich des Plutotransits durch die schmerzliche Vergangenheit und klären die Gefühle, die Sie nie konfrontieren wollten. Das Ausgraben, die hartnäckige Wiederholung des Geschehens und die Katharsis der Emotionen im Zusammenhang mit längst abgeschlossenen Ereignissen sind für den Heilungsprozeß wirklich notwendig, aber angehnem sind sie nicht, weder für den Betroffenen, noch für seine Umgebung.

Sehr oft ergeben sich unter einem Plutotransit Ereignisse oder Umstände, die Situationen der Vergangenheit wiederspiegeln und all die Gefühle wieder ans Licht bringen, die damals nicht bewältigt wurden. Mit der Bewältigung der aktuellen Geschehnisse müssen Sie auch jene andere Phase durcharbeiten, um dieses Muster in Zukunft nicht mehr wiederholen zu müssen. Manchmal ist eine intensive Konfrontation mit diesem Verhaltensmuster der einzige

Weg, ihm zu entkommen – durch eine Überdosis. Sie treffen einen Partner, der Sie wie kein anderer vorher ausnützt und mißbraucht. Sie werden in einen beinahe fatalen Machtkampf im Beruf verwikkelt oder machen den allergrößten Fehler in dem von Pluto transitierten Lebensbereich. Sie machen *genau das* noch einmal, und zwar in einer Weise und einer Intensität, daß Ihnen schließlich bewußt wird, daß es so nicht mehr weitergehen kann. Und aus dem darauffolgenden Schmerz heraus ergreifen sie dann Schritte, um das Muster zu ändern.

Nein, nicht jeder muß während eines Plutotransits so weit in seinem selbstzerstörerischen Verhalten gehen. Ein Trigon im Transit ist zum Beispiel normalerweise leichter zu integrieren. Aber auch bei Quadraten und Oppositionen beginnen bewußte Menschen schon in den Konflikten zu arbeiten, bevor diese extreme Ausmaße annehmen. Sie werden mit dem Universum wesentlich besser zurechtkommen, wenn Sie einen Hinweis verstehen und Ihre Lektion anhand eines kleinen Problems lernen, anstatt auf Ihrem Verhalten zu beharren und einem größeren Konflikt heraufzubeschwören. Ein humanistisch geschulter Astrologe wird Sie bei einer astrologischen Beratung im vorhinein warnen und darauf hinweisen, daß Sie an einem bestimmten Bereich Ihres Lebens arbeiten müssen, wenn Sie Schwierigkeiten vermeiden wollen. Eine fundierte metaphysische Betrachtungsweise kann dazu beitragen, Ihnen bewußt zu machen, auf welche Weise Sie selbst Ihre Probleme schaffen und wie Sie diese Gelegenheit nutzen können, um alte unerwünschte Muster zu transformieren. Die Heilmittel und Vorschläge für die einzelnen Transite können das Loslösen von alten Emotionen, in denen Sie festgefahren sind, noch weiter beschleunigen. Heilungsarbeit und Therapie sind während eines Plutotransits ebenfalls von starker Wirkung. Ihr Horoskop wird Ihnen Aufschluß über den Bereich geben, in dem Ihre Bemühungen den größtmöglichen Effekt haben.

Was, um alles in der Welt, ist Transformation?

Menschen sprechen so viel über Transformation, aber es bleibt irgendwie ein undefinierter Begriff. Auf die Frage, ob Veränderung und Transformation dasselbe ist, antwortet eine Figur in den Star-

Trek-Geschichten: „Nein, Veränderung ist eine eindimensionale Änderung, nur eine Änderung der Form – wenn wir zum Beispiel einen Felsen mit einem Hammer zerschlagen. Transformation ist eine zweidimensionale Änderung, eine Änderung der Substanz – wenn wir aus einem leblosen Stein eine lebendige Blume machen."[26] Wenn wir uns diese Transformation vorstellen – sind wir wirklich willens, von einem Stein zu einer Blume zu werden? Oder werden wir nur zu einem zerbrochenen Stein, niedergeschmettert durch einen Schlag nach dem anderen? Wir werden gesunden, wenn wir bereit sind, den Seinszustand eines Steins aufzugeben; hart, aber unerreichbar.

Pluto repräsentiert den Prozeß der Wiedergeburt, die völlige Erneuerung, die wir erfahren, wenn wir in irgendeinem Lebensbereich zu unserem persönlichen Wesensgrund vorstoßen. Er kennzeichnet jene Lebens-oder-Tod Phasen, in denen wir uns endgültig von höchst destruktiven Verhaltensmustern trennen. Wir haben genug Schmerz erlitten, aber selbst vom Schmerz lassen wir nicht kampflos ab, so klammern wir uns an ihn, sogar noch während wir gleichzeitig versuchen, von ihm abzulassen. Wir schlagen mit unserem Kopf weiter gegen die Wand und sagen dabei ununterbrochen: „Jetzt reicht es mir endgültig!" Am Ende dieses zweijährigen Durchgangs hören wir auf, mit dem Kopf gegen die Wand zu schlagen und setzen unser Leben fort. Wir werden nie mehr dieselben sein, denn wir haben uns von Verhaltensmustern und Emotionen befreit, die uns unser ganzes Leben lang behindert haben.

Manche von uns lernen in bestimmten Lebensbereichen sehr schwer. Manchmal sind wiederholte Transite über dieser Stelle des Horoskops notwendig, mehrere Ereignisse, um uns von einem schmerzlichen Verhaltensmuster abzubringen. Wenn ich zum Beispiel bei einem Menschen sehe, daß er einen Transit nach dem anderen über seiner Venus hat, eine Art Belagerung über einen bestimmten Zeitraum, dann habe ich oft das Gefühl, daß irgendein höherer Teil seines Selbst versucht, Abwehrmechanismen gegen Beziehungen zu zerstören. Der Plutotransit bestimmt den Zeitpunkt, an dem eine Veränderung eintreten *muß,* Pluto sagt: „Jetzt ist die Zeit gekommen."

26 Diane Duane, *The Wounded Sky,* Pocket Books, NY, 1983, Seite 123.

Warum *tut* es so weh?

Alan Watts sagt: „Sich einer Veränderung zu widersetzen, sich an das Leben zu klammern, heißt versuchen, den Atem anzuhalten – wenn man damit nicht aufhört, tötet man sich selbst."[27] Die Frage, warum Transformation so weh tut, ziehlt auf die alte Unterscheidung zwischen der Ebene der Persönlichkeit und der geistigen Ebene. Auf der persönlichen Ebene kann der Plutotransit als Hölle empfunden werden. Auf seelischer Ebene ist es vielleicht das Beste, was Ihnen je passiert ist. Wir müssen lernen, mit unseren inneren Augen zu sehen, nicht mit unseren äußeren. Der Schmerz erfüllt einen bestimmten Zweck, unsere Sicht ist jedoch stark eingeschränkt, besonders wenn wir in ein Problem unmittelbar verwikkelt sind. In der Welt der äußeren Erscheinungen werden diese Transite als schlecht beurteilt, da sie schmerzlich sind. Wir leiden an spiritueller und emotionaler Kurzsichtigkeit und können nicht weit genug sehen, um die Ursache des Schmerzes oder den Umbruch, den er auslösen soll, zu erkennen. Wir wollen die Heilung, aber wir erkennen die Wende nicht. Es ist wie bei einer Operation: Ein kranker Körperteil, der unsere Gesundheit untergraben hat, wird herausgeschnitten. Unmittelbar nach der Operation tut es furchtbar weh, aber der Körper beginnt bereits zu genesen. Genau so ist Pluto.

Ich habe bemerkt, daß eine Heilung oft eintritt, wenn wir das „Ich werde es niemals schaffen"-Lied singen. Damit meine ich, daß wir an einem Punkt völliger Verzweiflung über ein tiefverwurzeltes Muster angelangt sind und sagen: „Ich werde mich in diesem Bereich NIEMALS ändern können. Ich gebe es auf. Wenn wir zur Überzeugung gelangen, daß wir uns NIEMALS ändern werden, passiert plötzlich etwas, irgend etwas ist plötzlich anders, und irgendwie geht es uns plötzlich besser. Indem wir unsere Bemühungen um eine Kontrolle der Lage aufgeben und uns unsere Niederlage eingestehen, akzeptieren wir wahrscheinlich, daß die Lösung dieses Problems nicht in unserer Macht steht, und daß dazu ein Wunder nötig wäre. Irgend etwas in diesem Stadium völliger Kapitulation stimuliert die Einstellung, die uns darüber hinweghilft.

Wenn wir letztendlich unsere Niederlage eingestehen, haben wir den absoluten Tiefpunkt innerhalb eines destruktiven Musters er-

27 Alan W. Watts, Weisheit des ungesicherten Lebens, Barth Verlag, München, 1985.

reicht, ähnlich dem qualvollen Tiefpunkt, den ein Alkoholiker durchmacht, bevor er den Alkohol aufgeben kann. Und genau wie der Alkoholiker müssen wir erkennen, daß wir diesem Zustand in unserem Leben machtlos gegenüberstehen, und daß wir ihn einer „höheren Macht“ überlassen müssen. So bringen uns sowohl Pluto als auch Neptun mit Daseinsebenen in Berührung, die jenseits der menschlichen Persönlichkeit liegen. Wie es Edward Gloeggler einst ausdrückte: „Wo der Mensch am Ende seiner Weisheit ist, dort beginnt Gott.“

Viel von dem Schmerz der Transite liegt im Grübeln, nicht in der Ursache, ist nicht Bestrafung, sondern Korrektur. Es geht darum, Konsequenzen zu ziehen; Konsequenz bedeutet, etwas anzupakken, das Anpacken eines Verhaltensmusters, in dem wir verfangen sind, und das uns immer wieder Leid bringt. Wir sind festgefahren, und der Plutotransit will uns befreien, aber wir weigern uns, das alte Verhaltensmuster abzulegen. Wir wollen dieses alte Muster beibehalten, obwohl es uns zerstört – vielleicht nicht im wörtlichen Sinn, aber manchmal geht es bei Pluto wirklich um Leben und Tod. Wenn wir festgefahren sind und uns gegen jede Vorwärtsbewegung zur Wehr setzen, wird der Plutotransit zu einer Zahnextraktion ohne Betäubungsmittel, inklusive Aufruhr im Inneren und Zusammenprall nach außen.

Viel von dem, was in der Außenwelt Leid hervorruft, ist eine Spiegelung des Zustandes in unserem Inneren und wir hassen es, jene Denkmuster in unserem Inneren zu akzeptieren, die unsere Probleme hervorrufen. Ein Teilnehmer meiner Therapiegruppe für Alkoholkranke drückte es so aus: „Niemand liest freiwillig, was auf der Wand geschrieben steht, bevor er sich nicht den Kopf daran stößt.“ Unter einem Plutotransit werden Sie ganz sicher gegen diese Wand anrennen und gezwungen sein, zu lesen, was dort geschrieben steht. Und es ist mit Sicherheit kein Fan-Brief! Plutotransite sind eine Zeit glasklar harter Konfrontation. In einem der Seth-Bücher von Jane Roberts sagt Seth: „Jede Krankheit ist ein Versuch, der Wahrheit zu entkommen.“ Pluto zwingt Sie dazu, die Wahrheit zu sehen, und darin liegt ein Teil des Schmerzes. Die Wahrheit wird Sie befreien – zuerst aber werden Sie sich elend fühlen. Wenn Sie jedoch die Wahrheit erkennen und sie auch in die Tat umsetzen, sind Sie schon auf dem besten Weg zur Heilung.

Das Leid entsteht zum Teil auch dadurch, daß wir uns ärgern, weil es nicht nach unserem Kopf geht. Wir sind eigensinnig und wollen genau das, was wir wollen und genau dann, wann wir es wollen.

Wir glauben zu wissen, was für uns gut ist. Oft grämen wir uns, wenn wir etws nicht bekommen, hätten sich die Dinge aber nach unseren Vorstellungen entwickelt, wäre es für uns eine Katastrophe gewesen. Manche Menschen werden verbittert, wenn sie ihren Willen nicht bekommen oder andere nicht beherrschen können. Ich habe ein Lied entwickelt, das mir hilft, zu vermeiden, den Verlauf der Dinge nach meinem Willen beeinflussen zu wollen, anstatt sie den Verlauf nehmen zu lassen, der gut für mich ist: „Dein Wille geschehe, oh Herr, nicht meiner." Das hilft gegen meinen Eigensinn und meine Frustration, wenn nicht alles nach meinem Kopf geht. Auch das Gebet um heitere Gelassenheit ist gut für Plutotransite geeignet: „Oh Gott, gewähre mir die heitere Gelassenheit, das zu akzeptieren, was ich nicht ändern kann, gib mir den Mut, zu ändern, was ich ändern kann und die Weisheit, das eine vom anderen zu unterscheiden."

Das Konzept therapeutischer Isolierung

Plutotransite können Phasen mit sich bringen, die ich Zeiten der therapeutischen Isolierung nenne. In unserer Massenkultur werden alleinstehende Menschen als seltsam und asozial angesehen, aber während eines Plutotransits wirkt gerade die Einsamkeit oft heilend. Sie bietet uns die Gelegenheit, nicht mehr nach jenem alten Verhaltensmuster zu handeln, welches wir als nicht mehr akzeptabel erkennen. Wir beschließen, nie wieder so zu handeln, aber wir wissen nicht, wie wir es besser machen können und ziehen uns zurück. So können wir neue Verhaltensweisen entwickeln, um sie dann nach dem Ende des Transits anzuwenden. Wie es Dr. Theodore Isaac Rubin ausdrückte: „Wenn jemandem schlecht ist und er zieht sich zurück, so ist dieses Zurückziehen nicht krankhaft, sondern gesund. Wenn jemand sich zurückzieht, so mag dies bedeuten, daß es ihm sehr schlecht geht, das Zurückziehen selbst ist aber nur ein Versuch, mit dem Übel fertig zu werden und Kraft zu sammeln, um dann wieder hervortreten zu können."[28]

Alleinsein ist besonders bei symbiotischen Beziehungen heilsam. Für einen Menschen, der es beispielsweise nie ertragen konnte,

28 Theodore Isaac Rubin, MD, *Through My Own Eyes,* Macmillan, NY, 1982, Seite 22.

allein zu sein und sich aus dem Grund auf alle möglichen krummen Manöver wie Kontrolle und Machtkämpfe einließ, kann die therapeutische Isolierung eine wichtige Funktion erfüllen. Er kann die Erfahrung machen, daß er auch allein okay ist und nicht gleich stirbt, wenn er nicht ununterbrochen jemanden um sich hat. Wenn solche Menschen im Verlauf eines Plutotransits eine Zeitlang ohne Partnerschaft sind, fühlen sie sich anfangs schrecklich einsam, gewinnen aber eine ganz neue Erfahrung ihrer Fähigkeit zu überleben, die ihre Beziehungen von Grund auf verändert. Beziehungen sind nicht mehr eine Angelegenheit auf Leben und Tod, sondern können auf einer Basis liebevoller Kameradschaft errichtet werden. Die Lektion, die wir während einer solchen Phase erlernen, lautet: „Wenn ich auch ohne dich leben kann, bin ich weit eher fähig, mit dir zu leben."

Von einem anderen Gesichtspunkt aus betrachtet, könnte man auch sagen, daß geteiltes Leid nicht immer halbes Leid ist, es kann auch doppeltes Leid sein. Manchmal tut es so weh, im Zusammensein mit anderen Menschen ihr mangelndes Verständnis (noch schlimmer, ihre tiefe Gleichgültigkeit) ertragen zu müssen, daß es angenehmer ist, allein zu sein und in Ruhe seine Wunden lecken zu können. Vielleicht werden Sie sogar – beinahe wie mit Absicht – andere Menschen mit Ihrem Groll und Ihrer Intensität in die Flucht schlagen, um allein zu sein, denn nur dann können Sie sich auf Ihre eigene Heilung konzentrieren, ohne auf die Bedürfnisse der anderen Rücksicht nehmen zu müssen.

In plutonischen Lebensphasen – den intensivsten Zeiten des Lebens – wurde es früher als selbstverständlich und normal angesehen, sich von der Gesellschaft zurückzuziehen. Trauernde beispielsweise waren von Verpflichtungen ausgenommen. Man erwartete von ihnen, daß sie im ersten Jahr nach dem Tod eines geliebten Menschen der Gesellschaft fernblieben. Nach der Niederkunft betrug die Zeit des Wochenbettes bei einer Frau traditionellerweise vierzig Tage, und in dieser Zeit war es nicht üblich, auszugehen oder viele Leute zu sehen. Dies kam nicht nur dem physischen Heilungsprozeß zugute, sondern erlaubte der Mutter auch, in aller Ruhe die notwendige Bindung zwischen ihr und dem Säugling herzustellen. In vielen Stämmen wurden auch menstruierende Frauen isoliert, was weniger mit ihrer „Unreinheit" zu tun hatte als mit ihrem Bedürfnis nach Ruhe und ihrer intensivierten, übersinnlichen Wahrnehmungsfähigkeit während dieser Zeit.

Diese Phasen therapeutischer Isolierung werden heutzutage als archaisch und diskriminierend angesehen, aber jede von ihnen diente einem wichtigen, therapeutischen Zweck. Wenn wir uns nicht genügend Zeit lassen, um uns zu regenerieren und neue Lebensstadien zu verarbeiten, können sich Aggressionen und Trauer in destruktivem Ausmaß in uns anhäufen. Jeder Mensch hat Pluto irgendwo in seinem Horoskop, und so brauchen wir alle zur Bewältigung unserer Schwierigkeiten Zeiten der Einsamkeit, in denen wir alles in Ruhe überdenken können. Das Alleinsein kann uns der Führung unserer Höheren Selbst zugänglich machen, in unserem hektischen Alltagsleben nehmen wir ja auch nicht immer die Zeit, auf diese Führung zu hören. In alten Zeiten hatte man Klöster und Abgeschiedenheit. Heute hat der Durchschnittsmensch nichts Derartiges, und auch sein Bedarf an Ruhe ist ihm kaum bewußt. Heute hat man Krebs.

Wenn Klienten darüber klagen, daß sie am liebsten für eine Zeitlang Einsiedler wären, sagen Sie ihnen, daß dies kein Problem, sondern die Lösung ist. Wenn sie in der Konsultation auf Verhaltensmuster der Vergangenheit eingehen, können Sie Ihrem Klienten helfen, sich diesen, von unserer Gesellschaft so sehr mißbilligten Drang nach Einsamkeit zu erklären. Andererseits haben Plutonier oft ein starkes Bedürfnis, allein zu sein, und in diesen Fällen kann ein Plutotransit dieses Verhaltensmuster der Einsamkeit durchbrechen und es ihnen ermöglichen, sich fortan in der Gemeinschaft anderer Menschen wohler zu fühlen.

Plutotransite, Macht und Machtzuwachs

Macht und unser Umgang mit ihr ist ein Thema, das sehr oft während eines Plutotransits aktuell wird. Die meisten von uns haben Angst vor der Macht – berechtigterweise –, da nur wenige Menschen es verstehen, sie konstruktiv einzusetzen. Wenn jemand Macht auf falsche Weise verwendet hat, sie entweder in einer symbiotischen Beziehung abgegeben oder von einem anderen zu viel davon genommen hat, stellt der Plutotransit oft den Zeitpunkt dar, zu dem das Kräftegleichgewicht wieder hergestellt werden muß. Daraus können sich Machtkämpfe ergeben, plutonische Manipulationsmanöver und Revancheakte: Der Wurm krümmt sich. Manchmal wollen wir uns an der Person, der wir unsere Macht übertragen haben, für ihr Verhalten uns gegenüber rächen. Wir wollen die Verantwortung für die Tatsache nicht übernehmen, daß er oder sie uns niemals das alles hätte antun können, wenn wir nicht zuvor eigene Macht aus der Hand gegeben hätten.

Auf der anderen Seite erleben Menschen während eines wichtigen Plutotransits oft einen Machtzuwachs, so daß die Probleme teilweise darin bestehen, mit dieser Macht umgehen zu lernen. Wenn Pluto zum Beispiel über den Medium Coeli geht, kann sich im Rahmen der beruflichen Karriere ein Machtzuwachs ergeben. Manchmal kommt es im Zusammenhang mit dem Tod einer einflußreichen Vaterfigur zu einer Transformation. Als ich einmal das Horoskop einer Freud-Analytikerin untersuchte, sah ich, daß sie vor kurzem einen Aspekt zwischen Medium Coeli und Pluto gehabt hatte und fragte, ob ein ihr nachstehender Mensch gestorben sei. Sie antwortete, Anna Freud sei kürzlich verstorben, welche nicht nur ihr Mentor war, sondern auch eine führende Position unter den Psychoanalytikern eingenommen hatte. Obwohl sie über deren Tod traurig war, fühlte sie sich jetzt frei und konnte in ihrer Arbeit ihre eigenen Vorstellungen verwirklichen, was zu Lebzeiten Annas nicht möglich gewesen war.

Manchmal leitet ein Plutotransit eine Erfahrung persönlicher Transformation ein und Menschen können dann durch einen Workshop oder eine andere Form der Therapie ihre eigene Macht auf neue und wundervolle Weise erfahren. Zum Beispiel sprechen Menschen, die mit „Est" arbeiten, oft von einem Zuwachs an Macht, was bedeutet, daß man bei sich selbst (oder anderen) Blokkaden des Selbstausdrucks abbaut und damit die bereits vorhandene Macht aufschließt. „Wie funktioniert das?" werden Sie sicher wissen wollen. Es können natürlich alle hier besprochenen Heilmittel dazu beitragen, aber wenn ich ein Mittel für diesen bestimmten Zweck wüßte, würde ich wahrscheinlich Workshops über Macht abhalten und nicht darüber schreiben! Ich vermute, daß wir die Macht einer Gruppe brauchen, um einen Machtzuwachs erreichen zu können. In unserer Gesellschaft sind so viele dem Machtzuwachs entgegengerichtete Kräfte am Werk, so viel Gegen-Konditionierung, besonders bei Frauen, daß wir ständig ermutigt werden müssen, um diesen Kräften entgegenwirken zu können. Der ganze Themenkomplex der Macht ist so diffizil, daß wir tatsächlich eine Legitimation benötigen, um diese Macht in unserer heutigen Gesellschaft zu erforschen und zu entwickeln.

Pluto und der Trick mit der Schwangerschaft

So etwas wie eine zufällige Schwangerschaft gibt es nicht. Zu dieser Überzeugung gelangte ich nach fünfjähriger Tätigkeit als Sozialarbeiterin an einer Entbindungsklinik. Ob verheiratet oder nicht, die meisten Frauen, die es erwischte, machten es rein zufällig mit Absicht. Oh, es war ihnen vielleicht nicht bewußt, aber den meisten von ihnen diente die Schwangerschaft einem sehr konkreten Zweck. Aus astrologischer Sicht herrscht Pluto über Schwangerschaft und Fortpflanzung, und viele Schwangerschaften entstehen unter wichtigen Plutotransiten über die Winkel, den Mond oder über den Planeten des fünften oder achten Hauses. Pluto herrscht auch über verborgene Motivationen, Manipulationen, Rache, Machtkämpfe, raffinierte Versuche, andere zu kontrollieren und besitzergreifendes Verhalten. Bei vielen Frauen mit „ungewollten Schwangerschaften" schienen ein oder mehrere dieser plutonischen Motive im Spiel zu sein. Da eine Bewußtmachung dieser Beweggründe den Zweck der Schwangerschaft in Frage stellen würde, verdrängten die Frauen sie zumeist, und alles, was sie bewußt verspürten, war Empörung über ihren Zustand.

Ein sehr häufig vorkommendes Motiv ist Rache an der Mutter, dem Ehemann oder einer anderen Person. In der Klinik betreue ich eine geistig leicht zurückgebliebene junge Frau, die bei einer älteren Schwester lebte, die sie dominierte, ständig herabsetzte und demütigte, und sie daran hinderte, auch nur annähernd das Leben einer Frau oder eines erwachsenen Menschen zu führen. Diese Schwester, eine überzeugte Katholikin und Mutter mehrerer Kinder, mußte sich einer Totaloperation unterziehen. Einige Monate darauf wurde meine Patientin schwanger. Eine saubere Form der Rache, die im Klartext hieß: „Du hast mich nie eine Frau sein lassen. Jetzt bist du keine Frau mehr und ich werde dir zeigen, daß ich eine bin!" (Nicht alle diese Gefühle waren unbewußt.)

Es gelang ihr, die Schwangerschaft vier Monate lang zu verheimlichen, aber die Schwester bemerkte es schließlich und zwang sie, nach heftigen religiösen Konflikten, eine Abtreibung vornehmen zu lassen. Meine Patientin gab dem Fötus den Namen ihrer Schwester. Ist es nicht merkwürdig, wie plutonisch diese Situation ist? Auch in positiver Weise wurde sie plutonisch, denn durch unsere gemeinsame Arbeit wurde die junge Frau in einem Berufs-Rehabilitationsprogramm aufgenommen, bekam anschließend eine Stelle und eine eigene Wohnung, und das letzte, was ich von ihr hörte, war, daß sie geheiratet hatte. So drastisch das Erlebnis ihrer Schwangerschaft war, so erfüllte es doch den Zweck, die junge Frau von der erstikkenden Dominanz ihrer Schwester zu befreien, so daß sie ein eigenes Leben aufbauen konnte.

Ein weiterer Aspekt dieser Situation ist der plutonische Wunsch, den anderen voraus zu sein. Ich konnte dies oft bei Schwangerschaften beobachten, die sich innerhalb einer Familie ausbreiteten. Ein bemerkenswertes Beispiel dafür waren drei unverheiratete Töchter im Teenageralter, die wenige Monate nacheinander schwanger wurden. Es scheint, als ob die Zweite eifersüchtig auf die Aufmerksamkeit war, mit der man die Erste überschüttete, als sie schwanger wurde, also beschloß sie, es ihr gleichzutun. Die Dritte ertrug die Aufmerksamkeit nicht, die den ersten beiden zuteil wurde, und so schloß sie sich der Bewegung an. Schließlich, um ihren Töchtern nicht nachzustehen, wurde auch die Mutter schwanger (die ebenfalls unverheiratet war). Natürlich war sich keine von ihnen dieses Konkurrenzaspektes bewußt; für die Angestellten der Klinik war es jedoch ganz offensichtlich.

Schwangerschaft kann auch als Mittel dienen, Kontrolle über eine Situation zu erlangen. Ich habe viele verheiratete Frauen beobachtet, die gerade zu dem Zeitpunkt schwanger wurden, als sie sich vor der Notwendigkeit sahen, eine Arbeit anzunehmen oder eine neue Richtung einzuschlagen. „Ich kann nicht, es ist ein Baby unterwegs“. Manchmal möchte die Frau den Ehemann unter ihre Kontrolle bringen. Eine Frau deren Ehemann eine postuniversitäre Ausbildung begann, ärgerte sich, nun so viel allein sein zu müssen, und plötzlich versagte eine Methode der Geburtenkontrolle, die sie jahrelang erfolgreich praktiziert hatte.

Auch das plutonische Thema des Verlassenwerdens spielt hier eine Rolle. Viele Babys werden empfangen, um eine Trennung zu verhindern. „Ich kann meine Frau jetzt nicht verlassen, Schatz, sie ist schwanger“. In der guten alten Zeit wurden viele Babys empfangen, um eine Ehe zu erzwingen. Auch heute noch wird dies versucht, aber die Zeiten haben sich geändert und es funktioniert nicht mehr. Nichtsdestowendiger ist es aber eine Methode, sich an einen Menschen zu klammern, der einen verlassen will, denn man kann ihn immerhin zu Unterhaltszahlungen verpflichten. Selbst wenn dies nicht klappt und man nie einen Pfennig bekommt, so wird man ihn immer ein Stück weit beherrschen, und das weiß er.

Als idealistische, junge Sozialarbeiterin neigte ich dazu, die Frau als diejenige zu sehen, der Unrecht geschah, die verführt und dann im Stich gelassen wurde. Die letzten Illusionen, die ich auf diesem Gebiet noch hatte, wurden zerstört, als ein privater Klient von mir von einer alten Freundin hereingelegt wurde: Sie schickte ihm einen Brief, lud ihn ein, mit ihr das Wochenende zu verbringen – der guten alten Zeit wegen – versicherte ihm, daß sie unfruchtbar sei und schrieb ihm einen Monat später: „Rate mal, was passiert ist!"

Selbst wenn diese Methode, sich einen Mann zu angeln, funktioniert, entstehen starke Aggressionen bei dem Menschen, der in eine solche Falle gelockt wurde, und er wird es die Frau – und leider auch das Kind – spüren lassen. Ob es funktioniert hat oder nicht – auch die Mutter wird höchstwahrscheinlich gegen das Kind Abneigung empfinden, besonders wenn es dem Vater ähnelt. Oft fungiert das Kind als Schachfigur zwischen zwei in plutonische Machtkämpfe verwickelte Menschen. Und das Kind selbst? Nun, es wächst zu einem Plutonier heran, schlicht und einfach.

Michael Lutin erzählte mir kürzlich, daß viele seiner Klientinnen schwanger wurden, als Pluto die Waage verließ, und sie sich damit an eine Beziehung klammerten, die bereits tot war. Die Pluto/Saturn Konjunktion fand gegen Ende der Waage statt und bei meinen Forschungen entdeckte ich, daß sowohl die Pluto/Saturn Konjunktion des Jahres 1982 als auch die von 1947/48 mit einem deutlichen Anstieg der Geburtenziffern einhergingen, möglicherweise aus plutonischen Gründen. Die Konjunktion von 1947 löste den großen Baby-Boom aus. Ein Jahr später erreichte die Scheidungsrate dann den höchsten Stand in der Geschichte der Vereinigten Staaten. Obwohl die Frauen durch diese Geburten versucht hatten, eine Trennung zu verhindern, schlug dieser Versuch letztlich fehl. Dazu kam noch, daß Frauen im Ersten *und* im Zweiten Weltkrieg zum ersten Mal außer Haus arbeiteten. Als die Männer heimkehrten mußten die Frauen das Wenige an Macht, das sie sich erobert hatten, wieder abgeben. Der Baby-Boom war zweifellos eine Reaktion auf diese Konflikte um die Macht der Frau. Die Schwangerschaft selbst dient oft als äußerste Waffe im Machtkampf der Geschlechter. „Halte deine Frau immer schwanger und bloßfüßig", lautet ein alter Männerwitz (Haha!), der viel Wahres über die Beziehungen zwischen den Geschlechtern aussagt.

Ich habe auch festgestellt, daß dieses Thema von Macht und Schwangerschaft aktuell wird, wenn eine Frau (ob alleinstehend oder verheiratet) genau zu einem Zeitpunkt schwanger wird, an dem sie die Möglichkeit zu einem beruflichen Aufstieg hätte. In der Klinik hatten wir einen solchen Fall in Gestalt einer entzückenden jungen Frau, die nicht nur als erstes Mitglied ihrer großen und problembeladenen Familie die Reifeprüfung abgelegt, sondern überdies ein Stipendium für die Universität gewonnen hatte. Es war traurig, mitansehen zu müssen, wie sie ihre strahlenden Hoffnungen begrub und zu einem weiteren Fürsorgefall wurde. Vielleicht besinnt sie sich eines Tages auf ihr Pontential, aber mit ihrem Hintergrund und den Zwängen der Umwelt wird es sehr schwierig sein. Für diese Frau und auch für viele andere bedeutet der Sprung nach oben, emotional im Stich gelassen zu werden, sich der Ablehnung und Eifersucht von Familie und Bekannten auszusetzen, diese hinter sich zurückzulassen und sich in furchteinflößendes und einsames Territorium zu begeben.

In ihrem Fall liegt das Risiko ihres persönlichen Fortschritts sehr klar auf der Hand, es müssen jedoch alle Frauen, die Macht zu übernehmen wagen, dieses Risiko eingehen. Frauen werden zur Abhängigkeit erzogen und ihr Erfolg stellt eine Bedrohung für andere dar, besonders für die Männer in ihrem Leben. Falls Sie nun glauben, daß nur Frauen die List mit der Schwangerschaft anwenden: Es gibt Fälle, in denen Männer ihre Frauen in eine Schwangerschaft manövrierten, um sie an einer beruflichen Karriere zu hindern. Es gibt viele Männer, die den Erfolg einer Frau nicht sehr gut verkraften.

Oft erzählen mir Frauen, die einen Plutotransit über den Medium Coeli haben, daß sie knapp vor einer Beförderung stehen oder ihr eigenes Unternehmen gerade anläuft, aber sie hätten plötzlich das Gefühl, jetzt unbedingt ein Baby haben zu MÜSSEN, da ihre biologische Uhr ablaufe (diesen Satz hörte ich auch von Dreißigjährigen). Genau betrachtet geht es hier darum, daß diese Frauen mit der unheimlichen Tatsache konfrontiert werden, nach Macht und Einfluß greifen zu können und sich in diesen so wunderbar einleuchtenden weiblichen Grund flüchten, um sich nicht mit ihrer Macht auseinandersetzen zu müssen. Ich habe das Gefühl, daß eine Mutter, die an der Schwelle zur Karriere in ihrem Beruf steht, und die dann ein Kind aus diesem Grund empfängt, dieses Kind entweder ablehnen oder als Ersatz für die verlorengegangene Macht benützen wird. (Schließlich wird der Pluto des Kindes immer einen Aspekt zum Medium Coeli der Mutter bilden.)

An diesem Punkt fragen Sie sich wahrscheinlich, ob es überhaupt einen positiven Grund für eine Schwangerschaft gibt. Ja! Zwei Menschen können entscheiden, daß sie sich lieben und ein Kind haben möchten. Aber ich habe von unbewußten Entscheidungen gesprochen, die aus falschen Motiven getroffen wurden. Wenn sie aus den richtigen Beweggründen getroffen wird (und manchmal sogar, wenn dies nicht der Fall ist), kann Elternschaft ebenso wie viele andere plutonische Zustände eine Quelle der Transformation sein. Ich kann mich nicht an den Namen des Schriftstellers erinnnern und weiß auch nicht mehr, wo ich es gelesen habe, aber die Worte blieben in meinem Gedächtnis haften: „Das Wunder dabei ist nicht, daß Erwachsene Kinder hervorbringen, sondern daß Kinder Erwachsene hervorbringen." Die Anpassungskrise an die Elternschaft erfordert ungefähr ein Jahr harter Arbeit, also entsprechen die Schwangerschaft und das erste Jahr im Leben eines Kindes dem intensivsten Teil eines zweijährigen Plutotransits.

Einen anderen Ausspruch, der dieses Prinzip illustriert, entdeckte ich in einer Zeitungskolumne des *San Francisco Chronicle:* „Ich genoß die transformierende Wirkung der Vaterschaft. Kinder zu haben hatte überraschende und tief befriedigende Nebenwirkungen. Mir wurde zum ersten Mal bewußt, daß ich sterblich war – diese Geschöpfe würden mich überleben –, und daß ich unsterblich war – diese Geschöpfe trugen mit vielen anderen Dingen die Erinnerung an meine Existenz mit sich. Und ihre Existenz – und meine Beziehung zu ihrer Existenz – half mir, meine eigenen Eltern zu verstehen. Oh, ja, sagte ich zu mir, du hast recht. Ich habe verstanden, Mama. Nein, so einfach ist es nicht."[29]

Plutotransite über das Geburtshoroskop

Im Anhang sind die Positionen des Pluto für die letzten zehn Jahre angeführt. Diese Aufstellung kann dem Schüler über vergangene und zukünftige Plutotransite seines eigenen Horoskops Aufschluß geben. Während eines Plutotransits über die Planeten des Geburtshoroskops kann es zu jedem der hier besprochenen Konflikte kom-

29 John Carrol, *San Francisco Chronicle,* 2. August 1983, S. 31.

men. Ihre Gedanken werden vielleicht plötzlich wie besessen um die Vergangenheit kreisen. Sie werden in den vom Transit berührten Lebensbereich in Machtkämpfe verwickelt, geraten in zwanghafte Beziehungen mit Plutomenschen oder werden mit einer Geburt oder einem Todesfall konfrontiert. Diese äußeren Ereignisse stellen nur die Manifestation – und den Katalysator – für den in Ihrem Inneren ablaufenden Prozeß dar. Wenn Sie sich um Ihre Heilung bemühen, besteht das Endresultat dieses Prozesses in einer Transformation Ihres Verhaltens in dem betreffenden Lebensbereich. Sehen wir uns nun die einzelnen Plutotransite zu Ihren Geburtsplaneten näher an.

Pluto/Sonne

Bei diesem Transit geht es um die Reinigung des Selbst. Anfangs werden Sie vielleicht fast zwanghaft egozentrisch sein und diesen Prozeß der Klärung bis zu einem qualvollen Extrem führen, dann aber, indem Sie sich allmählich zu den positiven Seiten Ihres Selbst hin entwickeln, werden Sie von den negativen Seiten geheilt werden. Falsche Konzepte werden abgelegt und betrauert, und schließlich kommt das wahre Selbst zum Vorschein. Überholte Einschätzungen des eigenen Wertes, sowohl grundlos negative als auch grundlos egoistische, werden ausgelebt und lassen schließlich ein realistischeres Selbstverständnis entstehen. Manchmal kann der Tod einer wichtigen männlichen Figur diese grundlegende Erneuerung der eigenen Identität auslösen. Es kann zu einem zwanghaften Bedürfnis nach Macht kommen, ebenso wie zu einem Bedürfnis, auf andere Eindruck zu machen, und auch zu Aggressionen gegen jene, die Ihnen die Anerkennung Ihrer Fähigkeiten verweigern.

Die Kalifornische Essenz Sunflower wird Ihnen sehr dabei helfen, Ihr inneres Gleichgewicht zu finden und sich selbst wirklich akzeptieren zu lernen. Sagebrush dient dazu, durch das Ablegen von falschen Identifikationen zu Ihrer wahren Identität zu finden. Auch Übungen zur Reinigung des Solarplexuszentrums sind sehr nützlich. Sie können sich dabei einen weißen Feuerball im Solarplexus vorstellen, der Selbstzweifel und Gefühle der Minderwertigkeit verbrennt. Das lavendelfarbige Feuer gegen Schuldgefühle, eventuell im Rahmen der Lichtwirbelübung von Seite 82 kann jenen Menschen helfen, die von Haß auf sich selbst erfüllt sind. Sie können auch die Übung zur Öffnung der Herzblüte (Siehe Seite 84) abwandeln, indem Sie sich statt dessen die Blüte in Ihrem Solarplexus vorstellen. Bilden Sie Affirmationen, um Ihr Selbstwertgefühl und die Liebe zu Ihrem Selbst zu stärken.

Pluto/Mond

Dieser Transit bringt Themen im Zusammenhang mit Abhängigkeit und Zuwendung an die Oberfläche. Die Beziehung zur Mutter wird einer genauen Prüfung unterzogen und alte Konflikte und Aggressionen kommen ebenso stark wie in der Kindheit wieder zum Vorschein. Durch ausdauerndes und sorgfältiges Analysieren und neuerliches Erfahren dieser Gefühle wird es Ihnen schließlich gelingen, von ihnen abzulassen. Muster der Symbiose oder Abhängigkeit, die in der Beziehung zur Mutter entstanden sind, werden vielleicht an weiblichen Schlüsselfiguren Ihrer Umgebung ausgelebt und dann verändert, da im Inneren eine Umstrukturierung der Abhängigkeitsmuster erfolgt. Auch die Vorstellung der idealen Frau wird meist in Frage gestellt, wobei Ablehnung und widersprüchliche Gefühle gegenüber dem weiblichen Stereotyp auftreten können. Diese Veränderungen werden manchmal durch den Tod der Mutter oder einer weiblichen Schlüsselfigur ausgelöst. Auch die Mutter selbst erfährt oft eine tiefgreifende Läuterung und ermöglicht es so ihren Kindern, ihre Einstellung zur Weiblichkeit zu ändern. Die Transformation kann auch durch das Erlebnis der Elternschaft ausgelöst werden, es besteht aber die Möglichkeit, daß die Schwangerschaft aus manipulativen Gründen eingegangen wurde, um vielleicht einen Zustand der Abhängingkeit aufrechtzuerhalten. Kontrolle über eine Beziehung auszuüben oder einen Machtzuwachs in der Außenwelt zu verhindern.

Zur Zeit dieses Transits kann die Lektüre von Nancy Friday's Buch *My Mother, My Self* sehr aufschlußreich sein. (Auch ich habe ein Buch über den Mond mit dem Titel *Being an Lunar Type in a Solar World* verfaßt, das sich mit allen Themen in Zusammenhang mit dem Mond beschäftigt). Rebirthing kann in dieser Zeit extrem wirkungsvoll sein. Als Blütenessenz wäre die Kalifornische Essenz Pomegranate zur Heilung emotionaler Extreme infolge mangelnder Zuwendung in der Kindheit zu empfehlen. Die Bachblüte Red Clover hilft überängstlichen und allzu besorgten Müttern.

Im Zuge dieses Transits können auch Emotionen an die Oberfläche gelangen, die Sie früher nicht akzeptieren wollten, und denen Sie jetzt nicht mehr ausweichen können. Sie werden immer wieder von Ihnen heimgesucht, sehr zu Ihrem eigenen Unbehagen und dem Ihrer näheren Umgebung. Es kann zu einer Katharsis ungelöster Gefühle im Zusammenhang mit der Vergangenheit oder unbewältigten Konflikten der Gegenwart kommen. Kein Versteckspiel ist mehr möglich – die Emotionen sind unmittelbar an der Oberfläche und Sie müssen lernen, mit ihnen auf neue Weise umzugehen. Sie durchlaufen einen Prozeß der Selbstanalyse und beginnen vielleicht sogar, sich mit Psychologie zu beschäftigen, um den Ursprung dieser Gefühle verstehen zu lernen. Das Resultat ist ein gesünderes Gefühlsleben. Sie nehmen eine bewußtere Haltung Ihren Gefühlen gegenüber ein und unterdrücken sie nicht mehr. Sie hätten jedoch Ihre Gefühle niemals unterdrückt, wenn Sie es verstanden hätten, mit ihnen umzugehen, und so kann es zu Beginn dieses Prozesses recht ungemütlich werden. Die Kalifornischen Essenzen Fuschia und Scarlet Monkeyflower helfen Ihnen bei der Integration unterdrückter Emotionen. Eine Therapie in der Art der Primärtherapie könnte die intensive Katharsis auslösen, die dieser Transit erfordert. Dies wäre auch ein wirksamer Zeitpunkt für Rolfing oder eine andere Form der Körperarbeit, die Sie befähigt, die in Ihrem Körper eingeschlossenen Emotionen zu lösen.

Pluto/Merkur

Dieser Transit dient dazu, Ihre kritische Denkfähigkeit zu schärfen. Möglicherweise wird in Ihnen auch ein Interesse für Psychologie oder das Okkulte, Reinkarnation oder Heilung erwachen. Alte Überzeugungen werden in Frage gestellt und Sie müssen sich neuen Ideen öffnen. Vielleicht sind Sie von diesen neuen Ideen richtiggehend besessen und werden kaum mehr imstande sein, die Kommunikation mit Ihren früheren engen Freunden aufrechtzuerhalten, die Ihre neuen Ideen und Interessen nicht teilen können. Kommunikation wird ganz allgemein zu einem heiklen Thema. Sie fühlen möglicherweise den Drang, Dinge auszusprechen, die Sie früher für unaussprechlich hielten oder haben das Gefühl, über wesentliche Dinge überhaupt nicht mehr reden zu können. Versuchen Sie, zuerst durch Ihr „Höheres Selbst“ zum „Höheren Selbst“ der anderen Person zu sprechen und sagen Sie ihm, was Sie auf dem Herzen haben. Beziehungen mit Geschwistern können an einem kritischen Punkt anlangen, alte Beziehungsmuster oder Konflikte der Vergangenheit müssen aufgelöst werden, sonst kommt es unweigerlich zu einer Trennung.

Das Schreiben, etwa in Form eines Tagebuchs, kann zur Klärung Ihrer Gefühle beitragen und heilend wirken. Die von Ira Progoff unter dem Namen Intensive Journal Workshop entwickelte Methode sieht zum Beispiel schriftliche Dialoge mit verschiedenen Teilen Ihres Selbst vor, mit deren Hilfe innere Unstimmigkeiten integriert und versöhnt werden. Dieser Transit könnte auch zu einer Zeit werden, in der Sie Ihre schriftstellerischen Fähigkeiten entwickeln und wichtige schriftstellerische, Forschungs- oder Studienprojekte in Angriff nehmen können.

Pluto/Venus

Ein Skorpion oder ein anderer Plutonier könnte in Ihr Leben treten, und es könnte zu einer intensiven Liebesbeziehung kommen. Alternativ dazu (oder auch zusätzlich) geraten Liebesbeziehungen, die schon seit längerer Zeit bestehen, in eine Krise, in der Aggressionen und andere seit langer Zeit unterdrückte Konflikte an die Oberfläche kommen und gelöst werden müssen. Beziehungen werden zum Rahmen, in dem das Thema Macht kritisch analysiert wird und auch eine Überprüfung der sexuellen Dimension Ihrer Beziehung wird notwendig. Manche Menschen verspüren zu dieser Zeit das Bedürfnis, allein zu sein und für ein Jahr oder länger ohne Partner zu leben, um destruktive Verhaltensmuster in ihren Beziehungen durchbrechen zu können, und diese Menschen werden für eine Weile recht einsam sein. Nach Ablauf dieser Zeit wird ihnen jedoch bewußt werden, daß sie auch ohne Beziehung lebensfähig sind und es wird ihnen möglich sein, gesündere, weniger zwanghafte Partnerschaften einzugehen.

Eine Heilungsmethode besteht hier darin, schmerzliche, zerbrochene Beziehungen neu zu durchleben, ausführlich zu betrauern, Gefühle der Abneigung zu klären und die Geschehnisse zu analysieren. Die regelmäßige Durchführung der Übung zur Öffnung der Herzblüte ist von außerordentlicher Wirksamkeit. Unter den Kalifornischen Essenzen helfen Bleeding Heart, (zur Lösung von alten, schmerzlichen Bindungen), Mariposa Lily, Shooting Star und Dogwood (alle um die Aufnahmefähigkeit für Liebe zu fördern). Pegasus und einige andere Firmen verkaufen Edelsteinessenzen. Von diesen sind hier Turquoise (Türkis) und Ruby (Rubin) empfehlenswert, die beide zur Heilung des Herzzentrums beitragen. Die Bachblüten Honeysuckle (zur Loslösung von der Vergangenheit) und Star of Bethlehem sind angebracht, wenn eine Beziehung auf traumatische Weise zerbrochen ist.

Pluto/Mars

Probleme im Zusammenhang mit Ärger und Arroganz dringen an die Oberfläche und fordern Beachtung. Sie werden im Zuge dieses Transits die Art der Bewältigung dieser Gefühle transformieren, in der Zwischenzeit aber können Sie sich in zwanghafter und negativer Weise bemerkbar machen. Sie werden vielleicht über aktuelle Ereignisse brüten, in denen Sie Macht abgegeben haben. Vielleicht werden Sie auch hartnäckig von Situationen der Vergangenheit verfolgt, in denen Sie Ihren Zorn verdrängten und die sie jetzt einer heilenden Katharsis zuführen müssen. Am Ende können Sie es nicht länger ertragen, dort still zu sein, wo Sie sich eigentlich selbst behaupten müßten, und so lernen Sie schließlich, sich durchzusetzen, auch wenn Ihnen dies immer sehr schwer gefallen ist.

Wenn Sie jedoch Ihren Ärger immer in extrem aggressiver Weise zum Ausdruck gebracht haben, kann sich der Spieß auch umdrehen und die Menschen, die Sie früher einschüchterten, beginnen sich selbst zu behaupten und zwingen Sie zu lernen, Ihre Macht auf weniger aggressive Art zum Ausdruck zu bringen. Dort wo Zorn destruktiv ausgelebt wurde, können alte Muster in gefährlicher Weise in Erscheinung treten, so daß die Hilfe eines Außenstehenden ratsam wäre. Auch das Thema des maskulinen Stereotyps wird aktuell, vielleicht in Form einer Konfrontation mit einem Mann, der Sie zwingt, Ihre eigene Macht wieder zu übernehmen.

Heilend kann hier die Übung gegen Aggressionen wirken (Kapitel vier) zusammen mit der Übung mit dem purpurroten Feuerball. *The Angry Book* von Theodore Isaac Rubin kann Ihnen helfen, die Folgen unterdrückten Ärgers zu verstehen. Auch Bücher und Gruppen über das Thema Selbstbehauptung wären außerordentlich nützlich. Das Bach-Kit umfaßt eine Reihe von Essenzen gegen

Ärger, wie etwa Impatiens (gegen Ungeduld und Reizbarkeit), Willow (gegen Aggressionen), Holly (gegen Haß), Vervain (für Menschen, die Ungerechtigkeiten aus der Fassung bringen) und Cherry Plum (für Menschen, die fürchten, daß sie die Beherrschung verlieren und jemandem weh tun könnten).

Pluto/Jupiter

Dieser Transit löst eine Glaubenskrise aus, in der Sie erkennen, daß Ihre alten Antworten und Überzeugungen zu oberflächlich sind, um Ihnen Antwort auf die große Fragen des Lebens geben zu können. Sie beginnen vielleicht, darüber nachzudenken, wieso die erwartete Belohnung ausbleibt, wenn man der brave kleine Bub oder das brave kleine Mädchen ist. Unkluges Geben oder unkluge Großzügigkeit kann sich als Bumerang erweisen. Sie müssen lernen, zu geben, ohne dabei sich selbst und anderen Schaden zuzufügen. Vielleicht werden Sie auch skeptisch oder sogar zynisch und halten Ihren früheren Optimismus für ziemlich naiv.

Möglicherweise gelangen Sie zu der Schlußfolgerung, daß Gott tot ist und versuchen nun während der Dauer dieses Transits, etwas zu finden, woran Sie glauben können. Schließlich wird Ihnen allmählich die verborgene Bedeutung der großen Fragen des Lebens bewußt und Sie erkennen, daß der tote Gott jener Ihrer Religionsstunden war und nicht die wahre Gottheit. Ihr Geist schärft sich und Sie beginnen nach eigenen Antworten zu suchen, anstatt blind jene der orthodoxen Wissenschaften zu übernehmen. Je mehr Wert Sie jedoch auf WISSEN und WAHRHEIT legen, desto schmerzlicher kann diese Suche der Seele werden. Die Kalifornische Blütenessenz St. John's Wort stärkt das Vertrauen zu Gott. Die Essenz Shasta Daisy hilft, eine Synthese aus den Erkenntnissen Ihrer spirituellen Suche zu bilden.

Pluto/Saturn

Wo Saturn in unserem Horoskop steht, neigen wir zur Starre. Angst und Unsicherheit kristallisieren zu einer starren Struktur. Ebenso wie die harte äußere Hülle eines Schalenfisches mit zunehmendem Wachstum beengend wird und abgestreift werden muß, so müssen auch wir unsere Strukturen von Zeit zu Zeit abschütteln, um weiteres Wachstum zu ermöglichen. Da diese Schale aber Sicherheit bedeutet, wehren wir uns oft verzweifelt dagegen, sie aufzugeben, und manchmal muß sie mit Gewalt aufgebrochen werden. Ein Plutotransit ist jener Zeitraum, in dem genau dies geschieht, mit oder ohne unser Zutun. Ein weiteres Problem, das bei einem Pluto/Saturn Transit akut werden kann, ist Autorität. Es kann zu schwierigen oder sogar destruktiven Machtkämpfen mit Vorgesetzten oder anderen Autoritätspersonen kommen, wenn der Betreffende nicht lernt, mit Vorgesetzten und der Realität in einer verantwortungsvollen, disziplinierten Weise umzugehen. Dieser Transit ist auch eine Phase, in der Wertvorstellungen über Ziele und über Erfolg neu überprüft und geändert werden müssen. Damit werden Hindernisse ausgemerzt, die sich Ihrem Erfolg in den Weg stellen.

Bei diesem Transit können dieselben Reinigungsübungen für den Solarplexus helfen, die auch für Pluto/Sonne Transite angeführt werden, denn Sie benötigen jetzt sowohl Selbstvertrauen als auch Klarheit über Ihre wahren Fähigkeiten. Für die Lichtwirbel-Übung wären die Farben purpurrot (gegen Aggressionen) und auch blau (gegen Angst) zweckmäßig. In dieser Phase können auch zwei Kalifornische Blütenessenzen gegen Schwierigkeiten in der Beziehung zum Vater helfen: Sunflower und Saugero. Auch Goldenrod Bud von den Kalifornischen Essenzen könnte angebracht sein, es hilft, in den Besitz der eigenen Macht zu gelangen. Wenn Sie das Bedürfnis verspüren, andere zu dominieren oder zu kontrollieren, wäre die Bach-Blütenessenz Vine empfehlenswert. Auch Honeysuckle (für die Lösung von der Vergangenheit), Willow (gegen Aggressionen) und Holly (gegen Haß oder Rachsucht) können im Falle eines schwierigen Konfliktes mit Macht und Autorität angebracht sein.

Pluto/Uranus

Der unverbesserliche Rebell muß untergehen. Wir anderen werden hoffentlich lernen, unsere Individualität zu bewahren, ohne uns ständig mit Autoritätspersonen anlegen zu müssen. Ein Mensch, der immer seinen eigenen Kopf durchsetzen wollte und sich seine eigenen Gesetze schuf, wird plötzlich entdecken, daß er unerträglich einsam ist, und wird langsam lernen, seine Individualität zu mäßigen und mehr Intimität zuzulassen. Was hier transformiert wird, ist das Bedürfnis zu beweisen, um wieviel anders und besser wir sind als der Rest der Menschheit. Im umgekehrten Fall kann aber ein Mensch, der Zeit seines Lebens Konformist war, plötzlich aufbegehren und seine Individualität beanspruchen.

Hier kann Arbeit am Solarplexus notwendig sein, um die eigene Individualität lieben zu lernen und ihr zu vertrauen, ohne deswegen gleich eine Revolution anzetteln zu müssen. Die Bachblüte Vervain könnte nützlich sein (für Menschen, die Ungerechtigkeit aus der Fassung bringt), aber auch Willow (gegen Aggressionen) und die Kalifornischen Blütenessenzen Saugero und Sunflower, die bei Konflikten in der Beziehung zum Vater helfen. Auch die Kalifornischen Essenzen Sagebrush (um sich selbst treu zu bleiben) und Mullein (um sein eigenes wahres Selbst zu finden) könnten angebracht sein.

Pluto/Neptun

Diese Konstellation tritt bei uns allen in ungefähr demselben Alter wie der rückläufige Saturntransit ein, zumindest in dieser Epoche. Oft zeigt sie das Ende des jugendlichen Idealismus an, die Zerstörung bestimmter Illusionen und das Zerbrechen masochistischer Verhaltensmuster in den Bereichen des Neptun. Der negative Neptun-Aspekt Ihrer Persönlichkeit kann sich vorübergehend verstärken, wenn Sie sich in die äußerste Selbsttäuschung flüchten, an den letzten Strohhalm klammern und die äußerste masochistischen Handlung begehen. Diese Intensivierung bewirkt dann die Erkenntnis, daß es zu weh tut, daß Sie sich nicht mehr selbst Schmerz zufügen wollen, und so beginnen Sie, sich zu ändern, suchen vielleicht die Antwort in spirituellen Studien.

Obwohl jeder Mensch diesen Transit in ungefähr demselben Alter durchlebt, ist er wirkungsvoller, wenn Neptun eine wichtige Stellung im Horoskop einnimmt. In diesen Fällen scheint sich der Transit auf zwei Arten bemerkbar zu machen: Sie widmen sich entweder den positiven Ausdrucksformen des Neptun wie etwa dem Dienst am Nächsten oder der spirituellen Entwicklung, oder den negativen Aspekten wie Drogen- oder Alkoholmißbrauch. (Durch die exzentrische Umlaufbahn des Pluto trat diese Konjunktion in anderen Epochen in einem anderen Lebensalter ein.)

Meditation und spirituelle Studien stellen die höchste Form der Verwirklichung dieses Transits dar, der einen großen Schritt in der seelischen Entwicklung des Individuums auslösen kann. Zu dieser Zeit können mit Neptun in Verbindung stehende Bachblüten wie etwa Centaury (um nicht zum Opfer zu werden) und Clematis (gegen Verträumtheit und Zerstreutheit) verwendet werden. Die Kalifornischen Blütenessenzen sind im allgemeinen eher spirituell orientiert. California Poppy kann Ihnen zum Beispiel helfen, sich auf Fähigkeiten vergangener Inkarnationen einzustimmen. Da dieser Transit oft mit einer psychischen Öffnung, einem Erwachen übersinnlicher Fähigkeiten einhergeht, schützt Yarrow vor schädlichen psychischen Einflüssen. Star Tulip fördert das Erwachen übersinnlicher Fähigkeiten, sollte aber immer zusammen mit Yarrow als Schutzschild eingenommen werden. Die Meditationen für die Öffnung des Brauen- und Scheitelchakras können ebenfalls helfen, aber Sie sollten sich nicht ausschließlich auf diese beiden konzentrieren, da eine solide Verankerung in den unteren Chakren notwendig ist, um sie richtig zu gebrauchen.

Pluto/Pluto

Dieser Transit stellt eine große Chance zur Heilung Ihrer Plutoprobleme dar, welcher Natur sie auch immer sein mögen. Konflikte im Zusammenhang mit Macht, Kontrolle, Vertrauen und Isolierung nehmen beträchtliche Dimensionen an. Der Transit drängt Sie zu einer Lösung dieser Konflikte, möglicherweise durch jene Intensivierung der Probleme, die wir bereits an früherer Stelle erwähnten. Bei der Generation mit Pluto im Löwen bildet im Alter von circa 42 Jahren bei Pluto im Transit eine Quadratur mit dem Geburtspluto, aber die Umlaufbahn des Pluto ist sehr unregelmäßig und bei anderen Generationen tritt diese Konstellation später ein. Vielleicht ist es für diese Generation notwendig, ihre Plutoprobleme früher zu akzeptieren, um die Welt vor Zerstörung zu bewahren und um diesen Menschen eine Chance zu geben, sich selbst und andere zu heilen.

Bei Frauen kann diese Phase durch das Klimakterium oder das Syndrom des „leeren Nestes" gekennzeichnet sein. Dadurch werden sie gezwungen, sich nach einem anderen Lebenssinn als den der traditionellen Frauenrolle umzusehen und so eine Transformation durchzumachen. (Gleichgültig ob die Frau diese Rolle tatsächlich lebte oder nicht – das Ende der Menstruation löst immer eine Krise der weiblichen Identität aus). Auch Männer können das „Syndrom des leeren Nestes“ erfahren, oder auch eine Krise, die sie die Grenzen ihrer Macht erkennen läßt. Zu dieser Zeit können all die Heilungsmethoden, die in diesem Buch für die einzelnen plutonischen Probleme angegeben sind, mit großer Wirkung eingesetzt werden.

Transite zu den Achsen

Ich gehe mehr und mehr dazu über, die Achsen im Geburtshoroskop als Ganzes zu sehen. Die MC/IC Achse zum Beispiel besteht nicht aus zwei Linien, sondern aus einer, und das gleiche gilt auch für die Aszendent/Deszendent Achse. Wie die folgenden Interpretationen zeigen werden, funktionieren sie als eine Einheit, in der Ereignisse oder Veränderungen im einen auch eine entsprechende Anpassung im anderen zur Folge haben, da der Status Quo dadurch in Frage gestellt ist. Benützen Sie bei den entstehenden Konflikten alle genannten Heilungsmöglichkeiten, denn diese Probleme betreffen wesentliche Entwicklungen des Lebens.

Pluto über den MC/IC

Ein Plutotransit über den MC/IC bedeutet oft eine berufliche Veränderung, die einen Wohnortwechsel erfordert und auch die häuslichen Machtstrukturen verändert. Unter diesem Transit könnte der Tod eines Elternteils eintreten und möglicherweise eine grundlegende Veränderung der Abhängigkeitsverhältnisse und der Einstellung zur Vergangenheit auslösen (beides Aspekte des IC), ebenso wie eine Umstrukturierung des Berufs- oder Lebensweges. Macht ist ein wesentlicher Faktor bei diesem Transit, ebenso wie die Verwurzelung in der Vergangenheit und die Beziehung zu ihr. Bei Frauen kommt es unter diesem Aspekt oft zu einer Schwangerschaft, aber sie entsteht leider nur allzu oft aus dem Bedürfnis, vor dem Erfolg davonzulaufen.

Pluto über den Aszendenten/Deszendenten

Der Aszendent ist unsere Schnittstelle mit der Außenwelt, er zeigt, wie wir uns charakteristischerweise nach außen hin darstellen. Wenn sich diese Projektion des Selbst verschiebt, wird folglich auch eine entsprechende Veränderung in unseren intimsten Beziehungen stattfinden, die vom Deszendenten verdeutlicht werden. Der Plutotransit kann hier Hindernisse durchbrechen, die sich einer Intimität in den Weg stellen, vielleicht mit Hilfe der an früherer Stelle erwähnten therapeutischen Isolierung: Die Einsamkeit wird so qualvoll, daß wir zu einer offeneren Haltung echter Intimität gegenüber gezwungen werden. Zu dieser Zeit können Heilungsbemühungen oder therapeutische Arbeit signifikante Änderungen in den Beziehungen hervorbringen.

Da der Aszendent der Spiegel des physischen Körpers ist, könnte es zu Gesundheitsproblemen auf Grund angestauter Aggressionen oder anderer verdrängter Gefühle kommen. Durch eine Konfrontation mit dem Tod, etwa in Form einer Gesundheitskrise bei Ihnen selbst oder bei einem Menschen den Sie lieben (Deszendent), kann es zu einer aufgeschlosseneren Haltung der Intimität gegenüber kommen, Krankheit selbst kann durch das Angewiesensein auf die Pflege anderer dem spirituellen Zweck dienen, Isolierung zu durchbrechen. Darüber hinaus erfordert vielleicht die Gesundung eine Katharsis verdrängter Gefühle, und dieser offenere Ausdruck der Gefühle läßt Sie an sich schon zugänglicher für Nähe und Intimität werden.

Heilungsmethoden: So werden Plutotransite leichter für Sie

Es gibt Methoden, die uns zur Verfügung stehen, Fackeln, die uns auf unserem Weg durch diesen tiefen, inneren Tunnel begleiten, wenn wir nur Gebrauch von ihnen machen. Zwei davon, Psychologie und Okkultismus, sind plutonischer Natur und können uns, wenn wir sie richtig einsetzen, zu einem besseren Verständnis unseres Selbst, unserer Gefühle und unserer zwangsweise destruktiven Beziehungen zu der Außenwelt verhelfen. Wenn Psychologie zu irgendeinem Zeitpunkt im Leben sinnvoll ist, so ist es zur Zeit eines wichtigen Plutotransits, während welchem wir besonders empfänglich für Hilfe von außen sind und am ehesten zur Selbstbesinnung neigen. Natürlich können auch die hier vorgeschlagenen Bücher und Heilmittel am wirkungsvollsten während eines Plutotransit eingesetzt werden.

Nutzen Sie Ihren Plutotransit und Sie werden daraus hohen Gewinn für Ihr Leben ziehen, auch wenn der Prozeß an sich schmerzvoll sein kann. Wenn Sie imstande sind, aus einem kleinen Fingerzeig zu lernen und keinen Axthieb dazu brauchen, muß der Prozeß nicht so schwierig sein. Arbeiten Sie während des ersten Plutotransits über einen Planeten und in den Zwischenphasen intensiv an sich. Ihr Horoskop wird Ihnen – wenn Sie es wirklich verstehen – die Aufgaben bewußt machen, die Sie in Angriff nehmen müssen. Setzen Sie in den betreffenden Bereichen die verschiedenen Heilungsmöglichkeiten ein. Benützen Sie die für die einzelnen Transite vorgeschlagenen Heilmittel, und lesen Sie die in den Bibliographien angegebenen Bücher.

Ich selbst arbeite mit der Astrologie in – wie ich es nenne – homöopathischer Weise, wobei ich besonders jenes Prinzip beherzige, welches besagt, daß Gleiches mit Gleichem geheilt wird. Wenn Sie einen Plutotransit haben, tun Sie Plutodinge: Nehmen Sie eine gründliche Analyse der Bedeutung Ihres Pluto vor oder eine Analyse desjenigen Planeten in Ihrem Geburtshoroskop, der von Pluto transitiert wird. Probieren Sie auch andere plutonische Heilungsformen aus, wie zum Beispiel Rebirthing, das besonders für einen Plutonier mit einer zwiespältigen Einstellung dem Leben gegenüber vorteilhaft wäre. Therapie an sich ist natürlich auch plutonisch. Ebenso wirkungsvoll wäre es auch, wenn Sie sich zu einem geeigneten Zeitpunkt an einen einsamen Ort zurückziehen und in Ruhe Ihr Leben überdenken. Joan Negus schlägt vor, während Plutotransiten Schränke, Garagen oder Dachböden auszuräumen, denn die dort aufbewahrten Gegenstände sind voller Erinnerungen, die Sie an die Vergangenheit binden. Diese loszuwerden hilft Ihnen gleichzeitig, sich von den damit verbundenen Gefühlen und Erinnerungen zu befreien.

Manchmal kehrt die Vergangenheit im wahrsten Sinn des Wortes zurück und Sie werden unvermutet mit ihr konfrontiert. Oft kommt es vor, daß sich Klienten während Plutotransiten physisch wieder genau in jene Situation begeben, die einst so viel Schmerz und Pein verursacht hat. Eine Reihe von Leuten ziehen beispielsweise tatsächlich wieder zu ihren Familien zurück. Freunde mit einem Hang zur Psychologie halten dies vielleicht für einen neurotischen Kollaps, aber dieser stellt manchmal die einzige Möglichkeit dar, die Vergangenheit klar genug zu durchschauen, um sich dann von ihr lösen zu können, etwa wenn Sie sehen, daß die Menschen, die Ihnen als Kind so übermächtig erschienen, jetzt älter und vielleicht sogar schwächlich werden.

Affirmationen für Plutotransite

Ich nehme das Unvermeidliche an.
Ich vertraue darauf, daß, wenn sich diese Tür schließt, sich eine andere öffnet.
Ich lasse die Vergangenheit los zugunsten einer besseren Zukunft.
Ich vertraue darauf, daß mir die Zukunft das Richtige bringen wird.
Ich glaube an meine eigene Entwicklung zum Höheren.
Ich bin von meinem ... Verhaltensmuster geheilt.
Ich akzeptiere ein Wunder.

Transformation – und was kommt danach?

Sri Chinmoy's Worte können uns helfen, Plutotransite zu verstehen: „In jedem Augenblick sterben wir und erneuern uns wieder. In jedem Augenblick spüren wir ein neues Bewußtsein, eine neue Idee, eine neue Hoffnung, ein neues Licht in uns erwachen. Und immer wenn etwas Neues entsteht, spüren wir, daß das Alte in etwas Höheres, Tieferes und Bedeutungsvolleres transformiert wurde.“[30] Im Idealfall können Plutotransite zu dem werden, was Richard Idemon eine *Gipfelerfahrung* nennt, eine von so machtvoller Energie durchdrungene Phase, daß wir Muster zu durchbrechen vermögen, die uns auf schmerzvolle Weise unser ganzes Leben lang behindert haben. Plutotransite können somit auch Zeiten großer Freude sein. Einen Durchbruch auf einem bestimmten Gebiet zu

30 Sri Chinmoy, Tod und Wiedergeburt, Sri Chinmoy Verlag, Zürich, 1982.

erreichen, ist jedoch erst der Beginn der Mühe, ebenso wie die Geburt eines Babys erst einen Anfang darstellt. Menschen, die das nicht verstehen, erleben danach eine Phase der Niedergeschlagenheit, ähnlich der einer Post-Partum-Depression. Als ich in Kalifornien lebte, gab es Leute, die sich als Workshop-süchtig bezeichneten – sie brauchten sie in regelmäßigen Abständen wie eine Spritze.

Sara Strand, Psychotherapeutin aus San Francisco, schreibt über die der Transformation folgende Niedergeschlagenheit, ein Zustand, der anscheinend das kosmische Äquvalent zu wahllosem Sex darstellt:

„Da diese Erfahrung so intensiv, zwingend oder sogar außerirdisch sein können, werden in der Folge oft übermenschliche Ideale oder Richtlinien aufgestellt, die kein menschliches Wesen zu erfüllen imstande ist. Erst wenn wir diese Idealvorstellungen aufgeben, tritt der wahrhaft transformierte Mensch hervor: inspiriert und doch nicht inspiriert, sicher und doch unsicher, fröhlich und doch ernst, weise und doch dumm, unabhänging und doch abhängig, nach wie vor unvollkommen aber von neuem transformiert, von neuem und immer wieder von neuem."[31]

Es ist beruhigend, zu wissen, daß es in Ihrem Leben immer wieder Plutotransite geben wird, daß Sie selbst nach dem Tod Gelegenheit haben werden, sich zu transformieren. Anscheinen müssen wir immer wieder die gleichen Lebensbereiche durcharbeiten, da Transite verschiedenster Art immer wieder in den gleichen Bereichen unseres Horoskops eintreten. Es eilt nicht, wir haben unendlich viel Zeit!

Kann man Vorhersagen für Plutotransite treffen?

Ich glaube nicht, daß wir genug wissen, um genaue Voraussagen machen zu können. Auf jeden Menschen, der unter einem Plutotransit über den Medium Coeli zu Macht gelangt, kommt ein anderer, der in Ungnade fällt. Auf jeden, der unter einem Pluto/Venus Transit die Liebe findet, kommt einer, der sie verliert. Auf jeden

31 *Open Exchange,* Januar 1984, Seite 39.

Menschen, der unter einem Plutotransit wiedergeboren wird, kommt ein anderer, der stirbt. Auf jeden, der unter einem Plutotransit aus der Isolierung tritt, verzeiht und sich öffnet, kommt ein anderer, der zum Einsiedler wird, verbittert und verschlossen, weil man ihn verraten und im Stich gelassen hat.

Vielleicht ist dieser Unterschied auf den unterschiedlichen Grad der spirituellen Bewußtheit und Einsicht zurückzuführen – eine verlockend einfache Erklärung. Wie sehr sind Sie sich selbst entfremdet? Suchen oder vermeiden Sie die Konfrontation und den Kampf mit dem Selbst? Wenn Neptun in Ihrem Geburtshoroskop stark gestellt ist, werden Sie vieles verdrängen und die unbestechliche Klarheit eines Plutotransits wird sehr schmerzlich sein. Wenn Pluto in Ihrem Geburtshoroskop stark gestellt ist, verstecken Sie sich möglicherweise nicht VOR dem Schmerz, sondern IN ihm. Aber vielleicht ist es nicht nur die spirituelle Entwicklungsstufe, die den Unterschied ausmacht. Vielleicht könnte sogar jemand, der so bewußt ist wie Sie, in negative Pluto-Verhaltensweisen verfallen, wenn er einen wirklich tragischen Verlust hinnehmen muß. Und vielleicht könnte sogar ein spiritueller Ignorant unter dem Druck einer Tragödie veredelt werden. Die Leistung der Vergangenheit garantiert gar nichts.

Bewußtheit ist jedoch tatsächlich einer der Faktoren, die den Unterschied ausmachen und die Astrologie ist ein großartiges und wirksames Instrument, um Bewußtheit zu erlangen. Eine astrologische Konsultation kann Ihnen helfen, Ihre Situation in einem anderen Licht zu sehen und mit dem Transit anstatt gegen ihn zu arbeiten. Wenn Sie selbst Astrologe sind, können Sie derjenige sein, der den Unterschied ausmacht, indem Sie eine erzieherische Funktion ausüben. Um aber erziehen zu können, müssen Sie über mehr als nur Astrologie bescheid wissen. Sie müssen psychologische Kenntnisse besitzen und über alle plutonischen Situationen Bescheid wissen, die wir in diesem Buch besprochen haben: Trauer, Inzest, Gewalt innerhalb der Familie und so weiter. Das folgende Kapitel enthält spezielle Hinweise für die Beratung und Arbeit mit Plutonier.

KAPITEL ACHT

Die Beratung von Menschen mit Plutoproblemen

Dieses Kapitel ist als Leitfaden für die Arbeit mit Plutonier gedacht. Plutonier bemühen sich um Transformation, um den qualvollen Zustand, in dem sie sich befinden, ein Ende zu setzen. Sie werden daher mit großer Wahrscheinlichkeit zu Ihren Klienten zählen. Dieses Kapitel ist nicht nur dem Astrologen gewidmet, sondern auch dem Berater, der die Astrologie als ein Mittel der Diagnostik einsetzt, und daher haben einige Hinweise eher für langfristige Arbeit Gültigkeit als für eine einmalige Konsultation. Bei Plutoniern ist jedoch jeder Kontakt so intensiver Natur, daß selbst eine einzige Konsultation oder eine Konsultation pro Jahr dieselben Merkmale wie eine langfristige Arbeit annehmen kann, und damit auch weitgehend dieselben Faktoren berücksichtigt werden müssen. Beachten Sie die dynamische Reaktionskette des Plutoniers, um ein klares Bild von seinen Schwierigkeiten und deren Ursprung gewinnen zu können. An dieser Stelle soll nun untersucht werden, wie diese Wesenszüge in der Beratungssituation zum Tragen kommen.

Eine Anmerkung für den plutonischen Leser

Zuerst ein Hinweis für den Plutonier: Ich *weiß,* daß Sie dies lesen werden, denn Sie wollen wissen, was ich über Sie zu sagen habe. Dieser Abschnitt wird zweifellos Dinge enthalten, die Sie empören werden, da Sie niemals in Ihrem Leben etwas Derartiges gemacht haben, und selbst wenn Sie sich ein- oder zweimal Ihrem Astrologen oder Berater gegenüber so verhielten, geschah dies aus besseren und edleren Motiven und nur, weil Ihre Lage so qualvoll war. Beruhigen Sie sich, denn dies betrifft wirklich nicht Sie. Hier ist von diesen anderen Plutoniern die Rede, die selbst nicht an ihrer Transformation arbeiten und denen nicht bewußt ist, warum sie sich in dieser Weise verhalten, in diesen zwanghaften, starren und schmerzlichen Verhaltensmustern. Sie bemühen sich offensichtlich sehr um Ihre Transformation, sonst hätten Sie dieses Buch nicht gekauft (oder geliehen) und bis zu dieser Stelle gelesen.

Einige dieser anderen Plutonier brauchen jedoch wirklich Hilfe, und dieses Kapitel soll den Astrologen oder Berater lehren, wie er sie auf den Weg der Heilung und Transformation schmerzlicher plutonischer Muster führen kann. Okay? Finden Sie es nicht auch besser, wenn sie wissen, was sie tun? Vergessen Sie nicht, daß ich selbst ein Plutonier bin, wahrscheinlich alles in diesem Kapitel Erwähnte selbst getan, und überdies auch mit einer großen Anzahl von Plutoniern in meiner Beratungspraxis gearbeitet habe.

Plutonische Abwehrmechanismen in der Konsultation

Als Astrologe wissen Sie, daß Sie es mit einem Plutonier zu tun haben, wenn er mit eng über der Brust verschränkten Armen Ihnen gegenübersitzt, das Kinn in einer „Zeig was du kannst“ – Manier nach vorne ausgestreckt. Der Plutonier teilt Ihnen (direkt oder indirekt) mit, daß er Ihnen nichts sagen wird, denn er bezahlt schließlich dafür, daß *Sie ihm* etwas sagen. Sie werden wahrscheinlich nicht einmal ein Nicken als Bestätigung erhalten, wenn Sie eine Aussage machen und wenn Sie fragen, ob das, was Sie sagen, stimmt, antwortet er: „Manchmal.“ Klienten mit einem Skorpion-Aszendenten zeigen ihre Abneigung gegen Menschen, die – so wie Sie – ihre Abwehrmechanismen durchdringen, besonders deutlich. Wenn es Ihnen gelingt, ruhig zu bleiben, sich nicht in die Defensive drängen zu lassen und Ihre Aussagen nicht mit Gewalt einzuhämmern, werden diese Menschen weit eher zuhören können, ob sie Sie nun anerkennen oder nicht.

Wenn ich erkenne, daß die Konsultation auf diese Weise ablaufen wird, zucke ich mit den Schultern und interpretiere ungefähr zehn Minuten lang das Horoskop des Klienten, lange genug, um ihn davon zu überzeugen, daß ich tatsächlich mein Handwerk verstehe. (Wenn Sie ihm von einem Freund empfohlen wurden, kommen Sie ernsthaft in Bedrängnis, da er überzeugt davon ist, daß dieser Freund Ihnen alles über ihn erzählt hat). Ich fahre nicht gleich mit schwerem Geschütz auf, sondern taste mich langsam vor, bis die Spannung allmählich aus der Körperhaltung weicht und das Kinn in eine normalere Position zurückgeht. An diesem Punkt rede ich dann über Pluto und seine Verbindung mit Verschlossenheit und Mangel an Vertrauen, über einige andere plutonische Charakterzüge und wie sie entstanden. Inzwischen hat er erkannt, daß ich wirklich über ihn Bescheid weiß, wie es sonst kein Außenstehender kann, und daß ich ihn akzeptiere. Manchmal kann dies für den Klienten eine intensive und einmalige Erfahrung bedeuten. „Und es ist wirklich okay, hier über Gefühle zu reden?“ Ich weise dann darauf hin, daß ein Dialog um vieles produktiver wäre, und an diesem Punkt ist seine Haltung oft schon wesentlich offener.

Aber nicht ganz offen. Sie sollten trotzdem noch nicht auf einer Bestätigung beharren, daß Sie genau ins Schwarze getroffen haben, oder daß an Ihren Bemerkungen über das Ändern der Verhaltensmuster vielleicht etwas Wahres dran sein könnte. Eine Tonbandaufnahme der Sitzung ist für Plutonier unbedingt erforderlich, denn wenn sie allein sind, können sie ihren wachsamen Argwohn aufgeben – es ist ja niemand da, den man bekämpfen muß – und wenn sie dann noch einmal ihre Worte anhören, werden sie viel offener und aufnahmebereiter sein. Erwarten Sie nicht, daß ein Plutonier Ihre Interpretationen bestätigt oder verspricht, irgend etwas zu ändern und bestehen Sie auch nicht darauf. Dies würde eher Ihrem eigenen Ego und Ihrem eigenen Machtbedürfnis entspringen und augenblicklich in einen Machtkampf ausarten, der Plutoniern nur allzu vertraut ist. Sie werden zum Übermächtigen, in ihn eindringenden Elternteil, der in seinem Tagebuch schnüffelt.

Der Plutonier muß die Situation in der Hand haben: Sie müssen hier sitzen und nicht dort, das Fenster muß offen sein, er will den Kassettenrecorder selbst bedienen und er will diese Anordnung der Fragen und in genau dieser Reihenfolge. Wenn Sie seine Wünsche ohne allzu großen Aufwand erfüllen können, warum sollten Sie dann nicht dieses Bedürfnis, Kontrolle über die Lage zu haben, berücksichtigen, damit er sich behaglicher fühlen und aufnahmefähiger werden kann. Er neigt von vornherein dazu, alles als Machtkampf zu sehen. Sie aber können sich für eine Stunde oder zwei in den Hintergrund stellen, damit er sich in seiner Haut wohler fühlen kann. Wenn Plutonier allerdings ein extrem starres und forderndes Benehmen an den Tag legen, können Sie sie darauf hinweisen, daß es genau dieses Verhalten ist, das ihre Beziehungen zur Umwelt erschwert.

Sie müssen sich der Tatsache bewußt sein, daß der Plutonier Ihnen nicht vertraut und es akzeptieren. Warum sollte er auch? Sie sind ein Fremder, eine ungeprüfte Ware, und sein Vertrauen ist schon oft betrogen worden. Sie haben sicher Ihre Schwachstellen – jeder von uns hat sie – und Plutonier verstehen es meisterhaft, diese herauszufinden. Mit Ihrem plutonischen Klienten über Vertrauen zu sprechen – *und es dann zu rechtfertigen* – ist wesentlich, denn die Wahrscheinlichkeit ist groß, daß Geheimnisse und Schuldgefühle sein Leben vergiften. Setzen Sie nicht automatisch voraus, daß er weiß, daß die Konsultation vertraulich ist, und selbst wenn er es weiß, wird es ihn beruhigen, es zu hören und ihn offener für die Diskussion von Themen machen, über die er normalerweise nicht spricht. Wenn Sie sich heiklen Punkten nähern, könnte es auch vorteilhaft sein, dem Klienten zu erläutern, wie entfremdend Geheimnisse wirken können.

Die Vorteile und Nachteile bei der Arbeit mit Plutoniern

Wenn Sie es mit einem stark negativen Plutonier zu tun haben, werden Sie rasch die Nachteile einer solchen Beratung erkennen. Er ist wachsam, mißtrauisch und öffnet sich nur langsam. Da sich in ihm so viel Ärger über seine übermächtigen Eltern aufgestaut hat, versucht er vielleicht, Sie in einen Machtkampf zu verwickeln, sei es in

Zusammenhang mit Terminen, dem Ort der Konsultation oder vor allem mit der Heilung. In der Beratungsarbeit will er mit Sicherheit jene Art der intensiven, symbiotischen Beziehung mit Ihnen, die unter den Persönlichkeitsmerkmalen beschrieben wurde. Wenn sich diese nicht entwickelt, ist er überzeugt davon, Ihnen gleichgültig zu sein.

Er kann extrem melancholisch und verbittert sein, voller Haß auf sich selbst und Aggressionen gegen andere. Ihre Deutungen verstärken vielleicht seinen Haß auf sich selbst noch: „Warum kann ich mich nicht ändern, wenn ich doch verstehe, warum ich so handle?" Seine Gefühle und die Umstände, in die er verwickelt ist, sind unweigerlich intensiv. Sie sollten daher wach und ausgeruht in eine solche Konsultation gehen. Wie wir später noch im einzelnen besprechen werden, haben manche Plutonier Selbstmordphantasien und starke Sehnsucht nach dem Tod. Sie sind in ihrem Verhalten fixiert, pessimistisch in ihrer Einstellung. Sie neigen zur Manipulation, wissen genau, an welchen Fäden sie ziehen müssen und verlieren die Achtung vor Ihnen, wenn Sie darauf hereinfallen. Sie verstehen sich auch ausgezeichnet darauf, Ihre Achillesferse zu orten und sie dann gezielt anzugreifen. Sie werden jedes Wort sorgfältig wählen müssen, denn Plutonier speichern jede unüberlegte Bemerkung und setzen sie dann in verwundbaren Augenblicken gegen Sie ein. Plutonier wünschen und verlangen Intensität.

Wenn sie sich Ihnen schließlich öffnen, wollen sie vielleicht stundenlang weitermachen und all ihre Schwierigkeiten, ihre ganze Vergangenheit diskutieren. Sie brauchen sich darauf nicht einzulassen. Sie können die Sitzung auf ein für Sie angenehmes Maß begrenzen und den Klienten auffordern, ein anderes Mal wiederzukommen (zum Beispiel für eine Sitzung über die Beziehung, die ihm soviel Schmerz bereitet). Wenn die für finanzielle Belange zuständigen Häuser im Horoskop betroffen sind, werden sich manche Plutonier vielleicht nicht mit dem zufriedengeben, was ihnen für ihr Geld zusteht, aber Sie dürfen sich nicht manipulieren lassen. („Bei diesem anderen Astrologen, bei dem ich war, erhielt ich eine viel längere Konsultation. Für diesen hohen Preis hätte ich mir mehr erwartet.") Es ist auch nicht ratsam, mit ihnen zu handeln oder zu gestatten, Ihnen Geld zu borgen, denn die Verbindung mit dem achten Haus weist darauf hin, daß sie Geld benützen, um andere zu manipulieren.

Plutonische Abwehrmechanismen können auch einer Heilung im

Wege stehen, denn diese Heilung bedeutet für den Plutonier, sich unter die Macht eines anderen Menschen zu begeben und daher leistet er hartnäckigen Widerstand, beinahe als ob sein Überleben davon abhinge, von niemand anderem kontrolliert zu werden. (Denken Sie daran, daß es irgendwann in seinem Leben wirklich so war!) Vergessen Sie auch nicht, was wir über das Versagen-zum-Trotz sagten: Plutonier bringen es zuwege, eine Therapie aus diesem Motiv heraus fehlschlagen zu lassen. Nicht nur, daß sie damit Ihnen eins auswischen können – aber eine Besserung würde ja auch bedeuten, von Ihnen im Stich gelassen zu werden. Außerdem üben Aggressionen und Selbst-Haß eine so verheerende Wirkung aus, daß Plutonier sich manchmal nicht das kleinste Glück erlauben, bevor diese Emotionen nicht bekämpft werden (zum Beispiel mit den Bachblüten Willow und Holly).

Trotz aller Nachteile ist es auch sehr lohnend, mit einem Plutonier zu arbeiten. Er ist zäh im Überleben von Dingen, die einen Geringeren zerschmettert hätten und bringt den gleichen Mut auch in die Heilungsarbeit ein. Er ist von Haus aus motiviert und KANN es allein schaffen. Er ist tiefsinnig und einsichtig und scheut die Konfrontation mit dem Selbst nicht. Je tiefer Sie gehen und je mehr Sie ihn aufs Korn nehmen, desto lieber ist es ihm. Obwohl er vielleicht laut beteuert, daß Sie ihn kaputtmachen, ist es ihm nur allzu recht, wenn Sie in ihn dringen und Dinge aufwühlen. Seine Intensität selbst wird zum Vorteil – je „härter" die Sitzung, desto wertvoller wird sie in seinen Augen.

Plutomenschen haben ein großes Reservoir an Heilungs- und Regenerationsfähigkeit, das sie in die gemeinsame Arbeit mit einbringen. Sie sind daher zu einer tiefgreifenden Wandlung fähig, wenn Sie ihnen den Pfad dazu weisen. Es sind Menschen, bei denen Sie zuerst glauben, überhaupt keinen Eindruck gemacht zu haben (schließlich sagten sie kein Wort), und die dann ein Jahr später zu einer zweiten Konsultation zurückkommen und zu Ihnen sagen: „Ich war wütend über das, was Sie sagten, als ich aber das Tonband zu Hause noch einmal anhörte, mußte ich mir eingestehen, daß Sie recht hatten. Seither habe ich mein Leben in der Richtung verändert, die Sie damals vorschlugen." Sie werden mit aller Kraft an ihrer Änderung arbeiten, nehmen Ihre Worte ernst und verlieren niemals ein einmal gesetztes Ziel aus den Augen. (Hier wirkt sich die plutonische Unfähigkeit, etwas loszulassen, positiv aus). Selbst der zwanghafte, besessene Aspekt ihres Wesens kann zum Guten verwendet werden, denn wenn Ihre gemeinsame Arbeit Meditationen, schriftliche Aufstellungen oder andere Übungen erfordert, werden diese Menschen sie immer wieder durchführen, bis sie das gewünschte Ergebnis gebracht haben. Dr. Maria Fagnan, eine kalifornische Psychologin, die mit Astrologie arbeitet, vermutet, daß die Traurigkeit von Plutoniern auf den ständigen Prozeß von Tod und Wiedergeburt in ihrem Leben zurückzuführen sein könnte, da sie ständig daran arbeiten, sich zu transformieren.

Abschließend sei noch darauf hingewiesen, daß Sie – wenn Sie sich mit irgendeiner Art von psychologischer oder heilender Tätigkeit beschäftigen – mit großer Wahrscheinlichkeit selbst ein eher plutonisches Individuum sind. Es ist daher extrem wichtig, daß Ihnen Ihre plutonischen Charakterzüge vollkommen bewußt sind, und daß Sie sich selbst um Transformation in den Bereichen, in denen sie Ihnen Schwierigkeiten bereiten, bemühen. Sie könnten sonst direkt oder indirekt eine Einstellung der Hoffnungslosigkeit im Zusammenhang mit den plutonischen Problemen des Klienten ausstrahlen oder die negativeren plutonischen Gesichtspunkte als erstrebenswert verstärken.

Ebenso könnten Ihnen gelegentliche Ausrutscher in plutonische Herrschsucht passieren, wenn Ihnen das Bedürfnis, den anderen zu kontrollieren, nicht wirklich bewußt ist, und dann beschwören Sie den Klienten: *„Sie werden transformiert werden.“* Sie könnten auch in negative plutonische Wechselwirkungen mit Ihrem Klienten geraten, wie zum Beispiel Machtkämpfe oder symbiotische Bindungen. Hier ist es gut, an J. Krishnamurtis Worte zu denken:

„Kann ein anderer Mensch, und sei er auch noch so überragend, Ihnen zu einer inneren Transformation verhelfen? Wenn er es kann, so werden Sie nicht transformiert, sondern nur dominiert, beeinflußt. Dieser Einfluß kann lange Zeit anhalten, aber Sie sind nicht transformiert. Sie wurden unterjocht, und ob Sie nun durch Neid oder einen sogenannten edlen Einfluß unterjocht werden, so bleiben sie doch ein Sklave, Sie sind nicht frei.“[32]

Auf der anderen Seite ist ein Plutonier, der ein bestimmtes Problem bewältigt hat, in ausgezeichneter Weise befähigt, anderen Plutoniern zu helfen, die diese Erfahrung noch nicht gemacht haben, da er den anderen nicht verurteilt, sondern versteht, woher das Pro-

32 J. Krishnamurti, *Commentaries on Living,* Quest, Wheaton, IL, 1967, S. 117.

blem kommt, wie man sich damit fühlt und was notwendig ist, um es zu lösen. Wenn Sie also selbst Plutonier sind und eine beratende oder astrologische Tätigkeit ausüben, werden Ihre Bemühungen, von den in diesem Buch beschriebenen Plutoproblemen frei zu werden, auch Ihren Klienten zugute kommen.

Die Macht des Astrologen

Macht ist ein Thema, das Plutonier mehr als alles andere fasziniert und gleichzeitig mit Angst erfüllt. Astrologen verfügen über spezielle Macht, da ihr Wissen über Menschen rätselhaft, fast übernatürlich erscheint. Sie sind daher in besonderem Maß befähigt, auf den Klienten einzuwirken, im Guten wie im Schlechten. Aus diesem Grund sollten im Mittelpunkt Ihrer Interpretation nicht negative und verurteilende Aspekte stehen, sondern metaphysische und transformative. Es kann hier ganz besonders leicht zu Machtkämpfen kommen, denn Plutonier müssen sich gegen das zur Wehr setzen, was sie als überirdische Macht Ihrerseits empfinden. Infolge der übermächtigen Machtstrukturen, denen sie als Kinder ausgesetzt waren, tragen Plutonier den Glauben an magische Macht tief in sich verankert. Selbst wenn es Ihnen daher gelingt, den Verstand Ihres Klienten davon zu überzeugen, daß Sie nichts Übernatürliches tun – sein Unterbewußtsein wird weiterhin vom Gegenteil überzeugt sein.

Bei der Arbeit mit Plutoniern kommt der Einstellung und dem Verhalten des Astrologen oder Beraters entscheidende Bedeutung zu. Diese Menschen gewähren kaum jemandem in ihre Privatsphäre Einblick, so stark ist ihre Entfremdung, ihr Mangel an Vertrauen und ihre Überzeugung, anders zu sein daß, niemand sie akzeptieren kann. Sie sind da, weil Ihnen das Horoskop geheimes Wissen über den Plutonier verleiht. Was Sie tun und sagen, ist daher höchst wirkungsvoll. Wenn ein Plutonier sieht, daß ein anderer über sein Inneres und über seine Geheimnisse Bescheid weiß und daß er IHN AKZEPTIERT, kann dies für ihn zu einer höchst eindrucksvollen Erfahrung werden, die ihn für andere Heilungsbemühungen aufgeschlossen machen kann. Ihre Überzeugung, daß er ganz in Ordnung ist, nicht merkwürdig und chaotisch, ist etwas Wesentliches. Die mitfühlende Anerkennung, daß es gute und hinreichende Gründe für seine plutonischen Verhaltensmuster gab, hilft ihm, auch mit sich selbst Nachsicht zu üben.

Es ist nützlich, sich stets vor Augen zu halten, daß ein Verhaltensmuster, das dem Plutonier jetzt so zu schaffen macht, ihm einst half, in einer schwierigen, ja sogar feindlichen und gefährlichen Umwelt zu überleben. Zudem sollten Sie bedenken, daß es ihm auch heute noch in gewissen Situationen zugute kommt, daß man wirklich nicht jedem Menschen trauen kann. Wenn Sie die positiven Fähigkeiten betonen, die der Plutonier im Rahmen seines harten Trainings erwarb, nehmen Sie den negativen Verhaltensmustern das belastende Moment. Plutonier besitzen zum Beispiel eine außergewöhnliche Fähigkeit, menschliche Motivationen zu verstehen, zu erkennen, warum Menschen so handeln wie sie handeln, und zwischen den Zeilen zu lesen. (Weitere konstruktive plutonische Charakterzüge werden in Kapitel zwei angeführt). Zeigen Sie ihm, wie er von diesen positiven und sogar notwendigen Eigenschaften Gebrauch machen kann, wenn dies erforderlich ist, aber nicht in fixierter und zwanghafter Weise.

Ihre Zuversicht, Ihr Wissen, daß die Dinge besser werden können, daß es einen anderen Weg gibt, kann vielleicht die pessimistische Grundeinstellung des Plutoniers gegenüber sich selbst, den Menschen und dem Leben ausgleichen. Wenn Sie selbst ähnliche Probleme wie die geschilderten hatten und es Ihnen gelang, sie zu überwinden, wäre es vielleicht gut, kurz auf Ihre eigenen Erfahrungen und Ihre eigene Transformation einzugehen – nicht in jedem blutrünstigen Detail, aber doch ausführlich genug, um erkennen zu lassen, *daß* Sie ihn verstehen. Es gibt Ihrem Klienten das Gefühl, Ihnen ähnlich zu sein und nicht fremd, im Unrecht und verurteilt, und daß es Hoffnung für ihn gibt. (Es hilft ihm auch, sich zu entspannen – schließlich kennt es jetzt einige *Ihrer* Geheimnisse!) Ich halte sehr viel davon, meinen Klienten auch etwas von mir zu erzählen und ein Mensch zu sein, nicht ein neutraler, mysteriöser Freudianer. (Mit seinem Skorpion-Aszendenten fand Freud Sicherheit darin, sich selbst zu verstecken und dies verlieh ihm auch Kontrolle über andere. Schließlich war Freud ein Plutonier.)

Plutonier und die Bedeutung emotionaler Ehrlichkeit

Es ist wichtig, daß Sie offen zu den Gefühlen stehen, die während der Arbeit mit einem Plutonier bei Ihnen auftreten. Plutonier können sehr provokant und kontrollierend sein, und wenn Sie dieses Gefühl haben und es Ihnen unangenehm ist, sollten Sie es besser zum Ausdruck bringen. Ihr Klient wird mehr Achtung vor Ihnen empfinden, wenn Sie sich nicht auf sein Spiel einlassen. Er wird Ihnen auch eher vertrauen und Sie mehr respektieren, wenn Sie Ihre Gefühle ehrlich zum Ausdruck bringen, zum Beispiel wenn er Sie verärgert hat. Denken Sie daran, daß einer der Gründe, die ihn so geheimniskrämerisch werden ließen, darin bestand, daß die Menschen der Umgebung, in der er aufwuchs, ihre Gefühle nicht ehrlich zeigten und auch den Plutonier davon abhalten wollten, seine Emotionen zum Ausdruck zu bringen. Ein hohes Maß an Selbst-Bewußtheit Ihrerseits ist bei jeglicher Art von beratender Tätigkeit erforderlich, besonders aber für die Arbeit mit Plutoniern.

Sie können taktvoll und diplomatisch vorgehen, wenn Sie diesen sensiblen Menschen gegenüber Ihren Gefühlen Ausdruck verleihen, zum Beispiel könnten Sie ganz einfach sagen: „Ich mag es nicht, daß Sie immer zu spät zu unseren Sitzungen kommen." Wenn Sie sich so verhalten, liefern Sie Ihrem Klienten gleichzeitig ein positives Beispiel für Selbstbehauptung und den Umgang mit Ärger. Wenn Sie es nicht tun, spürt er Ihren unausgesprochenen Ärger und hält Sie für unehrlich. Vielleicht geht er auch noch einen Schritt weiter und provoziert Sie noch mehr, um eine Reaktion hervorzurufen. SEIEN SIE JEDOCH BEHUTSAM – Plutonier haben Angst vor Konflikten, da sie das Gefühl haben, der Konflikt könnte außer Kontrolle geraten oder das Ende der Beziehung bedeuten. Sprechen Sie lieber sofort darüber, bevor Sie wirklich wütend werden. Wenn nötig, machen Sie die Übungen gegen Aggressionen, wenn Sie dieses Gefühl verspüren, so daß Sie die Angelegenheit in Ruhe erörtern können.

Heilungsmethoden und ihre spezifische Anwendung bei Plutoniern

Bevor Sie Vorschläge machen, sollten Sie genau prüfen, was der Plutonier bereits unternommen hat, um sich selbst zu helfen, denn Sie können wetten, daß er versucht hat, sich auf die eine oder andere Art zu transformieren, vielleicht sogar schon alles mögliche ausprobiert hat, um seinen schmerzlichen Zustand zu ändern. Anerkennen Sie seine bisherigen Bemühungen und besprechen Sie, was ihm an der betreffenden Therapie gefiel und was nicht. Auf diese Art vermeiden Sie das „Warum versuchen Sie nicht ... ja, aber ...“-Spiel, in dem Sie eine Möglichkeit nach der anderen vorschlagen, während der Plutonier Sie immer mehr für Ihr mangelndes Verständnis verachtet.

Selbsthilfebücher sind für Plutonier gut geeignet, da diese Menschen sich oft selbst in der privaten Sphäre ihres eigenen Heims heilen möchten. Sie verfügen über genügend Konzentrationsfähigkeit und Scharfsinn, um von Selbsthilfebüchern zu profitieren und entwickeln in der Folge oft ein Interesse für Psychologie. Für Plutonier mit einem traumatischen Hintergrund hat die Lektüre über Menschen, die ihr tiefes, finsteres Geheimnis teilen, noch einen weiteren Vorteil, denn sie erfahren, daß sie nicht die einzigen sind, daß auch andere ähnliche Erfahrungen durchmachen mußten. Oft werden sie dadurch auch veranlaßt, sich einer Selbsthilfegruppe anzuschließen. Sie werden vielleicht selbst einige Abschnitte der in den Bibliographien empfohlenen Bücher lesen wollen, um Ihrem Klienten geeignetes Material empfehlen zu können und zusätzlich tieferen Einblick in plutonische Probleme zu erhalten. Die Bücher über das Leben nach dem Tod können bei Menschen, die Sehnsucht nach dem Tod verspüren, stark transformierend wirken. Metaphysische Bücher können sehr zur Bekämpfung einer negativen Einstellung beitragen.

Bis zu einem gewissen Grad kann die traditionelle Gesprächstherapie eine heilsame Erfahrung darstellen, indem sie dem Plutonier Gelegenheit gibt, sich einem anderen Menschen zu öffnen, der seine Lage nachfühlen kann und der ihm zuhört, ohne seine scharfen Beobachtungen in Frage zu stellen. Jedoch können ihm Gespräche allein zwar vielleicht zur Einsicht verhelfen, aber nicht unbedingt zu einer Änderung. Eine Studie hat sogar ergeben, daß Ärger nicht unbedingt abgebaut, sondern möglicherweise nur durchgespielt wird, indem man über ihn spricht. Gruppentherapie kann in ausgezeichneter Weise der Isoliertheit der Plutonier und ihrer Wachsamkeit gegen Selbstenthüllung entgegenwirken, es fällt Plutoniern jedoch meistens schwer, diese Lösung zu akzeptieren. Wahrscheinlich haben Selbsthilfegruppen, in denen Menschen mit ähnlichen Erfahrungen miteinander arbeiten, hier die intensivste Wirkung.

Die Arbeit mit einigen der hier besprochenen Heilungsmethoden für Plutoprobleme kann ebenfalls hilfreich sein. Erklären Sie Ihrem Klienten den einen oder anderen Gedanken, die Affirmationen, Meditationen, Blütenessenzen und die anderen Heilungsmöglichkeiten, zeigen Sie Ihm vielleicht sogar dieses Buch. Wenn Sie einen Plutomenschen durch geführte Meditationen leiten, sollten Sie beachten, daß jede Ähnlichkeit mit einer Hypnose eine Bedrohung für sein Bedürfnis, jederzeit Kontrolle über die Situation zu haben, darstellen könnte. Es ist auch sehr wichtig, die Heilungsmethoden und ihre Funktion so eingehend wie möglich zu erklären, um einer unbewußten Gleichsetzung der Heilungsarbeit mit Macht und ihrem möglichen Mißbrauch vorzubeugen.

Metaphysik in astrologischen Sitzungen

Astrologen können vom Studium der Metaphysik und von ihrer Anwendung bei ihrer Tätigkeit auf vielerlei Art profitieren. Erstens wirkt sie dem fatalisierten Glauben entgegen, daß die Probleme des Klienten von Pluto, Uranus oder Mars verursacht werden. Dieser Standpunkt ist zwar, Gott sei Dank, unter uns Astrologen schon seit geraumer Zeit nicht mehr sehr populär, wir schwanken jedoch noch immer, verfallen immer wieder in diesen Sprachgebrauch. Außerdem sind viele unserer Klienten mit Populärastrologie in Berührung gekommen, die sie noch immer warnt, daß jetzt der große böse Pluto in ihrem zehnten Haus steht und daß dies einen Verrat auf beruflichem Gebiet bedeutet. Wir müssen unsere Klienten ständig über die Rolle aufklären, die ihre eigenen Haltungen und Erwartungen gegenüber dem Leben, sich selbst und anderen Menschen beim Schaffen ihrer eigenen Probleme spielen.

Eine metaphysische Einstellung ist besonders bei Plutomenschen wichtig, die unterschwellig bis gemäßigt paranoid sind und die Ursache ihrer Schwierigkeiten am liebsten auf die allgegenwärtigen ANDEREN schieben. Sie vertrauen den Menschen nicht, warten darauf, daß sie betrogen und im Stich gelassen werden und WISSEN, daß der Chef es auf sie abgesehen hat. Es passiert sehr leicht, daß ein solcher Klient Ihre Worte dahingehend interpretiert, daß Pluto ihm Böses antun will. In seiner Verzweiflung und Sehnsucht nach dem Tod wird er nur allzu bereitwillig die Schlußfolgerung ziehen, daß sein Geburtshoroskop oder seine Transite ohnehin so schwierig sind, daß sein Leben sich nie ändern wird, warum also damit weitermachen.

Angesichts dieser typischen Wesenszüge ist es unbedingt notwendig dem Klienten zu erklären, auf welche Weise er seine Schwierigkeiten in den jeweiligen, von Pluto bestimmten Lebensbereichen selbst schafft. Anhand des Horoskops können Sie ihm zeigen, wie seine Haltungen und Erwartungen zu den Konflikten beitragen, und ihm damit sehr helfen, eine andere Perspektive zu gewinnen. Nehmen wir zum Beispiel an, Pluto steht im zehnten Haus und der Klient hat schon wiederholt selbstzerstörerische Kämpfe mit Vorgesetzten ausgefochten, die eine ganze Reihe bitterer beruflicher Fehlschläge zur Folge hatten. Nun ist im Transit eine Quadratur zwischen Saturn und Pluto zu erwarten, so daß sich dieses Muster in extrem aggressiver Form wiederholen könnte. Angesichts dieser Anordnung kommt dem Astrologen eine Schlüsselposition dabei zu, den Klienten bei der Nutzung dieses Transits für einen Reifungsprozeß im Umgang mit Vorgesetzten zu unterstützen.

In dieser bestimmten Situation würde die metaphysische Vorgehensweise in einer Überprüfung der verschiedenen Autoritätspersonen der Kindheit des Klienten bestehen, sowie der aus dieser Zeit noch verbliebenen Aggressionen und Trotzgefühle. Erklären Sie Ihrem Klienten, daß er möglicherweise dieselbe Art der negativen Wechselbeziehungen, wie er sie in der Kindheit erfuhr, nun mit seinen Vorgesetzten schafft, indem er eine provokante, aggressive und mißtrauische Haltung einnimmt und sich vielleicht auf Machtkämpfe einläßt. Der Vorgesetzte bemerkt, daß er sich gegen jede Anweisung auflehnt oder inneren Widerstand leistet und kommt zu dem Schluß, daß man ihn sorgfältig im Auge behalten muß, daß er nicht offen ist, etwas im Schilde führt, daß man ihm nicht trauen kann. Ein Mensch mit derart provokantem Verhalten wird notgedrungen früher oder später jemanden zum Angriff reizen, so daß diese Haltung geradezu Schwierigkeiten mit Vorgesetzten und Kollegen heraufbeschwört. Somit haben seine Denkmuster und Erwartungshaltungen den Klienten effektvoll für Schwierigkeiten vorprogrammiert.

Der metaphysisch geschulte Astrologe wird hier dem Klienten erklären, daß der Saturntransit über Pluto eine Zeit des Erwachsenwerdens bedeutet, eine Zeit, in der er in seinem beruflichen Verhalten zu einer realistischeren, selbstdisziplinierten Einstellung finden und lernen muß, seinem Vorgesetzten als reife Persönlichkeit gegenüberzutreten. Er stellt auch einen Zeitraum dar, in dem Barrieren erkannt und akzeptiert werden müssen, mit denen er sich selbst den Weg zu gesellschaftlichem Einfluß verstellt, selbstzerstörerische Verhaltensweisen, die ihm den Zugang zur erwünschten, einflußreichen beruflichen Stellung verwehren. Wendet er nun die alten Verhaltensmuster weiterhin an, kann dieser Transit eine besonders heftige Konfrontation mit der real vorhandenen Macht des Vorgesetzten bedeuten. Ein echter Fortschritt könnte jedoch durch die Einstellung erzielt werden, daß es an der Zeit sei, sich über Ziele klarzuwerden, und immer wieder auftretende und die Karriere zerstörende Autoritätsprobleme zu lösen. Durch eine Änderung der Denkmuster und Haltungen, die mit Pluto im zehnten Haus zusammenhängen, öffnet sich dem Klienten der Weg zu einer verantwortungsvolleren und einflußreicheren beruflichen Position.

Vergleichen Sie nun damit die Wirkung, die ein Astrologe mit folgenden Worten erzielen würde: „Mit Pluto im zehnten Haus müssen Sie damit rechnen, immer wieder von Vorgesetzten betrogen zu werden. Wenn nun Saturn im Transit eine Quadratur zu diesem Pluto bildet, wird sich herausstellen, daß Ihr jetziger Vorgesetzter genau gleich handelt wie alle anderen vor ihm.“ Der Klient wäre am Boden zerstört und würde daraus schließen, daß sich Pluto und sein Karma gegen ihn verschworen haben, und er in diesem Leben keine Chance auf beruflichen Erfolg hat. Da der Astrologe seinen Argwohn gegen seinen gegenwärtigen Chef bestätigt hat, belauert er nun jede Bewegung des Chefs, schnüffelt vielleicht sogar in Akten oder horcht an Türen, um rechtzeitig zu merken, wann das Beil fällt. Womöglich fängt er an, dem Rivalen des Chefs oder seinem Vorgesetzten zu schmeicheln, um so seinen Kopf zu retten. Dem Chef entgehen all diese Manöver nicht, er ärgert sich, daß der Angestellte ihn übergeht und beginnt, ihn hart anzufassen.

Der Machtkampf eskaliert, und gerade wenn Saturn in jene exakte Quadratur tritt, erhält der Klient den blauen Brief. Verbittert nimmt er sich vor, bis zum jüngsten Tag keinem Chef der Welt mehr zu vertrauen. Was zu einer Lernerfahrung hätte werden können, wenn es ihm gelungen wäre, das Muster zu durchbrechen, wird zur endgültigen Niederlage. Obwohl die Voraussage des Astrologen praktisch auf den Tag genau eingetroffen ist, sucht ihn der Klient nie wieder auf. Er braucht schließlich nicht noch mehr schlechte Nachrichten.

Ich bin davon überzeugt, daß kaum einer unter Ihnen, die Sie dieses Buch lesen, ein Horoskop auf eine so negative Weise interpretieren würde, aber wahrscheinlich sagt jeder von uns hin und wieder etwas, was der selbstzerstörerischen Lebensanschauung eines Klienten genau in die Hände spielt. Wir sollten auch bedenken, daß Klienten möglicherweise Astrologiebücher oder -zeitschriften lesen, die eine deterministische Haltung einnehmen. Es ist daher wichtig, metaphysische Prinzipien immer wieder zu betonen. Sie könnten dem Klienten auch Affirmationen zur Überwindung der negativen Einstellung mitgeben, ob sie nun aus diesem Buch oder aus metaphysischen Schriften stammen, oder ob Sie gemeinsam mit dem Klienten Affirmationen für seinen spezifischen Fall zusammenstellen.

Wenn Sie sich genauer über metaphysische Prinzipien informieren möchten, könnten Sie vorerst einige der in der Bibliographie zu Kapitel drei angegebenen Seth-Bücher lesen. *The Nature of Personal Reality* (Die Natur der persönlichen Realität) ist die vielleicht ausgereifteste, derzeit erhältliche Darstellung metaphysischer Prinzipien. Ein weiteres ausgezeichnetes Buch ist *Winning Through Enlightenment* von Ron Smotherman. In Vorträgen und Kursen von Religious Science, Unity oder Science of Mind werden nicht nur grundlegende Prinzipien, sondern auch Techniken zur Veränderung von Denkmustern gelehrt.

Die aufsteigende Kundalini: Sex und der alleinstehende Astrologe

Gleichgültig welchen Aszendenten man hat – nur allzu oft kommt es bei einer Sitzung mit einem Klienten vor, daß man Kundalini in sich aufsteigen spürt. Haben Sie schon einmal die Erfahrung gemacht, nach – oder während – einer Sitzung extrem erregt zu sein? Wenn ja, könnte es durchaus der Fall sein, daß Kundalini-Energie in Ihrer Wirbelsäule hochsteigt, während Sie arbeiten, und daß Sie tatsächlich eine Heilung vollbringen, ob Sie sich nun dessen bewußt sind oder nicht. Wenn Sie nicht verstehen, was hier vor sich geht, werden Sie diese Welle von Energie primär als sexuelle Energie interpretieren und sich stark zu Ihrem Klienten bzw. Ihrer Klientin hingezogen fühlen, was auch auf Gegenseitigkeit beruhen kann, wenn Kundalini auch in ihr oder ihm aufsteigt.

In der traditionellen Psychotherapie sind sexuelle Beziehungen mit Klienten verboten und dieses Verbot scheint recht sinnvoll zu sein. Mir sind allzu viele Frauen begegnet, die von ihren Therapeuten verführt wurden, und diese Erfahrung hatte ausnahmslos eine verheerende Wirkung. Sie stellt einen Mißbrauch der beträchtlichen Macht des Therapeuten über die Klientin dar und auch einen dem Inzest ähnlichen Vertrauensbruch, da der Therapeut auf einer gewissen Ebene auch eine Vaterfigur verkörpert. Oh ja, der Klient hegt häufig sexuelle Phantasien und Gefühle gegenüber dem Therapeuten, aber es scheint äußerst destruktiv zu sein, diese Phantasien in die Realität umzusetzen. Kürzlich wurde sogar im Staat Washington eine Selbsthilfegruppe für Frauen gegründet, die von ihren Therapeuten sexuell belästigt wurden.

Für den Beruf des Astrologen ist dieser Punkt weniger eindeutig geregelt, da er weniger formell ist und mehr den Charakter einer Konsultation als einer fortlaufenden Therapie aufweist. Gilt dieses Verbot, mit einem Klienten zu schlafen, auch für jemanden, den Sie nur einmal sehen und mit dem Sie dann eine Beziehung eingehen möchten? Eine Mittelstellung nimmt die Beziehung zwischen Lehrer und Schüler ein. Wenn eine Gruppe sehr klein ist und die intime Atmosphäre der Selbstdarstellung herrscht, kann daraus ein Gefühl der Nähe entstehen, das nach einer Weiterführung drängt. Wenn Sie jedoch ein so kosmisches, transformatives Gebiet wie die Astrologie lehren, verwischt sich die Grenze zwischen Ihnen als Einzelperson und der Macht und Faszination des von Ihnen weitergegebenen Wissens, so daß Ihre Schüler sich vielleicht eher von dieser Macht angezogen fühlen als von Ihnen als realem Menschen. (Was ich persönlich davon halte? Nun ja, ich äußere mich lieber nicht dazu.)

Im Fall einer einzigen Konsultation ist die Versuchung groß, dieses magnetische, intensive plutonische Geschöpf, das da vor Ihnen sitzt, näher kennenzulernen. Die Sitzung war so intensiv, so intim, und Sie spürten wirklich eine starke Verbindung, so als ob Sie eine Eroberung gemacht hätten. Obwohl Plutonier oft sexuelle Energie ausstrahlen, wäre es angesichts des plutonischen modus operandi in Beziehungen nicht sehr ratsam, sich mit Ihrem plutonischen Klienten einzulassen. Es wäre wahrscheinlich nicht so schlimm, mit einem Uranus-Klienten ins Bett zu gehen – wenn Sie es verkraften können, daß er Sie lieben und dann verlassen wird – aber bei einem Plutomenschen könnten Sie damit etwas Schreckliches anrichten. Und schließlich – sind Sie nicht dazu da, um Gutes zu tun?

Erstens könnte die Sitzung mit Ihnen unter Umständen für den Plutonier seit langem die mächtigste Erfahrung des Sich-Mitteilens und der Intimität gewesen sein, vielen Plutoniern fällt Intimität jedoch sehr schwer, wenn sie nicht sexueller Natur ist. Ihr Klient könnte die Sexualität dazu benutzen, Distanz zu schaffen, Sie zu entwaffnen und damit Ihr Wissen zu entschärfen. Wie wir an früherer Stelle besprochen haben, geht es beim Sex oft eher um Macht als um Intimität oder Verlangen, so daß der Klient durch den sexuellen Kontakt Kontrolle über die Situation erlangt und Sie Ihre transformative Kraft verlieren. (Wenn Sie selbst ein Plutonier sind, sollten Sie auch Ihre eigenen Motive für Ihren Wunsch überprüfen, die emotionale Intimität der Sitzung in eine physische Intimität umwandeln zu wollen.)

Für viele Plutonier ist Nähe nur in Zusammenhang mit Sexualität vorstellbar, vielleicht weil sie bereits früh in negativer Weise der Sexualität ausgesetzt waren, wie etwa in Form von Inzest oder sexueller Belästigung. Ihr plutonischer Klient kann sehr verführerisch sein, aber irgendein Teil von ihm wird sich aufbäumen, wenn ausgerechnet Sie ihn nicht verstehen und wenn Sie ihn als Sexobjekt behandeln, genau wie alle anderen. Selbst wenn Sie nichts anderes tun, als die Anziehungskraft zuzulassen, könnte dies in seinen Augen einen Vertrauensbruch darstellen. Plutonier haben ein solches Gespür für die kleinsten Veränderungen in Körpersprache oder Tonfall, daß Ihre Gedanken in Ihrer gegenseitigen Beziehung ebenso real sind wie laut ausgesprochene Worte. Wenn Kundalini während der Sitzung aufsteigt, so sagen Sie sich, daß es Heilungsenergie ist, die Sie wünschen, nicht sexuelle Energie, und bitten Sie Ihr „Höheres Selbst“ um Hilfe. Ein einfaches Gebet oder eine Affirmation wird die Energie umwandeln.

Bei dieser Gelegenheit möchte ich auf einen Punkt eingehen, der bei Informationen über den Heilungsprozeß stets unterschlagen wird. Nicht nur ich, auch andere Heiler haben die Erfahrung gemacht, daß am Beginn der Arbeit mit Heilungsmethoden eine Phase stark abgeschwächter Libido eintreten kann. Sie entsteht anscheinend dadurch, daß ein Teil der Heilungsenergie durch das Sexualchakra geht. Wenn Sie darüber nicht Bescheid wissen, könnten Sie daraus schließen, daß mit Ihrer Sexualität etwas nicht stimmt, daß Sie frigide oder impotent geworden sind. Einer meiner Kollegen wollte schon eine extrem kostspielige Sexualtherapie anfangen, nachdem ihm so etwas passiert war. Glücklicherweise kam dann dieses Phänomen zur Sprache. Die für das Herzchakra angegebene Übung (Siehe Seite 84) kann für jedes der Chakren angewendet werden. Wenn Sie sie für das Sexualchakra (Sakralchakra – ca. 5 cm unter dem Nabel) abwandeln, kann sie Ihnen in einer solchen Situation helfen.

Die Beratung bei Selbstmordtendenz und anderen schwerwiegenden Problemen

Sie müssen sich stets bewußt sein, daß manche Plutonier extrem destruktive und sogar gefährliche Verhaltensmuster an den Tag legen, wie etwa aktive Selbstmordtendenzen oder Verstrickung in sadomasochistische Beziehungen. Sie sollten auch bedenken, daß Plutonier es äußerst geschickt verstehen, ihre wunden Punkte zu verbergen, so daß Sie höchstens einen schwachen Hinweis erhalten werden, daß hier irgend etwas Außergewöhnliches vor sich geht. Um ein guter Berater zu sein, müssen Sie auch über gute detektivische Fähigkeiten verfügen und aus der kleinsten Veränderung in Körpersprache oder Tonfall Ihre Schlüsse ziehen können, vor allem aber aus dem, was NICHT ausgesprochen wurde. Wenn Sie selbst

Plutonier sind, stellt dies eine gute Schule für diese Art der detektivischen Arbeit dar.

Was die Beratungstätigkeit akut selbstmordgefährdeter Plutonier betrifft, so lautet mein vordringlichster Rat an den Astrologen: Lassen Sie die Finger davon! Dies ist eine Nummer zu groß für Sie. Bei solchen Menschen müssen Sie wirklich über alle lokal verfügbaren Institutionen für seelische Gesundheit informiert sein, besonders aber über die nächste Selbstmordberatungsstelle. Auch eine Verbindung zu einem Therapeuten oder noch besser einem Psychiater wäre hier angebracht, so daß Sie sich im Notfall an ihn wenden können. Jedes andere Verhalten Ihrerseits entspricht nur Ihrem eigenen Bedürfnis nach Macht und Kontrolle. Allzu leicht läßt man sich von dem verführerischen Satz betören: »Ich will aber zu keinem anderen gehen, Sie sind der einzige, der mich versteht.«

Es ist allgemein bekannt, daß viele Selbstmorddrohungen und Selbstmordgesten aus manipulativen Gründen erfolgen. Dies kann durchaus der Fall sein, Sie sollten jedoch bedenken, daß selbstmordgefährdete Plutonier nichts zu verlieren haben. Entweder der andere tut, was sie wollen, und sie haben ihn damit unter ihrer Kontrolle, oder – wenn der Selbstmordversuch gelingt – bekommen sie das, was sie sich ihr ganzes Leben hindurch gewünscht haben: Den Tod. (Lesen Sie noch einmal das Kapitel über Plutonier und ihre Todessehnsucht.)

Wenn Sie einen stark plutonischen Menschen unter einem sehr starken Transit, besonders einem Plutotransit, beraten, sollten sie herausfinden, ob er selbstmordgefährdet ist. Ein Durchschnittsmensch würde bei einer solchen Frage aus allen Wolken fallen, nicht aber ein Plutonier. Für ihn ist Tod der Stoff, aus dem das Leben gemacht ist. Trotzdem ist behutsames Vorgehen angezeigt. „Haben Sie sich schon einmal gewünscht, nicht am Leben zu sein?" könnte zum Beispiel das Gespräch einleiten. Und weiter, wenn er dies bejaht: „Wie stark ist dieser Wunsch? Wollten Sie zum Beispiel schon einmal Selbstmord begehen?" Wenn er dies ebenfalls bejaht, fragen Sie: „Wie stehen Sie derzeit zu diesem Wunsch?" (Viele Plutonier haben sich mit dem Leben nach dem Tod beschäftigt, mit Reinkarnation und Karma – Studien, die unweigerlich eine Transformation auslösen, indem sie deutlich machen, daß Selbstmord keinen Ausweg aus einer Schwierigkeit darstellt.) Wenn jemand Selbstmord oder Gewaltakte in Betracht zieht, ist es am besten, wenn Sie ganz spezifisch werden: Haben Sie eine bestimmte

Methode vor Augen? Steht Ihnen die Methode zur Verfügung? Haben Sie einen Plan, wie Sie dies ausführen wollen? Denken Sie an einen bestimmten Tag und einen bestimmten Zeitpunkt? Je exakter die Antworten, desto größer ist die Gefahr, daß er sein Vorhaben durchführt.

Achten Sie auch auf Ereignisse im Leben des Klienten, die die Neigung zu Selbstmord intensivieren könnten, wie etwa den Verlust einer symbiotischen Beziehung oder irgendein anderes Erlebnis, das in vermehrtem Maß Schuldgefühle, Aggressionen oder Trauer auslösen könnte. Untersuchungen haben zum Beispiel ergeben, daß Männer, die kürzlich ihre Mutter verloren haben, in erhöhtem Maß selbstmordgefährdet sind. Es ist wahrscheinlich nicht klug, ihnen vorauszusagen, daß sie Selbstmord begehen könnten, denn dies entspricht so sehr ihren eigenen, aus einer Mischung von Furcht und Sehnsucht bestehenden Gefühlen, daß diese Aussage zu einer sich selbst erfüllenden Prophezeihung werden kann. Sie könnten jedoch Phasen registrieren, in denen der Klient besonders niedergeschlagen ist oder auf Grund eines Plutotransits unter besonders starker Anspannung steht, und daher in besonderem Maß einer therapeutischen Unterstützung bedarf.

Vielleicht werden Sie sich fragen, ob sich aus einem Horoskop bestimmte Hinweise auf Selbstmord ableiten lassen. Vor einigen Jahren wurde vom Forschungskomitee der New Yorker Gruppe des National Council for Geocosmic Research (Nationaler Verband für geokosmische Forschung) eine ausführliche Untersuchung durchgeführt. Eine Reihe von hochqualifizierten professionellen Astrologen (darunter auch ich) untersuchte jeweils zwei Horoskope: Das Horoskop eines Menschen, der Selbstmord begangen hatte, und eines anderen, bei dem dies nicht der Fall war – ohne jeden Hinweis, welches Horoskop zu welchem Menschen gehörte. Dabei wurden sowohl das Geburtshoroskop als auch die Transite und Progressionen einbezogen. Wir versuchten nun herauszufinden, welches das Horoskop des Selbstmordfalls war. Leider oder Gott sei Dank schnitt keiner von uns dabei sehr gut ab. Wenn Sie sich schwierigen Transiten über Pluto oder das achte Haus gegenübersehen, ist es immer noch am besten, den Klienten zu fragen.

Die Bachblütenessenz Cherry Plum hilft bei Selbstmordgedanken oder dem Gefühl, daß man einem anderen Gewalt antun könnte. Die als „Rescue Remedy" bekannte Bach-Kombination ist in vielen Reformhäusern erhältlich und stellt ein Heilmittel gegen Krisen jeglicher Art dar, so daß jeder Astrologe oder Berater diese Kombination immer bei der Hand haben sollte. Willow oder Holly sind gut geeignet, um unterschwelligen Haß oder Selbst-Haß aufzulösen, Sie müssen jedoch vorsichtig bei der Anwendung sein, denn die resultierende Heilungskrise könnte den Klienten vollends aus dem Gleichgewicht bringen. Es ist weit besser, den Klienten professioneller Betreuung zu überlassen und Rescue Remedy zu verabreichen, bis die akute Gefahr vorüber ist. Erst dann sollte, wenn das Pendel oder ein anderer diagnostischer Test es befürworten, Holly oder Willow eingesetzt werden.

Auch bei der Einschätzung der Wahrscheinlichkeit einer Gewaltanwendung sollten Sie über genaue Informationen verfügen. Wenn Sie es etwa mit einer hochbrisanten ehelichen Situation zu tun haben, könnten sie fragen, ob es jemals zu Mißhandlungen gekommen ist, ob sie schlimmer wurden, oder ob der Partner einem anderen Menschen gegenüber schon einmal gewalttätig wurde. Auch hier sollten Sie über Anlaufstellen für mißhandelte Frauen oder Kinder informiert sein.

Wenn Sie es mit einem Klienten zu tun haben, der Gewaltanwendung gegen andere in Erwägung zieht, fragen Sie ihn, ob er einen bestimmten Plan vor Augen hat, ob er eine Waffe gebrauchen will, ob er Zugang zu dieser Waffe hat, ob er an einen bestimmten Zeitpunkt oder Tag für die Ausführung dieses Plans denkt, ob er bereits einmal versucht hat, diesem Menschen Gewalt anzutun, oder ob er schon einmal einen anderen Menschen verletzt hat. Ebenso wie bei den Fragen über Selbstmord ist auch hier die Gefahr, daß es tatsächlich zu Gewaltanwendung kommen könnte, umso größer, je spezifischer die Antworten sind und je fester umrissen der Plan ist. Wiederum stellt Rescue Remedy ein Mittel dar, das Sie hier bei der Hand haben sollten. Cherry Plum ist nützlich für Personen mit gewalttätiger Veranlagung.

Plutonier und das Problem der Trennung

Zu Beginn möchte ich feststellen, daß in der traditionellen Psychotherapie an sich eigenartige Sitten und Gebräuche herrschen, was die Trennung betrifft. Wenn ich zum Beispiel in meiner Eigenschaft als Sozialarbeiterin eine positive und fruchtbringende Arbeitsbeziehung zu einem Klienten entwickelt hatte, erwartete man von mir, diese vollkommen und für immer abzubrechen, sobald ich die Organisation verließ, oder der Klient aus unserem Zuständigkeitsbereich wegzog – so als wäre der Klient oder ich gestorben. Vom Freudschen Modell leiten sich eine ganze Reihe derartiger psychotherapeutischer Traditionen ab und werden weiterhin in Ehren gehalten. Nichtsdestoweniger wies Freud, wie wir bereits festgestellt haben, extrem plutonische Verhaltensweisen in seinen Beziehungen auf. Wir können daher vermuten, daß ihm selbst das Thema Trennung und Verlassenwerden gehörige Probleme bereitete, etwa Menschen aus seinem Leben auszuschließen, wenn diese ihn verlassen hatten. Ich selbst habe sehr liebevolle und hilfreiche Beziehungen mit Menschen nach Beendigung unserer Therapie aufrechterhalten, aber ich habe immer das Gefühl, in therapeutischer Hinsicht vielleicht nicht ganz korrekt zu handeln, nicht der neutrale, sich selbst in keiner Weise enthüllende Freudianer zu sein, mit einem Wort, nicht so plutonisch zu sein wie Freud selbst es war.

Abgesehen von diesen therapeutischen Überlegungen bereitet die Trennung von seinem Berater dem Plutonier ganz besondere Probleme, da Verlassenwerden für ihn ein wesentliches Thema darstellt. Sehr oft wurde er auf grausame Weise im Stich gelassen oder ständig damit bedroht, und gerade damit zu einem Plutonier gemacht. Er vertraut Ihnen, hat sich Ihnen auf eine Weise geöffnet, wie er es sonst kaum tut, und wenn Sie ihn jetzt verlassen, kann ihn das sehr tief treffen und ihm sehr weh tun, obwohl er es vielleicht nicht zugibt. Er ist genau jener Typ Mensch, der Mitte Juli plötzlich beschließt, die Therapie abzubrechen und der bestreitet, daß der für August geplante Urlaub des Therapeuten damit irgend etwas zu tun hat, oder daß ihm die Trennung etwas ausmacht. Plutonier wollen jede Art der Beziehung lieber von sich aus beenden, um zu verhindern, daß ihnen der andere zuvorkommt.

Obwohl Plutonier kaum jemals die Intensität der Zuneigung zugeben werden, kann es leicht vorkommen, daß sie sich weigern, einen anderen Berater oder Astrologen aufzusuchen, es sei denn, die Trennung wurde auf entsprechende Weise abgewickelt (und manchmal sogar dann). Es fällt ihnen einfach zu schwer, den ganzen Prozeß des Sich-Öffnens noch einmal mit einer anderen Person durchzumachen, Vertrauen zu gewinnen und all die schmerzlichen Geheimnisse mitzuteilen. Wenn Sie als Astrologe im Laufe der Zeit eine Beziehung zu einem plutonischen Klienten aufgebaut haben, könnten Sie ihm zum Beispiel die Möglichkeit telephonischer Konsultationen anbieten, wenn Sie selbst oder der Klient den Wohnort wechseln. Auch als Berater könnten Sie doch den Geist Freuds ruhen lassen und sich der Wunder der modernen Telekommunikation bedienen, um mit jemandem in Kontakt zu bleiben!

ANHANG

Hinweise für den Anfänger

Wo kann man sein Horoskop erstellen lassen und wie liest man es?

Astro Shop
Kurfürstenstraße 45
8000 München 40

Astrodata
Lindenbachstraße 56
CH-8006 Zürich

Wenn Sie Ihr Horoskop in Händen halten, werden Sie möglicherweise Schwierigkeiten haben, es zu interpretieren, wenn Ihnen die Symbole, Zahlen und Anordnungen nicht geläufig sind. Zuerst einmal müssen Sie über die zwölf Häuser und ihre Position auf dem Kreis Bescheid wissen. Diese Anordnung ist in Zeichnung 1 auf Seite 246 dargestellt. Auch die Bedeutung der Häuser sollte Ihnen vertraut sein. Nachfolgend sind die Schlüsselwörter für die Symbolik jedes einzelnen Hauses angeführt:

Erstes Haus: Erste Reaktion auf die Umwelt, äußere Erscheinung

Zweites Haus: Geld und Ihr Umgang damit, materielle Güter und Vorräte

Drittes Haus: Denken, Lernen, Kommunikation, Verwandtschaft

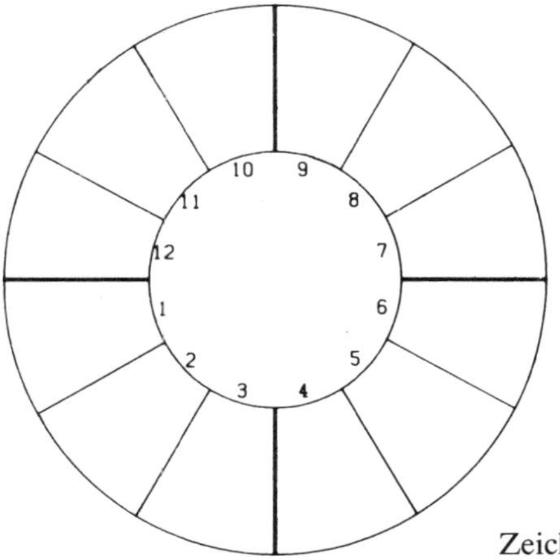

Zeichnung 1: Die Häuser

Viertes Haus: das Heim, Vergangenheit, Einfluß der Familie, Kindheit
Fünftes Haus: Kinder, Kreativität, Erholung, Liebesverhältnisse
Sechstes Haus: Arbeit und Ihre Einstellung dazu, Gesundheit
Siebentes Haus: Ehe und andere eingegangene Beziehungen
Achtes Haus: Sexualität, Fortpflanzung, Tod, Heilung
Neuntes Haus: Religion, Lebenseinstellung, höhere Schulbildung
Zehntes Haus: Berufliche Karriere, gesellschaftliche Stellung, Autorität
Elftes Haus: Freunde, Gruppen, soziale Veränderung
Zwölftes Haus: Das Unbewußte, geheime Verhaltensweisen, Spiritualität

Stellen Sie zuerst fest, in welchem Haus Ihr Pluto steht. Prüfen Sie auch das Zeichen und den Grad. In manchen Computerhoroskopen wird die Position folgendermaßen angegeben: PL 23LÖ14, was bedeuten soll: Pluto auf 23 Grad 14 Minuten im Löwen. (Bei Ihrem Pluto lautet diese Angabe natürlich anders.) Sehen Sie sich nun Tabelle 1 auf den Seiten 247 bis 249 an. Hier sind die Symbole und Bedeutungen der Zeichen, Planeten und Häuser angeführt. Jeder Planet „herrscht" über ein Zeichen. Wie Sie in der Tabelle sehen, herrscht Mars zum Beispiel über das Zeichen Widder und Widder entspricht auch dem ersten Haus und so fort.

Tabelle 1: Charakteristische Merkmale der Zeichen und ihre Verbindungen mit den Planeten und Häusern.

ZEICHEN:	PLANET:	HÄUSERVERBINDUNGEN:
Widder: Aggressiv, konkurrenzbetontes Denken, intensive Sexualität, Initiative, Symbol: ♈	Mars: Ärger, Aggression, Selbstbehauptung, Energie und Sexualität, Symbol: ♂	Erstes Haus: Reaktion auf die Umwelt, die nach außen hin gezeigte Persönlichkeit, physische Erscheinung.
Stier: Erdgebundenheit, praktisch, hängt an Geld und materiellen Gütern, stabil und heiter, kann konservativ sein. Symbol: ♉	Venus: Auch Herrscherin der Waage, im Stier eher in ihrer sinnlichen, den Luxus liebenden Form, Symbol: ♀	Zweites Haus: Geld und wie Sie damit umgehen, persönliche materielle Güter und Vorräte
Zwillinge: Zeichen der Sprache und Kommunikation, Verstand, Interesse am Lernen. Symbol: ♊	Merkur: Kommunikation, Denken, Schreiben, Lernen und Aufnahmefähigkeit, manuelle Geschicklichkeit. Symbol: ☿	Drittes Haus: Denken und Kommunikation, wie Sie grundlegende Fertigkeiten lernen, Geschwister und nahe Verwandte.
Krebs: Gefühle, Sicherheit, sehr familienbezogen, sehr mütterlich oder sehr mutterbezogen, Vergangenheit, Menstruationszyklus. Symbol: ♋	Mond: Die Mutter, Abhängigkeit, Sicherheit, Emotionen, das Unbewußte, Gewohnheiten, die weibliche Brust, Magen, Tradition. Symbol: ☽	Viertes Haus: die Pflege, die ihnen von Seiten Ihrer Eltern zuteil wurde, Auswirkungen der Kindheit und der Erbanlagen, Familienleben, Grundlagen Ihrer persönlichen Sicherheit
Löwe: Will im Mittelpunkt der Aufmerksamkeit stehen, kann egoistisch sein, egozentrisch, dramatisch, stolz, würdevoll, will beherrschen. Symbol: ♌	Sonne: der Mittelpunkt Ihres Wesens, das Selbst, Das Ego. Symbol: ☉	Fünftes Haus: Kinder, Liebesleben, Kreativität, Freizeit

Tabelle 1: Charakteristische Merkmale der Zeichen und ihre Verbindungen mit den Planeten und Häusern.

ZEICHEN:	PLANET:	HÄUSERVERBINDUNGEN:
Jungfrau: Stark arbeitsorientiert, kritisch, analytisch, praktisch, möchte nützlich sein, Perfektionist, schwaches Selbstwertgefühl. Symbol: ♍	Merkur: Herrscht sowohl über Zwillinge als auch über Jungfrau. Symbol: ☿	Sechstes Haus: Arbeit und Verhalten als Angestellter, Gesundheit, die unteren Klassen, oft selbstzerstörerisch.
Waage: Legt großen Wert auf Romantik und Beziehungen, nimmt manchmal zu Schmeicheleien Zuflucht. Schwierigkeiten, sich selbst durchzusetzen. Symbol: ♎	Venus: Beziehungen, was Sie tun, um Liebe zu gewinnen, Voraussetzungen für Liebe, Teilen und Genießen von Schönheit, Zusammenarbeit. Symbol: ♀	Siebentes Haus: Langfristige Bindungen und Beziehungen aber auch offene Feinde. Was wir bei anderen suchen, um eigene Schwachstellen wettzumachen. Wen wir anziehen.
Skorpion: Legt großen Wert auf Macht und Kontrolle, kann heilend oder destruktiv wirken, intensiv, auf Leben und Tod, Sexualität spielt eine große Rolle, gefühlsbetont, aber gute Beherrschung der Emotionen. Symbol: ♏	Pluto: Kontrolle und Manipulation, Macht, Tod und Wiedergeburt oder Transformation von einer Ebene auf eine andere, Psychologie, Heilung, Sexualität, Machtverhältnisse zwischen den beiden Geschlechtern. Symbol: ♇	Achtes Haus: Sexualität, Tod, Geburt, Regeneration, Heilung, Besitz des Partners.
Schütze: Legt großen Wert auf Wissen und seine Verbreitung, philosophisch, manchmal moralisierend, optimistisch, offen. Symbol: ♐	Jupiter: Suche nach Weisheit, Wachstum, Expansion, Pholosphie, Glück, übertriebene Nachsichtigkeit, übertriebenes Vertrauen. Symbol: ♃	Neuntes Haus: Höhere Schulbildung, Lebenseinstellung, Fernreisen, Gesetz, fremde Länder.

Tabelle 1: Charakteristische Merkmale der Zeichen und ihre Verbindungen mit den Planeten und Häusern.

ZEICHEN:	PLANET:	HÄUSERVERBINDUNGEN:
Steinbock: Vorsichtig, hart arbeitend, perfektionistisch, strebt hohe Ziele an und kann depressiv werden, wenn er sie nicht erreicht. Manchmal ein Spätentwickler, ernst, professionell. Symbol: ♑	Saturn: Selbstdisziplin, Qualitätsbewußtsein, Erreichen von Zielen auf die richtige Art und Weise, Hemmungen und Verzögerungen, zwingt zum Neubeginn, wenn die Grundlagen nicht solide waren. Autorität, Ängste, Melancholie. Symbol: ♄	Zehntes Haus: Berufliche Karriere, Status, Errungenschaften, Autorität (auch die Ihrer Eltern), und wie Sie mit ihr umgehen.
Wassermann: Unkonventionell, oft rebellisch. Oft übertrieben distanziert und logisch, kaum gefühlsbetont, modern, visionär. Symbol: ♒	Uranus: Auflehnung, nonkonformistisch, Suche nach Freiheit, Genie, erfinderisch und/oder exzentrisch, Distanz, wissenschaftliches Denken, Astrologie. Symbol: ♅	Elftes Haus: Freundschaft, Mitgliedschaft in Gruppen. Soziale Veränderungen, Hoffnungen und Ambitionen, Kameraden, Astrologie
Fische: Können vor der Realität fliehen oder stark spirituell orientiert sein, möchten anderen dienen, aber oft in masochistischer Weise. Oft irreführend oder visionär, haben Schwierigkeiten mit dem Hier und Jetzt. Symbol: ♓	Neptun: Streben nach Transzendenz durch die Hingabe an etwas Höheres. Kann spirituell aber auch realitätsfern sein, Sucht, nebelhaft verschwommen, kann sich selbst und andere täuschen. Dinge, denen wir verfallen. Symbol: ♆	Zwölftes Haus: Das Unbewußte, Unterdrückte, Geheime und sich in selbstzerstörerischer Weise Äußernde. Spirituelle Suche, das Bedürfnis, anderen zu dienen, der Wunsch nach Abgeschiedenheit und Verborgenheit.

Um die Aspekte leichter bestimmen zu können, fertigen Sie am besten zuerst eine Liste Ihrer Planeten in numerischer Reihenfolge an, wobei Sie die Zeichen vorläufig ignorieren. Nehmen wir einmal an, Sie hätten Venus auf 1 Grad 12 Minuten im Skorpion, Mars auf 5 Grad 57 Minuten in den Fischen und Mond auf 8 Grad 11 Minuten im Stier. Es ist besser, diese in numerischer Reihenfolge zu notieren als in der Reihenfolge der Zeichen, denn auf diese Weise können Sie die Winkel, die sie zueinander bilden – *Aspekte* genannt – rascher herausfinden. Sie werden wahrscheinlich schon vermuten, daß die drei oben genannten in irgendeiner Beziehung zueinander stehen. Um dies genau feststellen zu können, sehen Sie nun in Tabelle 2 nach, welche Winkel in Frage kämen. Prüfen Sie auch, ob der Winkel exakt genug ist, um als Aspekt gelten zu können. Die jeweils zulässige Abweichung – auch *Orbis* genannt – wird neben dem Aspekt angeführt. Mit Hilfe der Tabelle Nr. 1 können Sie feststellen, wie viele Zeichen zwischen den jeweiligen Zeichen liegen. Denken Sie daran, daß der Zodiak einen Kreis bildet, in dem das Zeichen Widder auf das Zeichen Fische folgt. Für unser Beispiel ergibt sich somit, daß Venus ein Trigon mit Mars bildet und in Opposition zum Mond steht.

Zählen Sie nicht die Häuser zwischen zwei Planeten Ihres Horoskops, denn die Größe der Häuser ist unterschiedlich, wogegen die Zeichen eine einheitliche Größe von 30 Grad aufweisen. Manchmal scheint es bei einem Horoskop sogar, als ob ein oder zwei Zeichen fehlten, da sie nicht unter den Begrenzungslinien der Häuser – *Häuserspitzen* genannt – auftauchen. Die Zeichen sind vorhanden, aber der Umfang des betreffenden Hauses bzw. des gegenüberliegenden beträgt einfach mehr als 30 Grad (das Zeichen ist eingeschlossen). Sie werden also bei Ihrer Suche nach Aspekten keinen Erfolg haben, wenn Sie die Häuser zählen.

Da wir uns in diesem Buch hauptsächlich mit Plutoaspekten beschäftigen, ist es nicht nötig, alle Aspekte in Ihrem Horoskop anhand dieser Methode herauszufinden – außer Sie möchten es. Um das Lesen des Horoskops zu vereinfachen, stellt Tabelle 3 eine kleine Hilfe zum raschen Auffinden von Plutoaspekten für die verschiedenen Positionen von Krebs bis Skorpion dar. Sie können diese Tabelle sowohl für die Arbeit mit Ihrem Geburtshoroskop als auch mit den Transiten benützen, die wir später besprechen werden. Nehmen wir zum Beispiel an, Sie hätten Pluto auf 2 Grad 50 Minuten im Löwen und die Sonne auf 5 Grad 15 Minuten im Widder. Wenn Sie in Tabelle 4 unter Pluto im Löwen nachsehen, können Sie feststellen, daß Widder zum Löwen ein Trigon bildet. Laut Tabelle 2 beträgt der zulässige Orbis für ein Trigon 5 Grad. Da Sonne und Pluto nur 3 Grad von einem exakten Trigon abweichen, kann dies für Ihr Horoskop als Aspekt gelten. Stünde statt dessen die Sonne auf 15 Grad im Widder, wäre die Abweichung von einem Trigon mit Pluto zu groß, um einen Aspekt zu bilden.

Im ersten Kapitel dieses Buches werden die Interpretationen in einer bestimmten Reihenfolge angegeben. Da die Stellung des Pluto in den Häusern einen ausschlaggebenden Faktor darstellt, werden die Deutungen in der Reihenfolge der Häuser vorgenommen, zusammen mit denjenigen Zeichen oder Aspekten, die ähnliche Bedeutungen aufweisen. (Siehe Tabelle 1.) Sobald Sie eine Liste Ihrer Plutoaspekte aufgestellt haben, ordnen Sie sie wieder in der ursprünglichen und auch in diesem Buch benützten Reihenfolge, um die entsprechenden Interpretationen leichter zu finden. Tabelle 4 (S. 252) gibt die diesbezüglichen Entsprechungen an. Wenn Sie also zum Beispiel einen Merkur/Pluto Aspekt haben, würde für Sie in Kapitel eins die Interpretation für Pluto im dritten Haus zutreffen. Bei einem Mond im Skorpion würden Sie unter Pluto im fünften Haus nachsehen und so weiter. (In diesem Kapitel sind spezielle Deutungen für Mars/Pluto Aspekte oder Mars im Skorpion unmittelbar nach der Deutung von Pluto im ersten Haus angeführt und die Interpretation für Sonne/Pluto Aspekte nach dem fünften Haus.)

Tabelle 2: Aspekte und ihr jeweils zulässiger *Orbis*.

ASPEKT	WINKEL	ZULÄSSIGER ORBIS
Konjunktion	0 Grad Entfernung	8 Grad nach beiden Seiten
Sextil	60 Grad, 2 Zeichen	3 Grad nach beiden Seiten
Quadrat	90 Grad, 3 Zeichen	5 Grad nach beiden Seiten
Trigon	120 Grad, 4 Zeichen	5 Grad nach beiden Seiten
Opposition	180 Grad, 6 Zeichen	8 Grad nach beiden Seiten

Tabelle 3: Auffinden möglicher Plutoaspekte

PLUTO IM ZEICHEN	QUADRAT ZU	OPPOSITION	TRIGON ZU
Krebs	Widder, Waage	Steinbock	Skorpion, Fische
Löwe	Stier, Skorpion	Wassermann	Schütze, Widder
Jungfrau	Zwillinge, Schütze	Fische	Steinbock, Stier
Waage	Krebs, Steinbock	Widder	Wassermann, Zwillinge
Skorpion	Löwe, Wassermann	Stier	Fische, Krebs

Tabelle 4: Entsprechungen des Pluto*

HAUS	ENTSPRICHT
Pluto in 1	Skorpion-Aszendent, Plutoaspekte mit dem Aszendenten.
Pluto in 2	Skorpion an der Spitze von 2.
Pluto in 3	Skorpion an der Spitze von 3, Merkur im Skorpion, Merkur/Pluto Aspekte
Pluto in 4	Skorpion an der Spitze von 4, Mond im Skorpion, Mond/Pluto Aspekte
Pluto in 5	Skorpion an der Spitze von 5. (Sonne im Skorpion), (Sonne/Pluto Aspekte)
Pluto in 6	Skorpion an der Spitze von 6
Pluto in 7	Skorpion an der Spitze von 7, Venus im Skorpion, Venus/Pluto Aspekte
Pluto in 8	Skorpion an der Spitze von 8
Pluto in 9	Skorpion an der Spitze von 9, Jupiter im Skorpion, Jupiter/Pluto Aspekte
Pluto in 10	Skorpion an der Spitze von 10, Saturn im Skorpion Saturn/Pluto Aspekte
Pluto in 11	Skorpion an der Spitze von 11, (Uranus/Pluto Aspekte)
Pluto in 12	Skorpion an der Spitze von 12, (Neptun im Skorpion)

* Die in Klammer angegebenen Entsprechungen sind schwächer oder weisen signifikante eigene Themen auf, die nicht von der jeweiligen Interpretation abgedeckt werden. Wo bestimmte Entsprechungen logischerweise zutreffen müßten, dies meiner Erfahrung nach jedoch nicht der Fall ist, werden sie absichtlich weggelassen (wie etwa Pluto/Mars Aspekte, die nicht dem Pluto im ersten Haus entsprechen). Daher enthalten manche Zeilen nur eine einzige Entsprechung.

Das Auffinden Ihrer Plutotransite

Um mit Kapitel sieben arbeiten zu können, müssen Sie herausfinden können, welche Plutotransite Sie entweder gerade haben oder in der Vergangenheit hatten. In Tabelle 5 (auf Seite 254) wird die Bahn des Pluto vom Jahr 1975 bis zum Jahr 1990 angegeben. Vergleichen Sie die jeweiligen Zahlenangaben auf Ihrem Horoskop mit den Zahlen in der ersten Spalte der Tabelle. Wenn etwa Pluto auf 21 Grad im Skorpion steht und ein Planet in Ihrem Geburtshoroskop davon ein oder zwei Grad entfernt ist, würde das eine Konjunktion im Transit ergeben, eine bei Plutotransiten sehr wirkungsvolle Konstellation. Wenn Sie nun einen Planeten auf 21 Grad im Löwen oder 21 Grad im Wassermann hätten, würde dies ein Quadrat oder einen Winkel von 90 Grad ergeben, ein recht schwieriger Einfluß. Mit einem eventuell vorhandenen Planeten auf 21 Grad im Stier würde eine Opposition im Transit entstehen, ein schwieriger Winkel, der Sie zum Erlernen von Balance und Perspektive auffordert. Wenn Sie einen Planeten in ein oder zwei Grad Entfernung von 21 Grad Krebs oder 21 Grad Fische haben, würde ein Trigon entstehen, welches von Ihnen zwar noch immer verlangen würde, Pluto in den betreffenden Planeten zu integrieren, aber wahrscheinlich nicht mehr auf eine so drastische Weise. Zusätzlich zu den Planeten sollten Sie auch die Aspekte zu Ihrer Aszendent/Deszendent-Achse prüfen und zu der von MC und IC gebildeten Achse, da auch diese durch einen Transit aktiviert werden und oft mit einer dramatischen Änderung der Lebensbedingungen einhergehen.

Es ist auch interessant, die Transitbahn des Pluto durch Ihr Horoskop zu verfolgen. Er bewegt sich nur langsam, aber wenn er von einem Haus in ein anderes tritt, geht damit oft auch eine entsprechende Verlagerung des zentralen Wirkungsbereichs Hand in Hand. Wenn zum Beispiel Pluto durch Ihr sechstes Haus geht, werden sich die plutonisch geprägten Ereignisse und Transformationen eher auf das Gebiet der Arbeit und Gesundheit konzentrieren. Sobald er ins siebente Haus tritt, verlagern sich diese Energien in den Bereich der zwischenmenschlichen Beziehungen. (Zeichnung 1 auf Seite 58 hilft Ihnen beim Erkennen der Bedeutungen der einzelnen Häuser). Zum Unterschied vom Aszendenten (erstes Haus), IC (viertes Haus), Deszendenten (siebentes Haus) und MC (zehntes Haus) haben die Trennungslinien zwischen den Häusern (Häuserspitzen genannt) keinen Bezug zu bestimmten Ereignissen, wenn

Tabelle 5: Die Bewegungen des Pluto 1975 – 1990

Jahr	Pluto		Quadrate	Oppositionen	Trigone
1975	6-11	Waage	Krebs, Steinbock	Widder	Zwillinge, Wassermann
1976	9-14	Waage	Krebs, Steinbock	Widder	Zwillinge, Wassermann
1977	11-16	Waage	Krebs, Steinbock	Widder	Zwillinge, Wassermann
1978	13-19	Waage	Krebs, Steinbock	Widder	Zwillinge, Wassermann
1979	16-21	Waage	Krebs, Steinbock	Widder	Zwillinge, Wassermann
1980	18-24	Waage	Krebs, Steinbock	Widder	Zwillinge, Wassermann
1981	21-26	Waage	Krebs, Steinbock	Widder	Zwillinge, Wassermann
1982	24-29	Waage	Krebs, Steinbock	Widder	Zwillinge, Wassermann
1983	26	Waage bis 1 Skorpion*	Krebs-Steinbock & Löwe-Wassermann	Widder, Stier	Zwillinge-Wassermann & Krebs-Fische
1984	29	Waage bis 4 Skorpion	Krebs-Steinbock & Löwe-Wassermann	Widder, Stier	Zwillinge-Wassermann & Krebs-Fische
1985	1-6	Skorpion	Löwe, Wassermann	Stier	Krebs, Fische
1986	4-9	Skorpion	Löwe, Wassermann	Stier	Krebs, Fische
1987	7-11	Skorpion	Löwe, Wassermann	Stier	Krebs, Fische
1988	9-14	Skorpion	Löwe, Wassermann	Stier	Krebs, Fische
1989	12-17	Skorpion	Löwe, Wassermann	Stier	Krebs, Fische
1990	14-17	Skorpion	Löwe, Wassermann	Stier	Krebs, Fische

* 1983 bewegte sich Pluto von 26 Grad Waage bis 1 Grad Skorpion. Er bildete Quadrate zu 26, 27, 28 und 29 Grad Krebs und Steinbock und zu 0 und 1 Grad Löwe und Wassermann. Er bildete Oppositionen zu 26, 27, 28 und 29 Grad Widder und zu 0 Grad Zwillinge und Wassermann und zu 0 und 1 Grad Krebs und Fische.

sie transitiert werden, sie kennzeichnen aber den Übergang von einem Haus zum anderen. Wenn zum Beispiel die Spitze Ihres zweiten Hauses auf 3 Grad Skorpion liegt, tritt Pluto in das zweite Haus, wenn er 3 Grad Skorpion erreicht, und Sie erkennen eine Verlagerung in Bereiche des zweiten Hauses, wie etwa Finanzen.

Wie Sie sehen werden, bewegt sich Pluto durch einen Zeitraum von zwei oder drei Jahren über die gleiche Stelle rückwärts und vorwärts. Natürlich bewegt sich Pluto nicht wirklich vorwärts und rückwärts, von der Erde aus gesehen scheint es aber so. Der Grund dafür liegt darin, daß die Erde in einem Jahr um die Sonne kreist und 360 Grad zurücklegt, während es Pluto in seiner 248 Jahre dauernden Umlaufbahn um die Sonne nur auf 3 bis 4 Grad bringt. Wenn wir uns auf der dem Pluto gegenüberliegenden Seite der Sonne befinden, scheint er sich rückwärts zu bewegen (rückläufig zu sein). In den Planetenstandstabellen (Ephemeriden genannt) werden Sie hin und wieder einen mit dem Buchstaben R gekennzeichneten, rückläufigen Planeten finden. Es gibt verschiedene Theorien über die Bedeutung retrograder Planeten, einige davon sagen, daß Sie mehr verinnerlicht wirken. Doch dies wurde noch nicht zu meiner Befriedigung aufgezeigt. Hingegen wirkt Pluto von Hause aus sehr verinnerlicht.

Vielleicht wäre es praktisch, auch eine Liste aller Plutotransite der letzten Jahre anzufertigen, dabei sollten Sie jedoch bedenken, daß auch andere transitierende Planeten dabei eine Rolle gespielt haben könnten. Zum Beispiel standen in den Jahren 1982 und 1983 Pluto und Saturn zeitweise nebeneinander, eine äußerst belastende Konstellation, die nur alle 33 Jahre vorkommt, diesmal in den letzten Graden des Zeichens Waage. Wenn Sie also Planeten im Bereich dieser Konjunktion haben, wäre es nicht fair, den Effekt eines Plutotransits nach dem zu beurteilen, was sich damals möglicherweise abspielte. Selbst wenn Sie einen Plutotransit über einen Geburtsplaneten nachträglich als recht schwierige Zeit in Ihrem Leben identifizieren, müssen Sie beachten, daß Sie heute nicht mehr derselbe Mensch wie damals sind, daß Sie vielleicht aus diesem Transit eine Menge gelernt haben. Zusätzlich können die Übungen in diesem Buch Ihnen helfen, schwierige plutonische Verhaltensmuster im Zaum zu halten. Ein zukünftiger Plutotransit muß daher nicht mehr so belastend sein.

Empfehlenswerte Literatur für den Anfänger

Wenn Ihnen nach der Lektüre dieses Buches klargeworden ist, wie faszinierend Astrologie sein kann, helfen Ihnen die im folgenden angeführten Bücher, mehr über dieses komplexe und hilfreiche Wissensgebiet zu erfahren. Die Astrologie hat sich seit den späten Sechzigerjahren in riesigen Schritten vorwärtsentwickelt, wobei in ihre uralten Grundlagen noch der, durch die Human Potential Bewegung und spirituelle und metaphysische Studien bewirkte, kulturelle Reifungsprozeß integriert wurde. Viele der genannten Autoren haben mehr als ein Buch geschrieben. Auf einer etwas fortgeschritteneren Stufe wären als zusätzliche, empfehlenswerte Autoren Robert Hand, Liz Greene, Stephen Arroyo und Dane Rudhyar zu erwähnen.

Kempton-Smith, Debbie. *Secrets From a Stargazer's Notebook,* Bantam, NY, 1982.

Lundsted, Betty. *Transite – Die Gezeiten des Lebens,* Urania Verlag, Sauerlach, 1987.

Pelletier, Robert. *Das Buch der Aspekte,* Hugendubel Verlag, München, 1985.

Sakoian, Frances und Lewis Acker, *Das große Lehrbuch der Astrologie,* Knaur Verlag, München.